本书为上海市哲学社会科学规划青年基金项目"来沪务工女性政治参与现状与政策引导机制研究"（2014EZZ003）的最终成果。

青年学者文库

来沪务工女性政治参与现状调查

刘笑言　著

天津出版传媒集团

天津人民出版社

图书在版编目(ＣＩＰ)数据

来沪务工女性政治参与现状调查 / 刘笑言著. -- 天
津：天津人民出版社，2023.3
(青年学者文库)
ISBN 978-7-201-18288-9

Ⅰ.①来… Ⅱ.①刘… Ⅲ.①女性—民工—参与管理
—调查研究—上海 Ⅳ.①D669.2②D422.6

中国版本图书馆 CIP 数据核字(2022)第 054346 号

来沪务工女性政治参与现状调查

LAI HU WUGONG NüXING ZHENGZHI CANYU XIANZHUANG DIAOCHA

出　　版	天津人民出版社
出 版 人	刘　庆
地　　址	天津市和平区西康路35号康岳大厦
邮政编码	300051
邮购电话	(022)23332469
电子信箱	reader@tjrmcbs.com
责任编辑	王　玗
封面设计	明轩文化·王烨
印　　刷	天津新华印务有限公司
经　　销	新华书店
开　　本	710毫米×1000毫米　1/16
印　　张	20.25
插　　页	2
字　　数	240千字
版次印次	2023年3月第1版　2023年3月第1次印刷
定　　价	98.00元

目录
CONTENTS

绪　论

第一节　问题的提出

改革开放以来，城市外来务工人员的有序政治参与成为维系社会稳定和城市基层民主制度的根本保障，已经得到越来越多的学者和政策制定者的关注。但是外来务工女性在这一群体中的特殊性却并未引起相关领域足够的重视。相对于男性而言，近三分之二的外来务工女性因为长期处于非正规就业状态，使得她们的各项权益无法得到有效保障。与此同时，即便是享有较高薪酬待遇的外来女性，初期来到城市生活的陌生感和疏离感也在很大程度上制约了她们有效参与社会公共生活的意识和行为。因此，要想切实维护外来务工女性的根本权益，首先要重视她们在城市社会中的政治参与问题。

女性参政不仅是衡量性别平等的重要尺度，也是政治民主化建设的重要内容。当前，关于妇女参政和来沪务工人员政治参与的研究日益增多，但针对女性外来务工人员政治参与状况的实证研究却并不多见。同时,国内关于女性政治参与现状的相关调查并没有对女性群体内部的差异性做进一步的划分,这也使得中国妇女参政问题无法持续地向纵深发展。一方面是对女性各项基本权益的保护;另一方面是女性政治参与议题的讨论,虽然二者可被纳入同一问题的两面,但国内学界对此问题的研究旨趣却往往被截然分为两个维度。在讨论女性政治参与问题上,聚焦重点在于那些工作生活在其户籍所在地的各级各类女性群体,那些人户分离的外来务工女性群体作为该议题的研究对象甚少被提及。而那些以外来务工女性为研究对象的讨论,其关注重点通常在于其作为弱势群体的生存困境和权益缺失,进而主张采用自上而下的途径,即从政府、企事业单位和群团组织等外在于女性自身的层面诉求保障性政策和措施的完善。

从群体特征上来说,来沪务工女性是同时拥有"外来务工人员"和"女性"双重特征的弱势群体。在政治参与议题的讨论中,似乎无论是"外来务工人员"还是"女性",都不处于议题研究对象的核心区域。然而值得注意的是,虽然她们不曾属于主流话语的核心区域,但其在政治场域中从来就不曾"缺席"。正如斯科特所说:"贯穿于大部分历史过程中的大多数从属阶级极少能从事公开的、有组织的政治行动,那对他们来说过于奢侈。"[1]但是她们永远会在一种制度下以一种对自己危害最小的方式来"使制度对自身的不利……降至最低"[2]。对于一部分来沪务工女性来说,也许她们在很多正式的制度参与场域中是缺席的,但在非制度化的政治参与领域,她们的参与态度和行为则需要得到我们更多的关注。

2014年11月,国务院发布《关于调整城市规模划分标准的通知》,将上海从原来的"特大城市"正式变更为"超大城市"。作为新中国成立以来的少

---

① [美]詹姆斯·斯科特:《弱者的武器》,郑广怀、张敏、何江穗译,译林出版社,2016年,第2页。

② Eric Hobsbawm, "Peasants and Politics", *Journal of Peasant Studies*, No.1(1973):3–22.

数几个超大城市之一,上海以其"改革开放排头兵、创新发展先行者"的城市品牌效应吸引着全国各地的求职者,更好的发展前景和更多的就业机会,无疑成为这座城市最具魅力和吸引力的名片。据上海市人社局的数据显示,截至 2019 年,在上海各类用人单位办理就业登记的全国各省市来沪人员已达 463.3 万人,平均年龄仅为 32 岁①,这样一个年轻群体在上海的经济和社会建设中发挥着越来越重要的作用。同时,由于第三产业的快速发展和相对安全的社会治安环境,女性在来沪务工人员群体中所占比重已超半数以上。据上海市妇联关于最近几年来沪女工就业情况的调查显示,约四成的来沪务工女性从事餐饮业,经济收入和受教育程度方面显著低于男性。这些发现使得将来沪务工女性作为独立的研究对象进行探讨具有非常重要的理论和现实意义,它将有助于我们发现更多的制约来沪务工女性群体政治参与的显性和隐性要素。

在本书中,课题组将摆脱传统上对外来务工女性开展研究的宏观制度框架,而试图从来沪务工女性主体需求的微观角度调查她们的政治态度和政治行为,尝试通过问卷调查和深度访谈的方式发掘有哪些因素、会在何种程度,以及通过怎样的方式对女工政治参与意愿和行为产生影响。另外,由于来沪务工女性在家庭角色(家庭责任重)和职业特征(非正规就业为主)等方面的典型性,课题组尝试将家庭角色对女性政治参与态度和行为的影响纳入到样本分析中,深入探讨关于来沪务工女性的养老育幼负担、家庭关系状况,以及职业特征等诸要素对女性政治态度和政治行为的影响,进而更有针对性地探索激发来沪务工女性自我权益表达的政策措施,化传统的"被动参与"为"主动参与"。通过此种方式对来沪务工女性群体的政治态度和政治行为进行实证调查,不仅有助于丰富政治参与理论在性别平等方面的解释

---

① 《来沪务工者平均年龄仅 32 岁,平均薪资 5 年增长 8 成》,今日要闻,东方网,2019 年 2 月 28 日,https://sh.qq.com/a/20190228/002504.htm。

力,也为上海市的城市基层民主建设做出一定贡献。

第二节　研究现状综述

一、对女性政治参与问题的研究

女性政治参与问题在当前西方学术界大体分为两个研究趋势,一是作为整体政治参与研究脉络的一个分支,如亨廷顿、纳尔逊(1989),蒲岛耶夫(1989),阿尔蒙德、维巴(2008)将女性政治参与作为其对政治参与整体问题的一个部分讨论;二是将女性政治参与问题作为研究性别研究的主体内容进行分析,关注家庭角色在公民政治参与意愿中的重要作用,早在20世纪60年代在西方就已经得到了很多政治学学者的关注,他们在分析公民的政治欲望过程中发现其家庭角色是一项非常重要的影响要素(赛丽辛格,1966;布莱克,1972;博克曼,1994)。后期的福克斯和劳徕斯进一步从性别视角将家庭角色具体化为家庭责任、子女数量和子女年龄等多方面变量,并讨论其对两性在初始政治参与意愿方面的影响,并最终得出了不同的家庭责任会导致两性在产生政治参与的初始意愿方面将形成极大的不同,并进而导致女性在选举过程中的候选人数量方面往往大大低于男性(夏皮罗,1982;福克斯、劳莱斯,2004、2005、2011),该项研究成果对政治参与理论和美国的民主政治发展提供了非常大的借鉴意义。

国内对女性政治参与问题的研究早期多集中于农村地区,系统分析城市女性政治参与问题的研究的相关文献也是多集中于如何在制度层面拓展女性参政的制度渠道,进一步保护女性政治权利。其中王行娟(1995)、申平华(1992)、丁娟(1990)、沈殿忠(1995)系统分析了城市精英阶层女性在新形势下政治参与现状和困境的政策性解决路径;王力(2007)、董以红(2004)针对目前我国女性政治参与的意义、障碍及其克服等方面对女性参政问题做了一个研究综述;黄奔月、潘丽(2011)认为女性政治参与是人类社会历史发展的必然趋势,是民主政治组成中不可或缺的部分;叶世明(2011)指出,性别角色规范与女性参政的境遇之间的关系,从重塑合理女性角色规范的视角探讨了扭转女性参政不利处境的策略;刘桂芝(2012)认为女性政治地位虽有所提升但政治参与仍面临诸多困境,政府应该给予特殊支持和规划,以及相应的公共政策和制度保障;郑建君(2014)研究了不同偏好特征对女性政策参与的影响作用;鲁晓和张汉(2014)探讨性别与政治知识、政治参与的关系,从社会科学研究与社会治理层面进行思考;王伟(2014)对近期中国妇女政治参与状况进行解读,发现社会经济发展模式对中国性别政治的影响较大,而制度发展模式的影响却不显著;范若兰(2015)从宏观上对不同父权制与女性参政关系进行理论探讨;孙晓莉(2015)分析了我国政治地位中的性别差距,并提出去除我国女性政治发展边缘化隐性因素的三个关键条件;杨霞和郭彩琴(2015)从高校知识女性政治参与意识的角度出发,认为该群体在政治参与中易受父权制思想的干扰而导致参与度不高;杨乐(2016)从女性政治权利的历史沿革分析中国女政治参与的变革与建构;金恒江和聂静虹(2017)对女性政治信任展开研究,通过中介效应检验发现,媒介可信度、个体社会、心理感知变量对女性政治信任发挥重要的中介作用;汪超和刘涛(2017)对法治建设中女性政治贫穷化进行解释,并从落实制度和普及法律方面提出合理化建议促使两性政治参与平等化;潘泽泉、谢琰(2018)对性别意识视角下的中国女性政治参与意识及其影响因素进行研究,指出性别意识越强的女性其政治参与意识越强,受教育年限则对女性的政治参与意识无显著影响;金卓和王艳利(2019)对新时代我国新阶层女性政治参与的困境及其制约因素进行分析,谈如何保障和推进新阶层女性实现良好、有序的政治参与。

同时,从研究内容的角度来看,当前学界相关文献主要集中在对女性政治参与历史和现状的考察(王立,2007)、公共政策与女性政治参与之间互动关系的研究(刘桂芝,2012;吴春梅、陈姝媛,2009)、对农村女性政治参与水平的探讨(梁丽霞、李伟峰、高功敬,2014a;胡书芝、王立娜,2012)、从社会性别的视角进行的两性政治参与比较研究(郭夏娟,2003;师凤莲,2010)。这些研究多为质性研究,少数使用问卷调查法或访谈法的定量研究集中在对女性制度化、规范化的政治参与行为(包括政治投票、政治结社、制度化的政治接触等)及其影响因素的实证分析上(李芬、慈勤萍,2003;梁丽霞、李伟峰、高功敬,2014b),缺乏对体制外、非正式、主动性强的女性政治参与行为的研究。

二、对城市外来务工人员政治参与问题的研究

由于对城市外来务工人员的称谓暂时没有统一的规范,国内目前还将其称之为流动人口、农民工等。郑传贵(2004)、徐增阳和黄辉祥(2002)、宋锦洲、肖振南(2005)和廖艺萍(2006)总结我国流动人口政治参与的特点,即政治参与呈边缘化特点、政治参与目标不明确、政治渴求与政治冷漠并存、对政治参与的信任度不高。就大多数流动人口而言,对政治参与仍持观望和怀疑态度。艾丽颖(2006)、陈赵阳(2007)的研究指出,当前流动人口出现政治参与意识萌发的主要原因是由于社会主义政治文明的发展,流动人口意识到要保障自身合法权益,政治参与是非常有效的途径。邓秀华(2005)在对湖南省长沙市流动人口政治参与情况调查后发现,流动人口的政治参与权利是流动的,而根源则在于其非农非城和亦农亦城的身份导致其政治参与的

边缘化地位。

相对于多数研究集中于对城市农民工政治参与条件和制度支持体系问题的缺失现状考察,熊光清(2013)和付建军(2013)已经开始从农民工政治效能感等微观层面详细解析农民工在政治参与过程中的心理和行为机制,但他们却并没有对农民工群体的性别差异问题进行深入分析。周皓(2016)在文献综述的基础上,提出流动人口政治参与问题的研究应注意综合整体性、差异性及异质性三种视角,讨论制度与教育在政治参与中的作用。也有学者关注流动人口通过工会组织等进行的制度性政治参与,但主要从理论和经验层面进行分析,缺少具体的数据支撑(戴长征、余艳红,2015)。

邓佳斌(2014)、王启明和张非凡(2018)、许淑萍阐述了新生代农民工有效政治参与的现实困境,并从政府和农民工两个角度探究切实保障和落实农民工政治参与度的路径,马正义(2018)在此基础上认为把供给内容和供给方式结合是实现农民工政治参与制度创新的路径选择。郑永兰(2014)、欧庭宇和闫艳红(2017)、李可福(2018)对新生代农民工政治参与的现实困境与改进路径、社会认同困境进行破解。王健俊(2018)基于政治态度演化的理论框架,通过利用我国东部十大省市的微观调研数据,实证检验劳动权益保障对农民工主观政治态度的影响。

徐志达(2018)探究新生代农民工政治参与价值,认为扩大新生代农民工政治参与具有重要的社会政治稳定意义。杨招继和李佳(2018)从提高新生代农民工综合素质、加强法制建设、发展参与型网络政治文化三个方面入手,推动新生代农民工有效、有序地参与政治生活。成佳娟、杨萍、张文政(2019)开始关注少数民族新生代农民工政治参与并分析其影响因素。柴玲和尉建文(2018)通过研究流向北京市的新生代农民工政治认同、政府信任对其参与群体性事件的影响,发现政府信任在农民工的政治认同与群体性事件参与风险中具有中介效应,农民工的政治认同感越高其参与群体性事件的风险越小。

另外,由于户籍制度的壁垒,流动人口的政治参与缺乏制度性保障,具体参与渠道受限,政治权利难以获得保障(段成荣、段力刚,2014;廖艺萍,2006;邓秀华,2007)。在自身权益受到侵害,体制内维权无效时,流动人口会选择非制度性政治参与的方式(王明生、杨涛,2011)。较为典型的是对农民工群体性事件的研究,分析了农民工群体性事件的表现形式和影响因素。农民工通常采取集体罢工、集体上访、围堵政府机关、暴力冲突等手段维护自身权益(高洪贵,2010)。有学者指出,农民工年龄、适应城市程度、签订劳动合同、体制内维权困难、参与非正式组织与否、心理危机来源和对政府的满意度等均会对其是否参与群体性事件产生显著影响(于水、李煜玘,2010)。

总体而言,无论是当前对女性政治参与的讨论,还是对城市外来务工人员政治参与问题的研究,都在不同程度上忽视了二者结合所可能造成的"双重不平等"现象。也就是说,外来务工的女性群体,她们的"所需""所求",及其背后所可能产生的政治后果,长期以来并没有得到学术界足够的关注。

第三节　研究思路和研究方法

一、研究思路

本书的研究目的是调查来沪务工女性群体的政治态度和政治参与行为,以及二者之间的相互影响,进而尝试提出能够真正有效引导和促进她们进行有序政治参与的路径和机制。为了达到这个研究目标,本书主体部分共划分为四个章节:

第一章,主要介绍来沪务工女性的基本概况,包括她们的年龄、收入、受教育程度、政治面貌等个体基本特征,同时,介绍并描述了来沪务工女性在上海工作和生活方面的基本情况,如所遇到的难题,对目前居住条件的满意度等。第二章和第三章分别介绍了来沪务工女性的政治参与态度和政治参与行为两个方面。

第二章分别描述了来沪务工女性在政治兴趣、政治效能感、人际信任、政府满意度和政治信任等方面的基本情况,并通过多元回归模型分析个体基本属性和工作生活基本情况对来沪务工女性政治参与态度的影响机制。

第三章分别介绍了来沪务工女性在制度性政治参与行为(如参加人大代表选举、村/居委会选举、业委会选举和职工代表大会)和非制度性政治参与行为(包括遇到权益被侵害时通过何种方式维权)的基本情况。不过,对于外来务工女性而言,投票或选举等制度性参与途径离她们大多数人的生活都相对较远,对她们政治参与行为的研究,必然要非常重视对她们非制度性的参与路径方面。通过因子分析课题组发现,在非制度性政治参与行为中存在向群团组织求援、自组织维权行为和媒介抗争行为等多种不同的政治参与类型。所以课题组通过多元回归模型,描述并分析了个体基本属性和工作生活基本情况,以及来沪务工女性在制度性政治参与行为和三种非制度性政治参与行为之间的作用机制。

由于学术界始终在态度与行为何者优先这一问题上未能达成一致的意见,可见政治参与态度和政治参与行为之间,也存在很大的检验空间。所以本书第四章尝试对来沪务工女性政治参与"态度–行为"关系进行进一步的讨论,通过回归模型检验态度与行为在来沪务工女性政治参与过程中的相互关系,以及转换过程中的发生机制。

本书第五章是政策建议部分。结合前几章对来沪务工女性政治参与态度和行为的讨论，课题组尝试提出一系列促进来沪务工女性有序参与的政策建议。

二、研究方法

本书将采取定性研究与定量研究相结合、调查研究与案例研究相结合的方法。在对来沪务工女性政治态度的实证研究中，课题组将参考心理学领域的实验研究法对多种非制度因素在女性政治心理中的作用机制进行分类讨论，力图系统把握来沪务工女性的政治参与现状。

在分析方法方面，本书将包括描述性分析和模型分析，采用软件为STATA统计软件。其中描述性分析包括一元分析（即单变量分析）、二元分析（即相关关系分析），课题组将对全部样本进行基本描述，并结合政治面貌、受教育程度、年龄、收入等人口学变量对政治态度和政治行为的关系进行系统比较。描述性分析结果不仅提供样本的基本特征，还为接下来进行的数据模型分析给予必要性检验。

在模型分析中，课题组将以包括政治兴趣、政治效能感、政府满意度、人际信任和政治信任等在内的政治态度及包括制度性参与和非制度性参与的政治参与作为因变量，将所有人口学变量作为自变量带入回归模型中，对数据进行多元回归分析。与此同时，来沪务工女性的养老育幼负担、社会网络和来沪所遇困难也被作为重要的解释变量纳入回归模型分析中。通过一系列数据分析和模型检验，本书尝试探讨来沪务工女性在沪的生活和工作状况与其政治态度和政治行为之间的关系，以及其他可能性因素对她们政治态度和政治行为所发生的潜在影响。

第一章 来沪务工女性的概况

　　课题组以来沪务工女性作为调查对象,对上海全市范围内的外来女性从业者的政治参与情况进行了问卷调查。在样本选择方面,由于上海浦东新区、闵行区和松江区在上海市外来人口比重方面位居前列,课题组将调研地点重点集中在这三个区。同时,由于近年来上海市外来人口在新领域、新业态、新阶层和新群体方面出现了大幅度的数量上升,为应对这一新变化,课题组在样本调查过程中有意识地向"四新"领域来沪务工女性群体有所侧重。由此造成的样本在受教育程度和收入水平方面可能略高于上海市外来务工人员整体水平,此项误差在课题调查允许的范畴之内。在此基础之上,课题采用分层随机抽样与整群随机抽样相结合的方式,共发放 550 份问卷,剔除无效问卷,最终回收 518 份有效样本,样本回收率为 94%。

第一节 来沪务工女性的个体基本特征

　　由于课题组尝试调查来沪务工女性在参与政治社会活动中的整体参与

情况,所以样本的职业分布比较有限且相对集中,同时,由于来沪务工女性多为中青年群体,所以样本的年龄也相对于来沪人口的整体年龄分布水平呈现更为年轻化的特征。图 1-1 和图 1-2 呈现了样本在年龄和来沪时间上的整体状况,从图中可以看出本次受访者的年龄分布主要集中在 20~40 岁的中青年群体之间,其中 20~30 岁人群占比 39%,30~40 岁的人群占比约 36%,二者总体占据总体样本的四分之三左右。其次为 40~50 岁中年群体,占比最少的为 16~20 岁人群,在总样本中不足 1%。与此相应,多达 67% 的受访者在 2008 年以后来上海就业,其中来沪不足五年群体占比最大,占总样本数的 38.8% 上下。图 1-3 为样本调查中受访女性的大体职业分布情况,从图中可以看出,餐饮业从业者占比最多,几乎占到整个样本的四分之一,随后为家政业(约 15%)和批发零售业(约 13%)等行业。相比较而言,这三个行业相对于金融等其他行业来说,对学历、专业性和职业技术等方面的要求相对较低,也更容易吸引外来女性进入这些领域得以立足。当然,这一趋势也符合来沪务工女性偏年轻化且来沪时间较短的整体就业状况。图 1-4 和图 1-5 分别展示了受访者的政治面貌和受教育程度,其中大部分为群众身份,其次为 21% 的共青团员,中共党员将近 10%,同时也有不足 1% 的民主党派人士。在受教育程度方面,值得关注的是,在本样本中,虽然拥有高中或中专学历的来沪务工女性占比最大,但仍有超过四分之一的女性拥有大学本科及以上学位,其中包括近 4.7% 的人群拥有研究生学历,远高于上海市女性整体研究生学历比例(2.5%)。这些拥有本科及以上学历的来沪务工女性也更集中在制造业、批发零售业、房地产和咨询业中,其就业选择与低学历来沪务工女性相比更趋于技术性较强、专业性要求较高的工作。其中,有将近 70% 的来沪务工女性是通过求职应聘而获得现在的工作,但也依然存在约 12% 的女性依赖于亲友或者同乡的帮助得以来沪就业。这也从侧面说明,熟人关系在一部分来沪务工女性的生存和发展过程中依然是一条非常重要的路径。

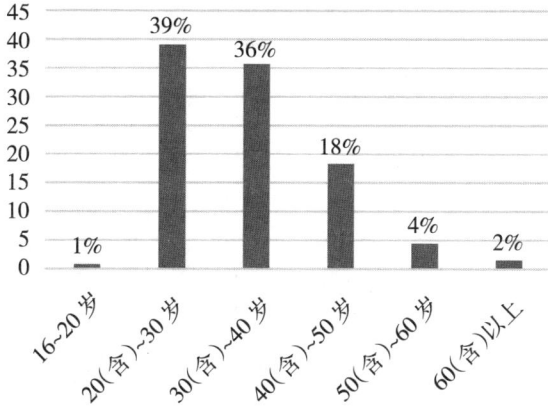

图 1-1 样本年龄分布（%）

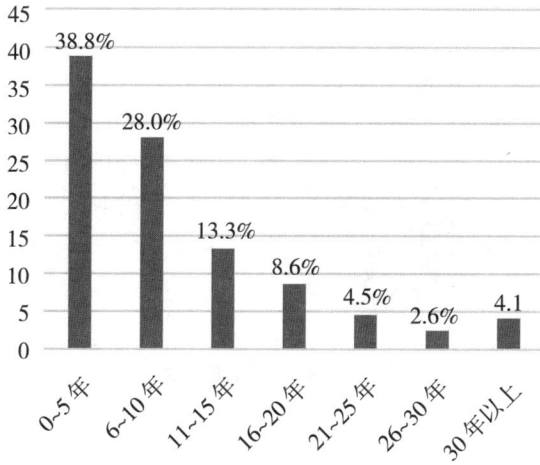

图 1-2 样本来沪时间分布（%）

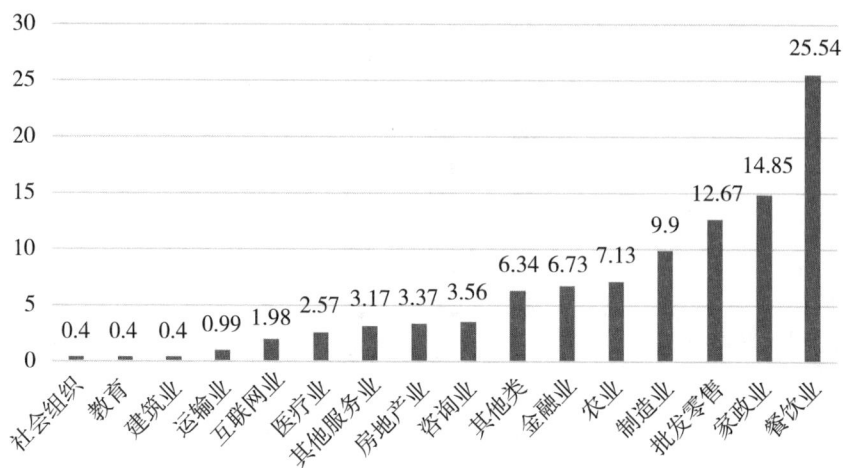

图 1-3　样本职业分布(%)

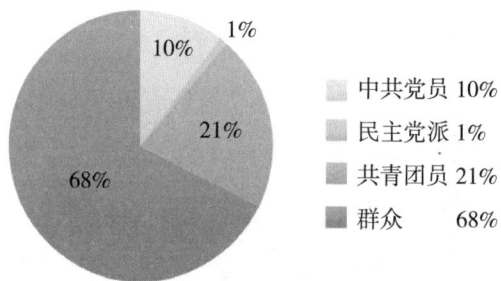

中共党员 10%
民主党派 1%
共青团员 21%
群众　　 68%

图 1-4　样本政治面貌分布

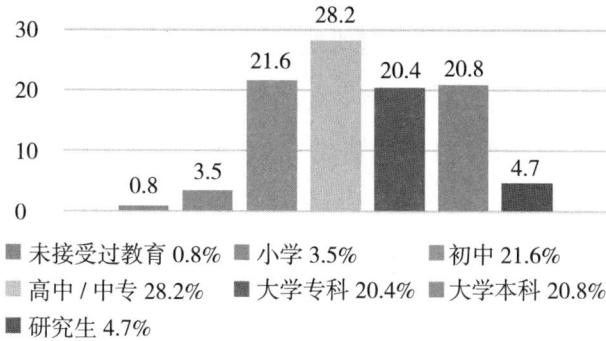

图 1-5　样本受教育程度分布(%)

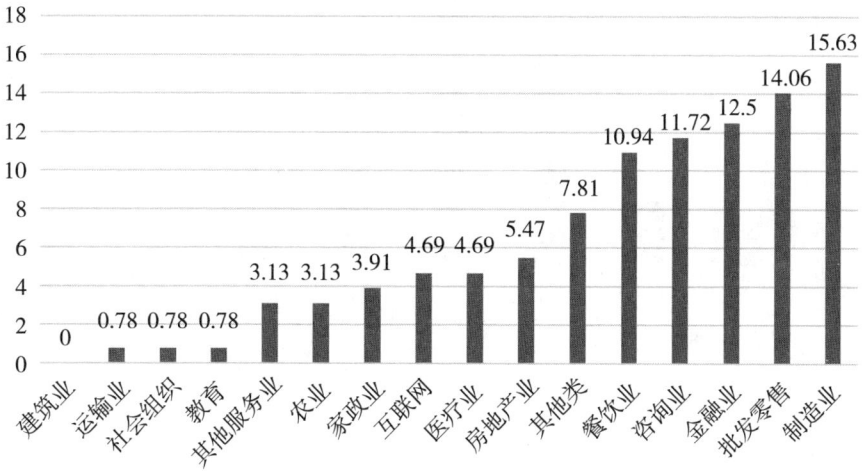

未接受过教育 0.8%	小学 3.5%	初中 21.6%
高中 / 中专 28.2%	大学专科 20.4%	大学本科 20.8%
研究生 4.7%		

图 1-6　本科及以上样本职业分布(%)

在日常生活方面,来沪务工女性的人均年收入水平分布趋势(图1-7所示)基本与上海市女性总体收入水平趋同,约35%的人群集中在年收入5万~10万。但与上海市女性总体情况有所差别的是低收入水平和高收入水平群体。在图1-7中可以清楚看到,在样本女性群体中,有6.3%的女性年收入在1.5万及以下水平,比例高出上海市最低年收入女性群体约3个百分点。与此同时,高收入(年收入25万以上)女性群体占比3.6%,同样高出上海市总体水平3个百分点。也就是说,在来沪务工女性群体中,既有大比例的人群低于上海市贫困线以下,同样也有相当大的比例人群年收入位于上海市总体的高收入水平区间,且就业于"四新"领域的女性群体的贫富差距要远高于上海市平均水平。

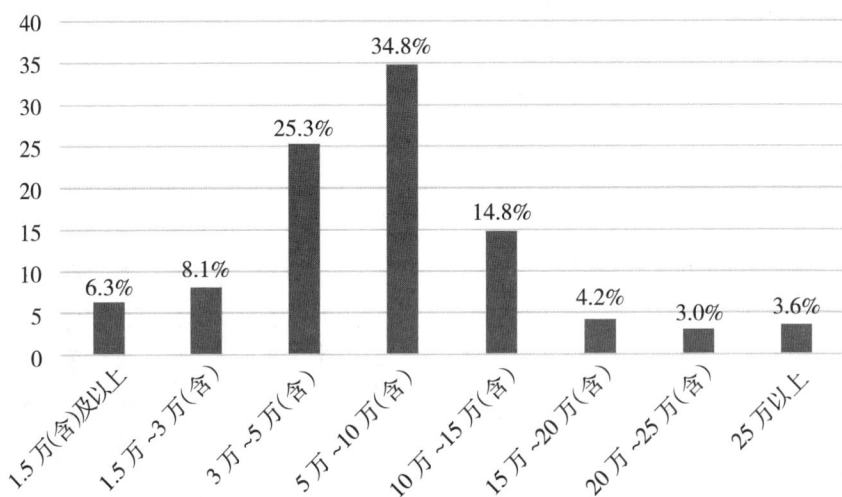

图1-7 样本年收入分布(%)

在家庭负担方面,在本次受访的外来女性当中,已婚人群约占总体样本的70%,未婚人群约占总体样本的26%。基本符合上海市外来务工人员的总体特征,即以举家迁徙为主。同时,在本次受访的外来女性中,自购房屋和单独租房群体均约占总体样本的33%,当前属于合租或群租状态的约占总体样本的 28%，仍有 5.7% 的女性当前处于借宿状态。其中，如图 1-8 所示，未婚女性当中主要仍是以租房居住为主，已婚女性则主要是以自购住房为主，虽当前逾五成的已婚女性处于租房居住的状态，但是这其中主要是以单独租房为主，相对于未婚女性，合租、群租，以及借宿的比例大幅降低。在离异女性中，主要是以单独租房为主，其次依次为自购房屋、合租与借宿。可见，相对于已婚女性来说，由于购房压力，离婚往往意味着一部分外来女性生活水平的降低，这首先就表现在住房条件上。

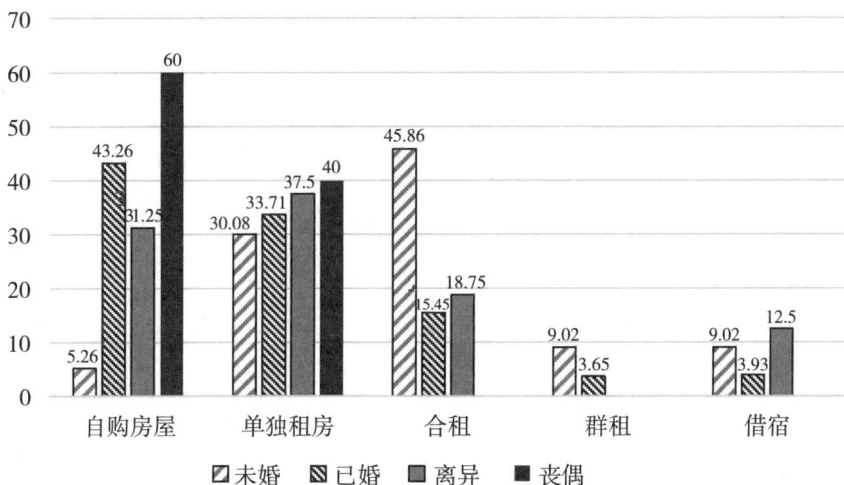

图 1-8　样本婚姻状况与住房状态分布(%)

对于已婚女性来说，家庭角色和家庭负担往往意味着其如何进行人生规划。课题组主要集中在子女教育和老人抚养两个方面进行调查。在受访的外来女性当中，暂未生育的女性的占总体样本 30%，约有 45% 的女性育有一名子女，而需要照顾 2 个及以上孩子的女性占 22% 左右。相对而言，子女养育压力主要集中在 31~40 岁女性群体中，这一年龄段女性群体中，约 45% 的人群目前需要养育一个子女，约 49% 的人群需要养育 2 个子女(图 1-9)。相比较而言，虽然由于来沪务工女性比较集中于中青年群体，老人赡养压力暂时不如子女养育方面的压力大,但其所面临的赡养压力依然不容忽视。

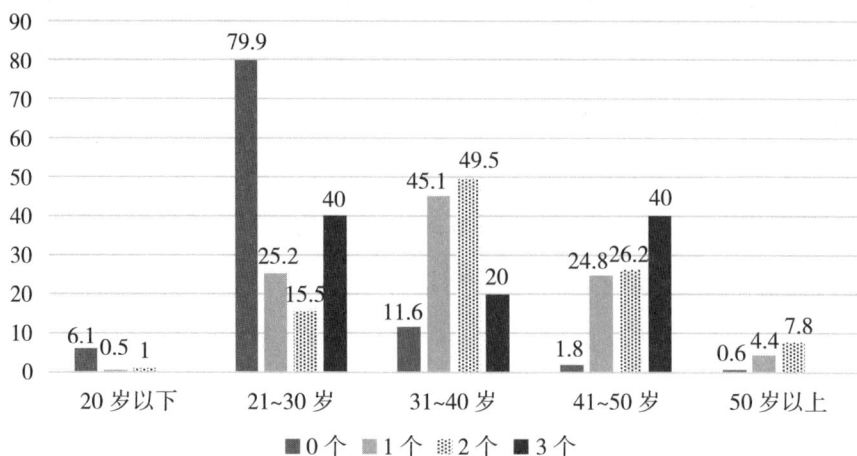

图1-9　样本分龄分层与女子数量分布(%)

调查表明,有39%的来沪务工女性需要照顾3位及以上老人,需要照顾2名老人占比34.8%,约有7%的女性需要照顾一个老人。同时,课题组注意到,31~40岁的女性群体同样是赡养压力最大的群体。在这一年龄区间内,主要是以赡养2名老人为主,其次约有三成女性需要赡养4名及以上老人,该占比为各个年龄区间内最高。

第二节　来沪务工女性的工作和生活概况

为调查来沪务工女性在上海市工作、生活的总体情况,课题组专门设计了一个满意度量表,让受访者为其在上海的工作生活总体情况进行打分,分值为1~10分,1分为最低分,代表非常不满意,10为最高分,代表非常满意(图1-10)。在图中可以看出,最大比例(72.1%)的受访者处于5~8分这个区间,有近23%的受访者给出了8分。可以看出,来沪务工女性整体上对其在上海工作生活状况的满意度处于中等偏上水平，基本达到了她们对自身的预期。但不能忽视的是，仍然存在13%的受访者给出了4分(含)以下，以及近15%的受访者对其在上海的工作和生活状况给出了9分（含）以上的高分。对于这三部分的人群特征，特别是对低满意度的人群，课题组接下来对其进行了深度分析。

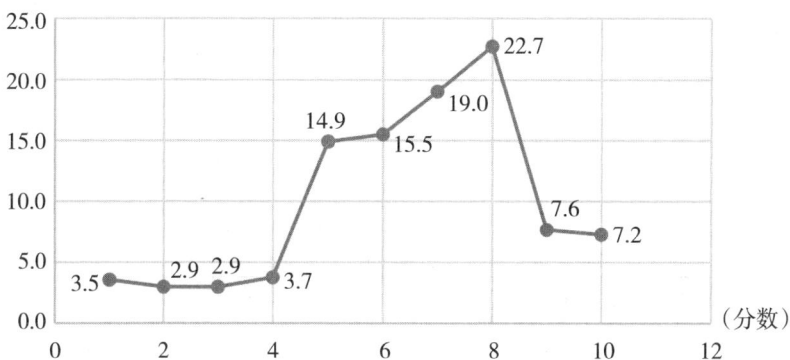

图1-10　总体满意度(%)

课题组结合受访人的基本情况对她们的总体满意度进行最小二乘法(OLS)回归分析，结果发现（表1-1），在控制了年龄、职业、政治面貌、婚姻状况和家庭照顾压力等要素之后，总体来看，受教育程度、在沪住房状态、收入、来沪生活和工作时间等因素均独立对受访人的满意度情况具有不同程度的影响。通常来说，相对于其他因素而言，来沪时间越长且在现有工作岗位上工作时间越长的受访人更趋向于对自己的现状表示满意；同时，即便控制住其他相关因素，是否拥有一个稳定的住所，直接影响到来沪务工女性对上海生活工作的满意度。另外，不同忽视的是，工资收入并不能让女性们对自身在上海的现状更加满意；相反，收入越高的群体，越容易对自身处境表示不满。为深入分析这些因素所发挥作用的情况，课题组根据打分分布的趋势，将得分1~4分的群体划分为低满意度群体，5~8分群体设定为中等满意度群体,8分以上被作为高满意度群体,由此可以进一步看到不同满意度群体所具有的基本特征和不同的影响要素。

表1-1 在上海工作生活满意度的影响要素

变量	（1）满意度（总体）	（2）满意度（低）	（3）满意度（中）	（4）满意度（高）
受教育程度	0.00985	−0.224**	0.428***	−0.204**
住房状态	0.105*	−0.0855	−0.0390	0.124*
年收入	−0.188***	0.329***	−0.283**	−0.0466
来上海时长	0.141**	−0.0495	−0.182*	0.232***
工作时长	0.152**	−0.178*	0.0520	0.126
常量	0.479***	0.371***	0.301	0.328**
样本量	387	387	387	387
R 平方	0.093	0.068	0.051	0.083

*** $p<0.01$,** $p<0.05$,* $p<0.1$
控制变量:政治面貌、婚姻状况、住房状态、养老育幼压力、职业、就业方式、年收入。

如表1-1所示,受教育程度这个因素在不同满意度群体中扮演了截然不同的角色,与中等满意度群体相比,其在低满意度和高满意度群体中扮演了较为负面的角色,也可以说,那些受教育程度较高的人群对自己在沪工作生活状况的感受总体趋于中等,虽然没有经历相对剥夺感较重的负面情绪,但也没有对自己在上海的整体状况十分满意。住房,虽然被作为来沪外来人口能否在上海立足的衡量标准,但其对来沪务工女性的生活满意度的影响并非是线性的。从表1-1中可以看出,在上海的住房状态对受访者满意度的显著影响主要体现在高满意度群体中,对中满意度和低满意度的大多数群体来说,其作用并不十分明显。也就是说,由于在上海获得稳定住房的难度较大,虽然拥有住房能够让来沪务工女性获得更高的生活满意度,但暂时无法拥有住房也不会显著降低她们对上海生活的认可和追求。

受访者的收入水平与在沪生活满意度是一种相反的关系,从总体上来看,收入水平越高,其对自身的满意度就越低。在问卷中所列举的若干收入单元中,受访人每增加一个单元的收入,其对在沪的满意度就降低近19%。换句话说,越是高收入的群体越是倾向于对自身在上海的工作生活状况表示不满意,且集中在1~4分这个区间。

如表1-1所示,事实证明,伴随着来沪务工女性在上海生活工作时间的增加,其对上海的满意度也在显著增加。而其在现任工作岗位上工作的时间增加,仅仅能够在减少低满意度意义上有所贡献,而无法让其真正认可并对自我生活状态表示满意。

总之,从表1-1中课题组可以更加清楚地看出各个得分区间人群的基本特征,低满意度人群主要集中在较低文化水平、现任工作岗位时间较短且收入较高人群;中等满意度人群主要集中在较高文化水平、来沪时间较短且收入较低人群;高满意度人群主要集中在较低文化水平、来沪时间较长且拥有住房人群。

除此之外,为进一步了解来沪务工女性的工作生活状况,课题组在对受访者的基本人口学要素进行调查之外,也对她们的工作休闲时间和在沪生活遇到的困难进行了分类讨论,以期更加清晰地了解来沪务工女性的工作和生活状况。

如图1-11和1-12所示,在本次调查中,来沪务工女性群体中有近70%的群体表示自己有休闲娱乐时间,而因工作繁忙表示没有时间的受访群体只占总样本的20%左右。在对休闲时间的安排上,逛街购物居首位,约占40%;其次为睡觉和聚会,分别各占38%和35%左右;占比相对较少的是泡吧和做饭。在图1-13中,课题组进一步探究了各年龄段人群在前五位休闲活动的分布情况。结果显示,在20~30岁这一年龄阶段,女孩们更喜欢用睡觉来打发自己的休闲时间,约有一半以上的受访人表示,如果有时间,她们更想好好睡个觉。而30~40岁的年龄组则主要集中在旅游方面,这一年龄群体通常为"80后"一代,她们一方面更具有经济实力可以满足外出旅行消费,同时大部分群体也组建了家庭,能够有规划和能力为自己和家人设计更加有充实度的休闲时间。同时,这也凸显出"80后"群体更注重生活质量。且与"90后"群体相比,总体上更具经济实力来支撑个人对高质量生活的追求。而40~50岁群体更多地趋向于用和家人朋友聚会来度过自己的休闲时间,这也体现了"70后"主要群体的工作和生活现状,一方面,"70后"群体多已成家且子女正处于求学阶段,所以相对于其他群体来说,这一群体的家庭压力会更大,这也需要该群体更关注于家庭的责任;另一方面,"70后"群体成长环境的特征决定了这一群体在生活理念上与"80后""90后"主张个性和个人主义的价值观念有所不同,她们更注重家庭或者集体在个人生活中的存在意义。这两方面可以较好地解释在图1-13中所体现出来的不同年龄阶段来沪务工女性对待休闲时间上的不同态度。

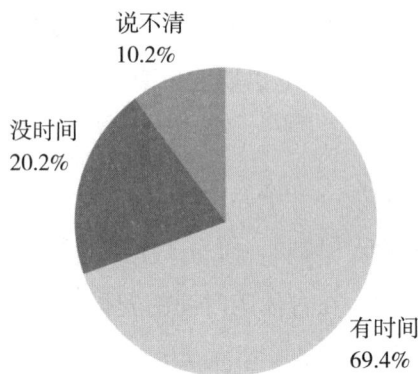

图1-11　有无娱乐休闲时间

图表数据：

购物逛街 40.0%
睡觉 38.1%
和朋友、家人聚会 34.6%
旅游 26.3%
上网 22.1%
随心所欲 18.2%
做饭 16.6%
泡吧 7.0%
其他 0.6%

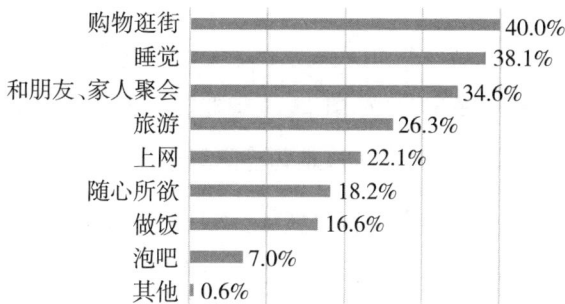

图 1-12 如何安排休闲娱乐时间

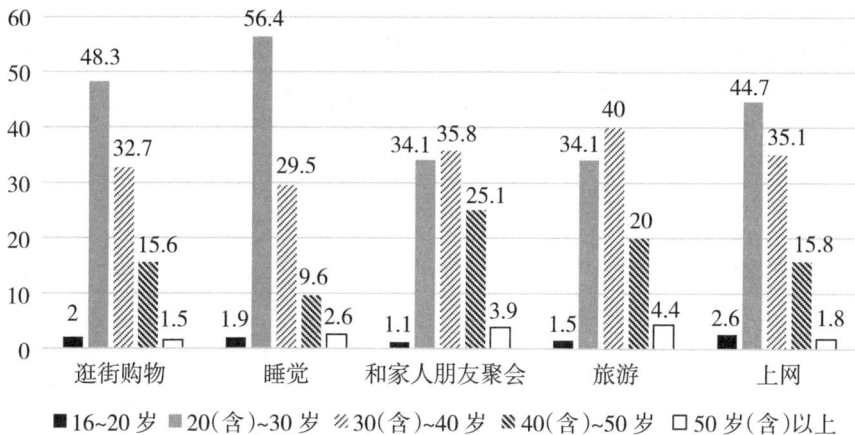

图表数据（各年龄段）：

逛街购物：2，48.3，32.7，15.6，1.5
睡觉：1.9，56.4，29.5，9.6，2.6
和家人朋友聚会：1.1，34.1，35.8，25.1，3.9
旅游：1.5，34.1，40，20，4.4
上网：2.6，44.7，35.1，15.8，1.8

■16~20 岁 ■20(含)~30 岁 ▨30(含)~40 岁 ▧40(含)~50 岁 □50 岁(含)以上

图 1-13 各年龄段休闲时间安排(%)

通常来说，城市中的外来务工人员往往需要很长一段时间去适应新的城市生活，期间也会面临着诸多不便和困难。图 1-14 展示了来沪务工女性在上海日常生活中所遇到的各种问题，从图中看，位于前三位的分别为住房(45.2%)、子女教育(39.4%)和医疗(36.5%)。作为一线城市的上海，高房价使得住房问题成为制约外来人口来沪发展的根本性障碍，这在课题组对于来沪务工女性的调查中体现得更加直观。从总样本来看，近一半的人群将住房设定为其在日常生活中遇到的最主要难题。而紧随其后的子女教育和医疗保障,则更为集中体现了外来人口普遍遭遇的上学难和就医难。在上海,无论外来人口的受教育程度和社会经济地位如何,其所面临的难题都是呈现共同特征的。值得注意的是,从图1-14中课题组也可以清楚看到,"与上海本地人打交道"这一传统外来人口难题已经居于倒数第二的位置上,只有约8%的女性认为"与上海人本地人打交道"是其日常生活中的难题,而大多数来沪务工女性并没有此种想法。也就是说,长期以来存在的上海人"排外"的印象已经伴随着上海近些年的发展和进步逐渐淡化,上海对外地人来说,也成为更具机会和包容性的国际化大都市。但是与就业、落户和老人赡养相比,来沪务工女性在"择偶""同工不同酬"和"职位晋升"的困难程度上普遍比前者低近10个百分点,造成这一现象的原因,与其说上海的国际化大都市的地位促使女性在职业发展上的性别差异远低于老人赡养、落户、医疗、子女教育和住房等普遍性问题,课题组更倾向于将其解释为在来沪人口的基本困境问题的解决道路上,上海还有很长的路要走,而此时的性别歧视问题通常掩盖在普遍性的社会问题之下,不易察觉。

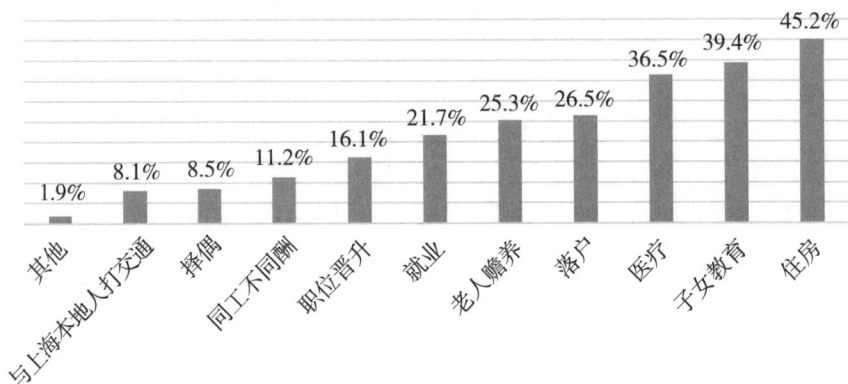

图1-14 日常生活中遇到的问题

课题组接下来对不同年龄阶段的来沪务工女性所面临的主要问题进行了分类讨论。如图1-15所示,对于16~30岁的来沪务工青年女性来说,择偶当之无愧地成为她们所面临的最重要的日常生活问题；对于 30~40 岁的来沪务工女性来说，子女教育则是她们所需要面临的重要问题；而对于 40~50 岁的中年女性来说，伴随着其父母一辈人口的老龄化，老人赡养成为她们日常生活的重要问题。图 1-15 展示了伴随着个体成长，其在不同人生阶段所面临的不同生活难题，而这些看似与个体成长的最普遍规律相关。然而当课题组分别从不同的年龄群体所面临的前三位生活问题逐一分析的时候，似乎更能发现一些有趣的现象。

首先，对于 30 岁以前这一青年群体，她们所面临的次重要难题似乎具有很强的趋同性。除择偶这一最重要难题之外，与上海人打交道不约而同地成为这一年轻群体的共同难题。

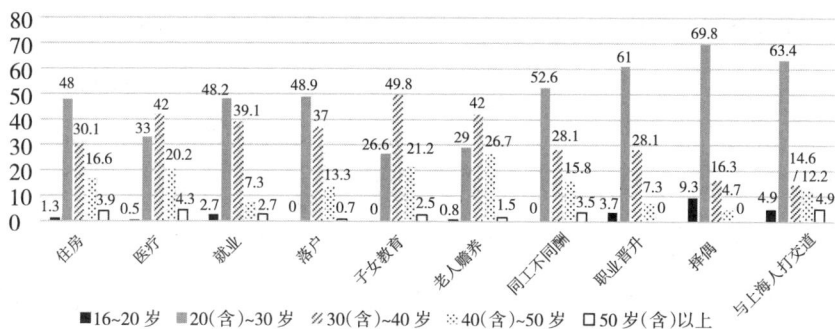

图 1-15　不同年龄阶段面临的日常生活问题(%)

也就是说，有超过 60% 的 30 岁以下青年群体认为与上海人打交道可以构成其日常生活的第二项难题。这在一定程度上说明了来沪务工青年女性由于来沪时间较短，依然存在其自身与上海文化和上海当地居民相互磨合的过程。而 30~50 岁的中青年群体则徘徊在养老、育幼和医疗等日常生活问题上，这三项分别占据了其日常生活的三大难题。可以说，30 岁成为来沪务工女性日常生活需求的重要分水岭，30 岁以下人群依然停留在与上海文化的磨合过程中，且更加关注自身发展；而 30 岁以上群体，生活压力使她们忙碌奔波于养老、育幼和医疗等家庭生活领域。

第二章　来沪务工女性政治态度调查

政治态度通常指社会成员对政治权力及其相关制度环境所产生的一种相对稳定的心理认知。在实证调研过程中,研究者往往习惯于通过受访人对政治生活的兴趣程度、政治效能感、人际信任、对政府的满意程度和信任情况等方面去综合考察社会成员的政治态度。在本章中,课题组将分别讨论来沪务工女性的政治兴趣、政治效能感、人际信任、政府满意度和政治信任。通过介绍它们的基本概况、基本特征和影响因素来全方位呈现来沪务工女性的政治态度现状。

第一节　来沪务工女性政治参与态度概况

一、政治兴趣

政治兴趣反映了公民愿意通过牺牲其时间的方式专注于某一政治议题

或政治事务的意愿,常用于描述公民对政治感兴趣的程度(Arthur Lupia,
2005)。学界常将政治兴趣作为公民政治态度或政治心理的一部分,并根据
公民对政治感兴趣的程度划分为高政治兴趣和低政治兴趣。高政治兴趣的
公民通常更为关注政治现象,关心公共事务,其在政治上也更为活跃;而低
政治兴趣的公民则表现为公民的政治疏离或政治冷漠,即不关心政治,对政
治参与活动不感兴趣的态度或自外于政治生活的一种心理状态(Seeman,
1959)。

　　图 2-1 呈现出受访者日常讨论问题的分布情况。调查结果显示,49.6%
的受访者日常讨论的问题为家长里短,其次依次为休闲养生问题、教育就业
问题、娱乐体育问题、社会事件、投资理财问题,最后为国家大事。

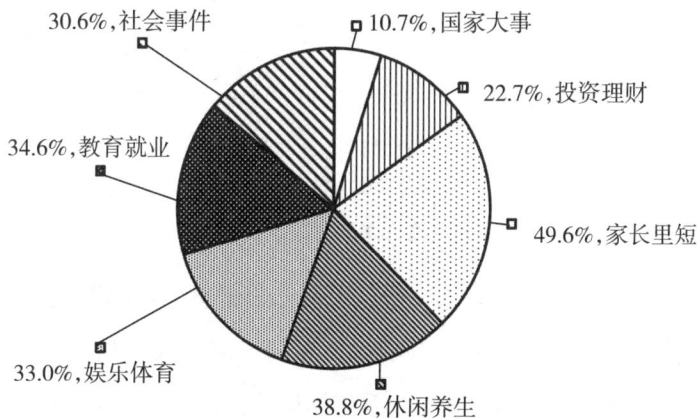

图 2-1　日常讨论问题的分布

　　人们在日常生活中经常讨论的问题在一定程度上代表了其兴趣点与关
注点,因此课题组将受访者在日常生活中对于国家大事与社会事件的讨论
度与关注度,作为测量受访者政治兴趣的指标。在受访群体当中,有 30.6%的
受访者的日常讨论问题为社会事件,10.7%受访者的日常讨论问题为国家大
事,与其他领域相比,显示出了来沪务工女性对社会事件与国家大事关注度
较低,整体上政治兴趣不高。

依据传统的国家–社会二分法,通过把政治兴趣分为对社会事件关注与对国家大事的关注,将社会事件作为日常讨论问题的受访者(30.6%)与将国家大事作为日常讨论问题的受访者 10.7% 与其人口学特征进行交互分析,通过分析发现,来沪务工女性所处年龄段、政治面貌、受教育程度、年收入水平、婚姻状态、住房状态对于其政治兴趣都具有一定的影响。

在年龄方面,来沪务工女性对于社会事件的关注度总体上高于国家大事,但是随着年龄的增加,41 岁以上的来沪务工女性对于国家大事的关注逐渐高于社会事件(图 2–2)。

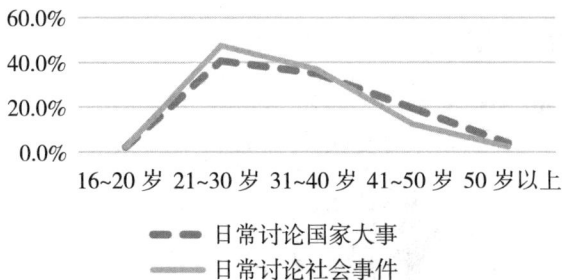

图 2–2　年龄与政治兴趣

在政治面貌方面,课题组分别对中共党员群体、民主党派群体、共青团员群体和群众进行考察,试图比较她们在讨论国家大事和社会事件方面的兴趣程度。调查结果显示,民主党派群体虽然样本较少,但整体关注国家大事的比例最高,其次为共青团群体,而中共党员对国家大事的关注度只有约

表 2–1　政治兴趣与政治面貌因素

政治面貌	日常经常讨论国家大事	日常讨论社会事件
中共党员	12.24%	40.82%
民主党派	60.00%	40.00%
共青团员	20.59%	39.22%
群众	6.12%	25.84%

12%,仅略高于群众6个百分点。而对社会事件的关注方面,党员、民主党派和共青团员的关注度基本相近,均为40%上下,虽然党员群体的关注度最高,但也仅仅高出共青团员群体1%左右。可见,在来沪务工女性群体中,党员女性的政治兴趣并没有呈现突出的特点。

在受教育程度方面,总体来看,受教育程度越高的来沪务工女性,其对国家大事和社会事件的关注度也越高。二者的峰值均出现在受过研究生教育的来沪女性群体中,比例分别为21.74%和47.83%。但值得注意的是,来沪女性对国家大事的兴趣并非呈现出线性增长曲线,而是在初中受教育水平层级上出现了最低值,随后伴随着受教育程度从高中到研究生,其对国家大事的关注度快速增长。另外,图表数据也呈现出,除小学及以下受教育程度之外,来沪务工女性在各受教育程度上都显现出对社会事件的关注度高于国家大事的关注度(表2-2)。

表2-2　日常讨论的问题与受教育程度因素

受教育程度	日常讨论国家大事	日常讨论社会事件
未接受过教育	25.00%	25.00%
小学	11.76%	11.76%
初中	1.96%	25.24%
高中/中专	8.82%	24.26%
大学专科	13.27%	27.55%
大学本科	15.38%	45.71%
研究生	21.74%	47.83%

在年收入方面,从图2-3中可以发现,总体来说,具有较高水平年收入的来沪务工女性,往往具有更高的政治兴趣。其中,年收入在15万~20万的来沪女性具有累计最高的政治兴趣,其在对国家大事的关注度方面遥遥领

先于其他收入群体的女性(35%);年收入在 20 万~25 万的来沪女性,其在社会事件的关注度方面占比最高(46.67%)。而低收入阶层的来沪务工女性,其总体的政治兴趣也表现得相对较低,其中年收入在 1.5 万~3 万之间的女性,其在国家大事和社会事件的关注度方面均明显低于其他收入阶层的女性。

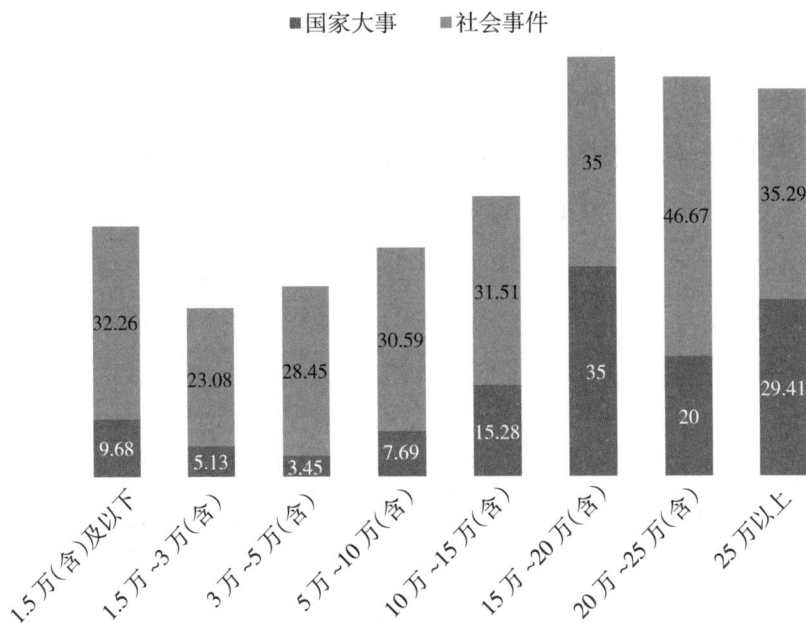

图 2-3　年收入与日常讨论的问题(%)

　　在住房状态方面,自购住房和群租状态的来沪务工女性相对于其他状态的女性来说显示出更高的政治兴趣。其中,群租状态的女性更乐于在休闲时间讨论国家大事(20.83%),自购住房的来沪女性在讨论社会事件方面呈现出相对较高的兴趣(35.63%)。总体而言,来沪务工女性对社会事件的讨论兴趣要远高于对国家大事的讨论兴趣,差值幅度在 8%~22% 之间(图2-4)。

■国家大事　■社会事件

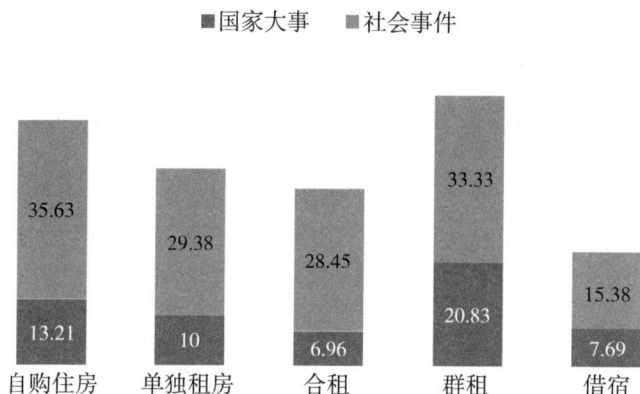

图2-4　住房状态与日常讨论的问题(%)

二、政治效能感

政治效能感一词最早出现于坎贝尔《选民的决定》(*The Voter Decides*)一书中,其将政治效能感定义为一种个人认为自己的政治行为对政治过程能够产生政治影响力的感觉。随着对政治效能感研究的深入,莱恩进一步将政治效能感划分为内部效能感和外部效能感。所谓内部效能感意味着与他人相比,个人自认为对政府具有影响力,而外部效能感则意味着面对政治体系而言,个人自认为政府会对其要求有所回应。总体来看,当前学术界对政治效能感的讨论不一而同,但基本上取得的共识是,政治效能感是衡量公民政治参与的重要测量指标, 也是考察一个国家民主化水平的内在标准(李蓉蓉,2010)。在接下来的讨论中,课题组将政治效能感具化为内部效能感和外部效能感。

(一)内部效能感

为了解来沪务工女性内部效能感的基本状况,课题组将"我了解我所在单位或社区的事情,我有权参与单位或社区的事务"的调查结果,即来沪务工女性内部效能感的总体情况与其人口学基本特征进行了交互分析，用以分析来沪务工的不同群体其内部政治效能感呈现出的不同特点。

通过分析发现，总体而言，当前来沪务工女性的内部效能感呈现水平较高。但内部效能感作为一种政治参与能力的自我认知，深受其所处的年龄段、受教育水平、政治面貌、婚姻状态、住房状态、收入水平的影响，因而呈现出较为明显的内部差异。

表2-4 "我了解我所在单位或社区的事情，我有权参与单位或社区的事务"与年龄因素

年龄段	非常认同	比较认同	不太认同	非常不认同	说不清
16～20 岁	8.33%	50.00%	8.33%	0.00%	33.34%
21～30 岁	11.00%	52.15%	14.35%	2.87%	19.63%
31～40 岁	9.50%	54.19%	17.88%	2.79%	15.64%
41～50 岁	10.34%	37.93%	24.14%	1.15%	26.44%
51 岁以上	15.79%	42.11%	21.05%	0.00%	21.05%

在年龄方面，16~40 岁之间的来沪务工女性群体总体上呈现出伴随着年龄增加，其内部效能感逐渐增高的趋势。其中 31~40 岁年龄组有约 64% 的女性认同"我有权参与单位或社区事务"，在各年龄段中占比最高。41~50 岁年龄组的内部效能感占比最低，只有 48% 左右的来沪务工女性对此观点表示认同。但 51 岁以上年龄组的内部效能感相对于 41~50 岁又有所回升，与 16~20 岁年龄组的内部效能感基本持平，在 58% 左右（表2-4）。

在受教育程度的差异方面，在小学至研究生阶段，受访群体总体上呈现出了随着受教育水平的提高，选择"非常认同"与"比较认同"的比例不断提高的特点。其中，表达"非常认同"和"比较认同"比例最高的均为研究生教育水平的来沪务工女性，但不能忽视的是，研究生教育水平的来沪女性在"不太认同"的占比方面也是最高的。在"说不清"选项中，占比最高的是小学受教育水平群体，最低为研究生受教育群体，总体上同样呈现出伴随受教

育程度提升,占比逐渐降低的趋势。可见,来沪务工女性的受教育程度越高,其越是倾向于表达自身的主观感受,对自我的内部效能感认知越是强烈(表2-5)。

表2-5　"我了解我所在单位或社区的事情,我有权参与单位或社区的事务"与受教育程度因素

受教育程度	非常认同	比较认同	不太认同	非常不认同	说不清
未接受过正式教育	50.00%	50.00%	0.00%	0.00%	0.00%
小学	11.76%	23.53%	23.53%	11.76%	29.42%
初中	7.42%	39.81%	22.22%	1.85%	28.71%
高中/中专	9.72%	50.00%	13.19%	2.78%	24.31%
大学专科	12.38%	55.23%	15.24%	2.86%	14.28%
大学本科	10.38%	56.60%	17.93%	0.94%	14.16%
研究生	16.67%	58.33%	25.00%	0.00%	0.00%

在政治面貌方面,中共党员、民主党派、共青团员相对于群众显示出了更高水平的内部效能感,在这三类群体当中,大部分受访者选择了认同选项。相对而言,群众则有近七成选择了不认同,显示出了较低水平的内部效能感。同时,中共党员的不认同比例超过了42%,仅低于群众,这一发现也是不能忽视的(表2-6)。

表2-6　"我了解我所在单位或社区的事情,我有权参与单位或社区的事务"与政治面貌因素

政治面貌	非常认同	比较认同	不太认同	非常不认同	说不清
中共党员	17.31%	50.00%	21.15%	21.15%	11.59%
民主党派	60.00%	20.00%	20.00%	20.00%	0.00%
共青团员	8.49%	55.66%	11.32%	11.32%	21.71%
群众	9.01%	48.55%	48.55%	18.90%	20.99%

在住房状态方面,当前处于自购房屋群体的内部效能感,相对高于单独租房、合租、群租、借宿群体,一方面其对于社区参与权表现出了较高的自我

来沪务工女性政治参与现状调查

认同,同时其不认同比例也是各种住房状态中相对较低的(表2-7)。

表2-7 "我了解我所在单位或社区的事情,我有权参与单位或社区的事务"与住房状态因素

住房状态	非常认同	比较认同	不太认同	非常不认同	说不清
自购房屋	11.31%	53.00%	15.48%	1.79%	18.42%
单独租房	8.43%	47.27%	23.03%	2.42%	18.75%
合租	11.76%	50.42%	14.29%	3.26%	20.17%
群租	16.00%	40.00%	16.00%	0.00%	28.00%
借宿	6.90%	48.28%	17.24%	3.45%	24.13%

在年收入水平差异方面,总体上呈现出伴随年收入的增加,选择认同的比例也随之提高的趋势。其中年收入在3万以下的群体,在呈现出较低水平的内部效能感的同时,在政治参与能力的自我认同与不认同之间,有逾三成的受访者选择了"说不清"(图2-6)。

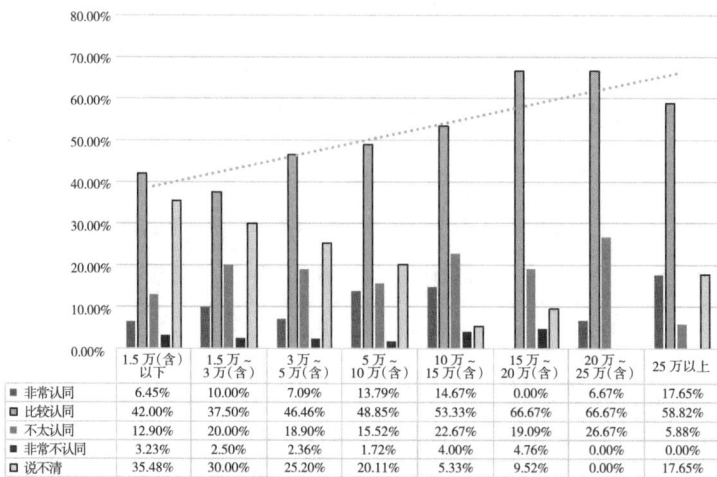

	1.5万(含)以下	1.5万~3万(含)	3万~5万(含)	5万~10万(含)	10万~15万(含)	15万~20万(含)	20万~25万(含)	25万以上
非常认同	6.45%	10.00%	7.09%	13.79%	14.67%	0.00%	6.67%	17.65%
比较认同	42.00%	37.50%	46.46%	48.85%	53.33%	66.67%	66.67%	58.82%
不太认同	12.90%	20.00%	18.90%	15.52%	22.67%	19.09%	26.67%	5.88%
非常不认同	3.23%	2.50%	2.36%	1.72%	4.00%	4.76%	0.00%	0.00%
说不清	35.48%	30.00%	25.20%	20.11%	5.33%	9.52%	0.00%	17.65%

图2-6 年收入与内部效能感
("我了解我所在单位或社区的事情,我有权参与单位或社区的事务")

（二）外部效能感

外部效能感，相对于内部效能感强调个人对于自身政治参与能力的认知，其更为强调的是政府对于自身诉求回应的可能性，是对愿意积极反馈的政府的一种想象。与内部效能感相比，外部效能感更易受外部政治环境的影响。限于样本条件，本节无意对外部环境做进一步讨论，仅对来沪务工女性的人口统计学特征与外部效能感做出概要性分析。为准确测量外部效能感，问卷中将"您是否认同存在'政府的门难进、脸难看、事难办'这一现象"的问题将作为主要测量指标，对这一观点认同度越高越表明外部效能感越低。随后，课题组将调查结果与受访群体的基本人口学特征做交互分析。分析发现，来沪务工女性的受教育水平、政治面貌、年收入的差异会对来沪务工女性的外部效能感造成较为显著的影响。

表 2-8　"是否认同政府门难进、脸难看、事难办"与年龄因素

年龄段	非常认同	比较认同	不太认同	非常不认同	说不清
16～20 岁	9.09%	9.09%	9.09%	9.09%	63.64%
21～30 岁	10.48%	40.95%	24.29%	6.19%	18.09%
31～40 岁	5.62%	28.09%	42.13%	10.11%	14.05%
41～50 岁	7.87%	28.09%	29.21%	5.62%	29.21%
51 岁以上	0.00%	42.44%	16.67%	5.56%	33.33%

在年龄方面，处于 16~20 岁的受访群体，在回答该问题时，有 63.64%的受访者选择了"说不清"。选择认同占比最高的为 21~30 岁阶段的受访群体，总体显示出了较低的外部效能感，而认同比例最低则为 31~40 岁的受访群体，其不认同的比例为 52.24%，显示出了较高的外部效能感（表 2-8）。

在受教育水平方面,教育水平为"未接受过正式教育"的受访群体,在回答该问题时,选择认同的比例最高,约为75%,显示出了最低的外部效能感。而选择不认同的比例最高的则为研究生群体,约58%,显示出较高的外部效能感(表2-9)。所以总体而言,受教育可以逐步增加自身的外部效能感。

表2-9 "是否认同政府门难进、脸难看、事难办"与受教育程度因素

受教育程度	非常认同	比较认同	不太认同	非常不认同	说不清
未接受过正式教育	0.00%	75.00%	25.00%	0.00%	0.00%
小学	5.88%	17.65%	29.41%	5.88%	41.18%
初中	9.09%	34.55%	16.36%	9.09%	30.91%
高中/中专	8.39%	34.27%	31.47%	4.90%	20.97%
大学专科	9.62%	42.31%	25.00%	8.65%	14.42%
大学本科	5.66%	25.47%	46.23%	8.49%	14.15%
研究生	0.00%	33.33%	50.00%	8.33%	8.34%

在政治面貌方面,在回答该问题时,认同比例最低的则为政治面貌为中共党员的受访群体,对此观点的不认同比例为58.83%,显示出了较高的外部效能感。在回答该问题时,相对于中共党员、共青团员,群众中有22.39%的受访者选择了"说不清",其占比为四者中最高(表2-10)。

表2-10 "是否认同政府门难进、脸难看、事难办"与政治面貌因素

政治面貌	非常认同	比较认同	不太认同	非常不认同	说不清
中共党员	5.88%	29.00%	43.14%	15.69%	5.89%
民主党派	0.00%	60.00%	40.00%	0.00%	0.00%
共青团员	5.61%	48.61%	24.30%	0.93%	20.55%
群众	9.01%	29.65%	30.52%	8.43%	22.39%

在年收入水平差异方面,在回答该问题时,选择认同与不认同的比例并未随着年收入的增加或减少呈现出相关性波动,但随着年收入在1.5万~15

万增长,其受访群体选择"说不清"的占比随着年收入的增长而逐渐降低。总体来说,年收入在 15 万以上的受访群体,其选择"说不清"的比例远低于相对于年收入在 15 万以下的受访群体。因而,年收入的增加虽未能带来外部效能感的提高,但在一定程度上消除了直接回答批评政府问题的顾虑,使其更敢于直接表达其政治态度(图 2-7)。

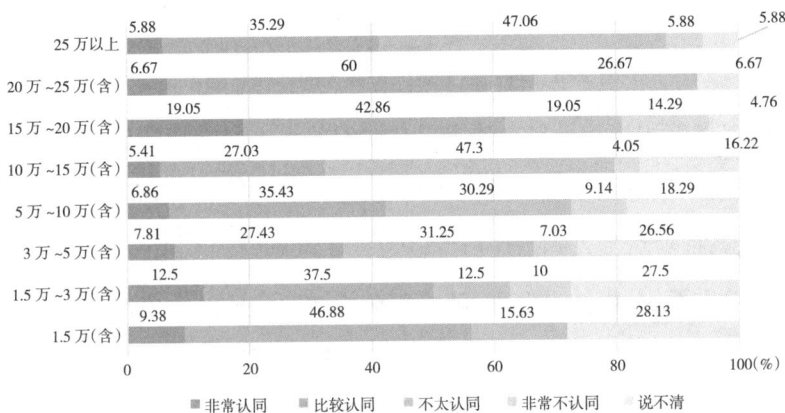

图 2-7　年收入与"是否认同政府门难进、脸难看、事难办"(%)

三、人际信任

(一)人际信任的基本情况

课题组通过询问受访者对社会上绝大多数人的信任状况,用以分析来沪务工女性的人际信任情况。调查结果显示出了较高的人际信任水平:近 67%的来沪务工女性认为社会大多数人都是可以信任的,另外表示不能信任的群体与表示"说不清"的群体各占比约 17%(图 2-8)。

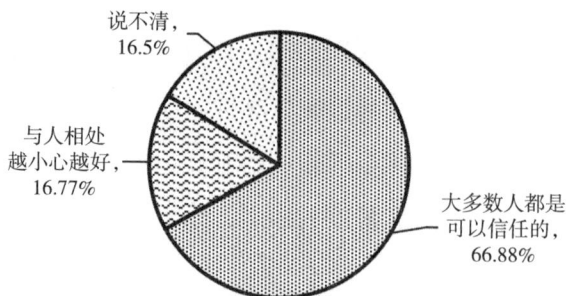

图 2-8 对社会上绝大多数人的信任状态

课题组将该调查结果与来沪务工女性的基本人口学特征进行了交互分析,分析发现来沪务工女性所处的年龄段、受教育程度、政治面貌、年收入水平、住房状态都会对其人际信任产生较为显著的影响。

在年龄方面,分析结果发现,随着年龄的增长,选择"大多数人都是可以信任的"比例逐渐增加,同时选择"与人相处越小心越好"的比例逐渐降低,其中选择"大多数人都是可以信任的"比例最低为16~20岁阶段,占比为41.67%,占比最高的为51岁以上人群,为73.31%,呈现出了总体上人际信任的水平随着年龄增加而增加的趋势(表2-11)。

表2-11 对社会上绝大多数人的信任状态与年龄因素

年龄段	大多数人都是可以信任的	与人相处越小心越好	说不清
16~20岁	41.67%	33.33%	25.00%
21~30岁	62.81%	20.60%	16.59%
31~40岁	70.37%	14.20%	15.43%
41~50岁	72.62%	13.10%	14.28%
51岁以上	73.31%	0.00%	26.69%

在受教育水平方面,选择"与人相处越小心越好"比例最高的研究生受访群体,为29.17%,呈现出了相对较低的人际信任水平;而选择"大多数人都是可以信任的"比例最高的群体为未接受过正式教育的受访女性,占比为

75%,其与研究生群体形成了鲜明的反差。另一方面,选择"大多数人都是可以信任的"比例最低的为小学文化程度的受访女性,不足28.6%,在各受教育水平群体中占比最低;而其在回答"说不清"的比例也是最高的,约有半数女性选择了"说不清"(图2-9)。这不仅在一定程度上表明该群体的人际信任水平较低,也反映出她们相对于其他受教育程度群体来说,其对人际信任相关问题无法做出较为明确的判断。

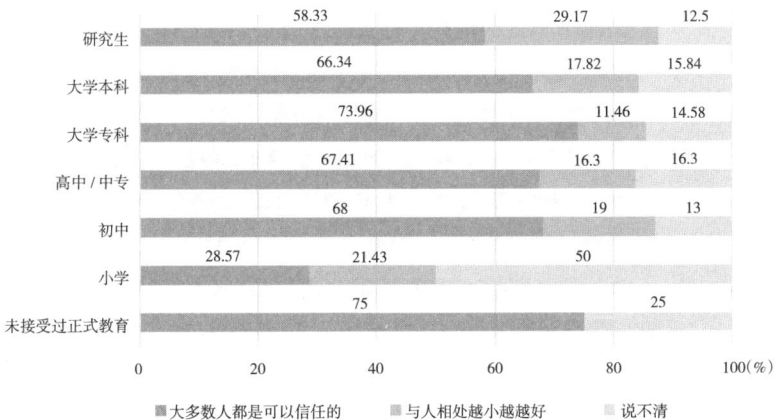

图2-9　受教育程度与对社会上绝大多数人的信任状态(%)

在政治面貌方面,选择"大多数人都是可以信任的"比例最低的为中共党员,占比为60%,同时有24%的中共党员选择了"与人相处越小心越好",相对于其他政治面貌的受访者,呈现出了较低的人际信任水平(表2-12)。

表2-12　对社会上绝大多数人的信任状态与政治面貌因素

政治面貌	大多数人都是可以信任的	与人相处越小心越好	说不清
中共党员	60.00%	24.00%	16.00%
民主党派	100.00%	0.00%	0.00%
共青团员	69.07%	17.53%	13.40%
群众	66.67%	15.58%	17.75%

受访女性，其"大多数人都是可以信任的"的选择比例随着年收入的增加也呈现出了增加的趋势。而年收入在 20 万以上的受访女性的人际信任水平则并未表现出相类似的规律，其中年收入在 20 万~25 万之间的受访女性选择"与人相处越小心越好"的比例最高，占比为 40%。值得注意的是，相对于低收入和高收入水平的群体来说，处于中等收入阶层（年收入 5 万~20 万）来沪务工女性的人际信任水平相对较高（图 2-10）。

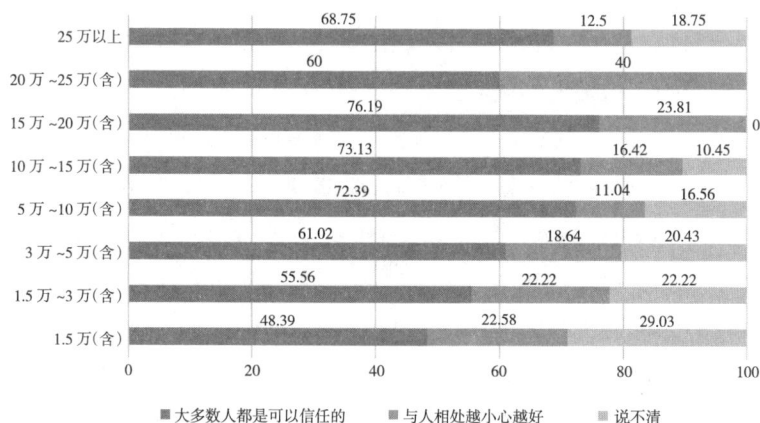

图 2-10　年收入与对社会上绝大多数人的信任状态(%)

在住房状态方面，调查结果显示，当前住房状态处于自购房屋的受访女性相对于单独租房、合租、群租、借宿，选择"大多数人都是可以信任的"的比例最高，占比 70.97%，其中占比最低的为群租状态的来沪务工女性，为 43.48%，同时有 34.78% 的群租女性选择了"与人相处越小心越好"，该比例为各住房状态受访女性中占比最高（表 2-13）。

表2-13　对社会上绝大多数人的信任状态与住房状态因素

住房状态	大多数人都是可以信任的	与人相处越小心越好	说不清
自购房屋	70.97%	14.84%	14.19%
单独租房	70.59%	15.03%	14.38%
合租	62.83%	19.47%	17.70%
群租	43.48%	34.78%	21.74%
借宿	60.71%	7.14%	32.15%

(二)人际信任的具体内容

对来沪务工女性人际信任的基本情况有了初步了解后，课题组根据信任对象,对来沪务工女性的人际信任的具体内容,如对家人、对邻居、对同事和对上海本地人的信任状态进行了进一步的分析。调查结果显示,依据选择非常信任与比较信任的比例高低依次排列，来沪务工女性对于上述对象的信任排序依次为:家人、同事、邻居、上海本地人、陌生人(表2-14)。

表2-14　对下面这些人的信任程度

信任对象	非常信任	比较信任	不太信任	很不信任	说不清
家人	84.54%	12.13%	1.76%	0.20%	1.37%
邻居	15.63%	63.87%	14.84%	0.39%	5.27%
同事	15.98%	68.81%	8.38%	1.56%	5.27%
上海本地人	8.38%	56.34%	17.93%	6.63%	10.72%
陌生人	4.31%	10.37%	45.21%	29.75%	10.36%

在此基本信任排序的基础之上，课题组将该调查结果与来沪务工女性的基本人口学特征进行交互分析,分析发现,相较于其他信任对象,对于家人的高度信任并不受其基本人口学特征的因素影响,同事、邻居、上海本地人、陌生人的信任程度会由于其不同的个体特征而产生的一定的差异。

1.来沪务工女性对于邻居的信任差异

中国传统社会有"远亲不如近邻"的观念传统,这意味着邻居会在一定程度上分担部分家庭功能。调查发现,来沪务工女性对于邻居的信任程度会因其所处年龄阶段、婚姻状态、住房状态、养老育幼状态的差异而产生不同,而其他如政治面貌等个体特征对于其影响不大。

在年龄方面,来沪务工女性对于邻居信任程度最低的为16~20岁的来沪务工女性,但年龄段在21~50岁的来沪务工女性,呈现出了随着年龄的增长,对于邻居选择非常信任与比较信任的比例逐步提高的趋势(图2-11);而51岁以上的来沪务工女性对于邻居的信任度相对较低,但总体高于16~20岁的来沪务工女性。

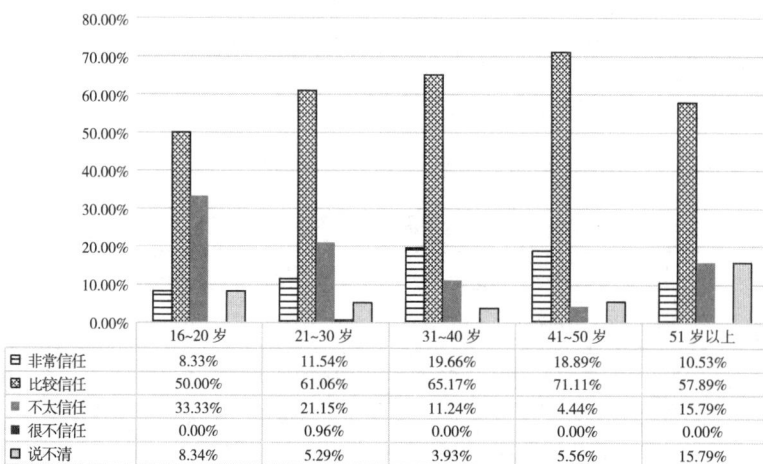

	16~20岁	21~30岁	31~40岁	41~50岁	51岁以上
非常信任	8.33%	11.54%	19.66%	18.89%	10.53%
比较信任	50.00%	61.06%	65.17%	71.11%	57.89%
不太信任	33.33%	21.15%	11.24%	4.44%	15.79%
很不信任	0.00%	0.96%	0.00%	0.00%	0.00%
说不清	8.34%	5.29%	3.93%	5.56%	15.79%

图2-11　年龄与对邻居的信任程度

在婚姻状态方面,调查发现,离异的来沪务工女性相对于有过婚姻经历的受访女性,其对于邻居信任比例相对较低,为71%,比已婚女性低11.72%(表2-15)。

表 2-15　对于邻居的信任程度与婚姻状态因素

婚姻状态	非常信任	比较信任	不太信任	很不信任	说不清
未婚	12.88%	58.33%	21.97%	0.76%	6.06%
已婚	16.43%	66.29%	12.46%	0.28%	4.54%
离异	18.75%	52.25%	6.25%	0.00%	18.75%
丧偶	16.67%	66.67%	16.66%	0.00%	0.00%

　　在住房状态方面,在自购房屋、单独租房、合租、群租的受访女性中,当前处于自购房屋的来沪务工女性对于邻居的信任比例要相对高于其他住房状态的受访群体,其信任比例约85%,随后为当前处于合租状态的来沪务工女性,其信任的比例约82%,随后依次为借宿、单独租房、群租的来沪务工女性(图2-12)。

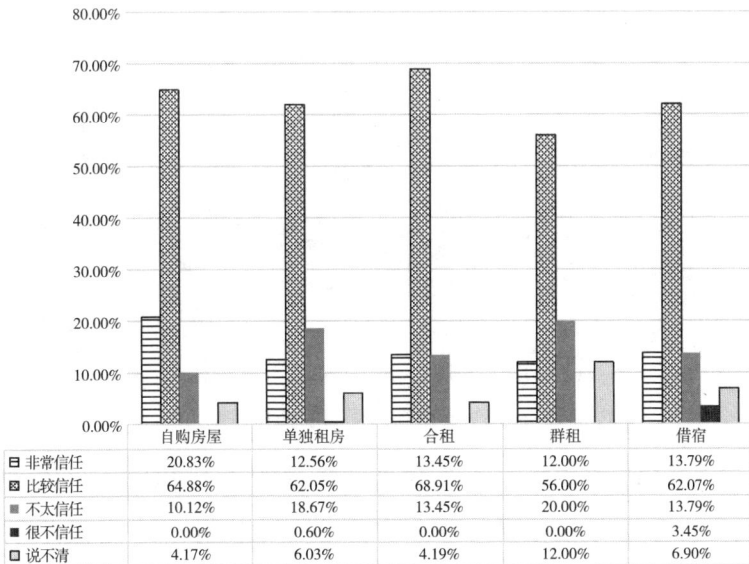

	自购房屋	单独租房	合租	群租	借宿
非常信任	20.83%	12.56%	13.45%	12.00%	13.79%
比较信任	64.88%	62.05%	68.91%	56.00%	62.07%
不太信任	10.12%	18.67%	13.45%	20.00%	13.79%
很不信任	0.00%	0.60%	0.00%	0.00%	3.45%
说不清	4.17%	6.03%	4.19%	12.00%	6.90%

图 2-12　住房状态与对邻居的信任程度

2.来沪务工女性对于同事的信任差异

来沪务工女性对于同事的信任主要建立在工作场域中，将她们对于同事的信任选择与其基本人口学特征进行交互分析发现，来沪务工女性的年龄、受教育程度与年收入、来沪时间、政治面貌、子女养育与住房状态等与工作更为紧密的个体特征对同事的信任程度影响非常明显。

在年龄方面，各年龄段对于同事的信任差异不大，在16~50岁之间的受访女性对于同事选择信任比例，呈现出了随着年龄增加而增加的趋势。虽然31~40岁人口群体在"非常信任"选项中占比较低，但其在"比较信任"选项中占比最高。51岁以上的受访女性对于同事选择信任占比最低，为73.68%，其选择不信任的比例也为最高，为21.05%（图2-13）。

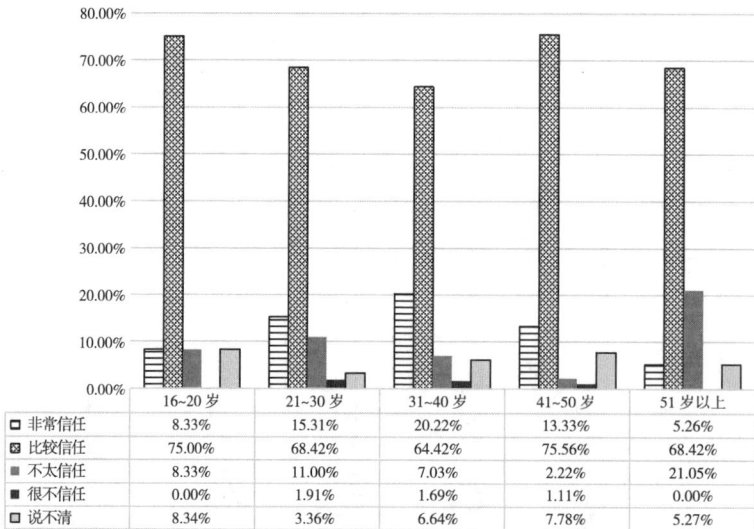

	16~20岁	21~30岁	31~40岁	41~50岁	51岁以上
非常信任	8.33%	15.31%	20.22%	13.33%	5.26%
比较信任	75.00%	68.42%	64.42%	75.56%	68.42%
不太信任	8.33%	11.00%	7.03%	2.22%	21.05%
很不信任	0.00%	1.91%	1.69%	1.11%	0.00%
说不清	8.34%	3.36%	6.64%	7.78%	5.27%

图2-13　年龄与对同事的信任程度

在受教育程度与年收入方面，结果显示，来沪务工女性对于同事的信任会随着其受教育水平与年收入的增加而增加，但是增长到一定程度后，会有所回落。在年收入方面，年收入20万以上的来沪务工女性对于同事的信任相对于年收入3万~20万以内的来沪务工女性有着明显的下降。总体来看,处于中等收入水平的来沪务工女性往往显示出更高水平的同事信任度(图 2-14)。

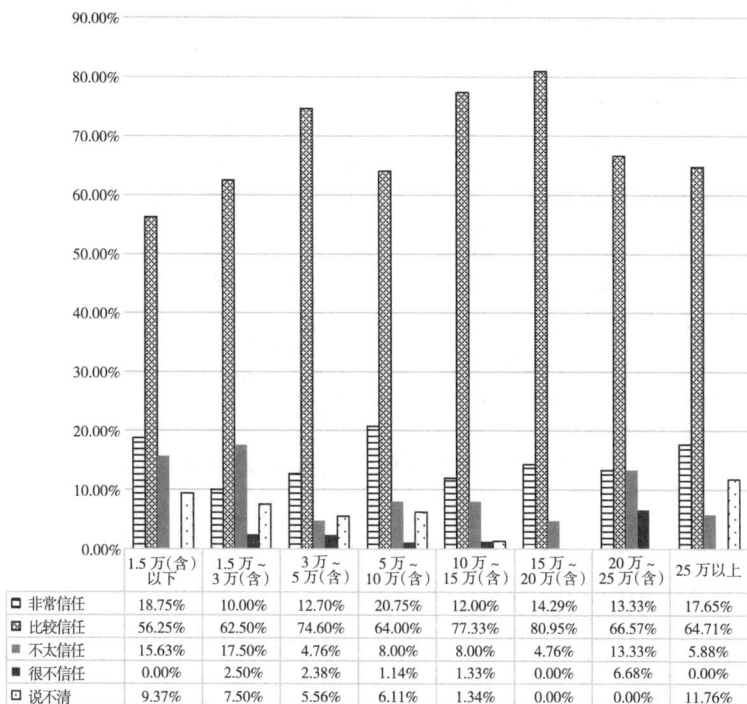

	1.5万(含)以下	1.5万~3万(含)	3万~5万(含)	5万~10万(含)	10万~15万(含)	15万~20万(含)	20万~25万(含)	25万以上
非常信任	18.75%	10.00%	12.70%	20.75%	12.00%	14.29%	13.33%	17.65%
比较信任	56.25%	62.50%	74.60%	64.00%	77.33%	80.95%	66.57%	64.71%
不太信任	15.63%	17.50%	4.76%	8.00%	8.00%	4.76%	13.33%	5.88%
很不信任	0.00%	2.50%	2.38%	1.14%	1.33%	0.00%	6.68%	0.00%
说不清	9.37%	7.50%	5.56%	6.11%	1.34%	0.00%	0.00%	11.76%

图 2-14　年收入与对同事的信任程度

在来沪时长方面,来沪时长在 0~15 年之间的受访女性对于同事选择信任的比例,呈现出了随着时间的增加而提高的趋势。但来沪时间 16 年以上的来沪务工女性对于同事的信任比例逐步下降,其中来沪时间在 20 年以上的选择信任比例最低,为 83.92%,而选择不信任比例最高的则为来沪时长在 16~20 年之间的受访女性,不信任比例为 13.63%(图 2-15)。

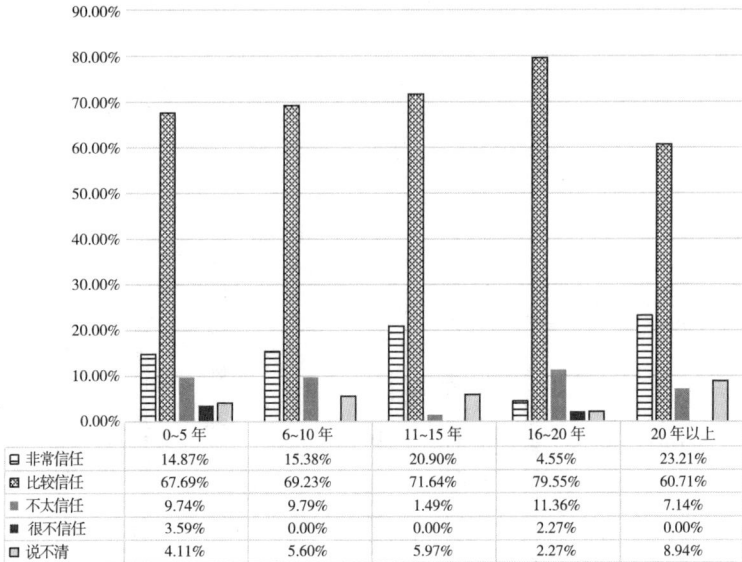

	0~5 年	6~10 年	11~15 年	16~20 年	20 年以上
非常信任	14.87%	15.38%	20.90%	4.55%	23.21%
比较信任	67.69%	69.23%	71.64%	79.55%	60.71%
不太信任	9.74%	9.79%	1.49%	11.36%	7.14%
很不信任	3.59%	0.00%	0.00%	2.27%	0.00%
说不清	4.11%	5.60%	5.97%	2.27%	8.94%

图 2-15　来沪时长与对同事的信任程度

　　在政治面貌的差异方面,在受访群体中,民主党派的来沪务工女性对同事的信任程度最高,选择信任的比例占 80%,其次是政治面貌为中共党员的来沪务工女性对同事的信任度,随后分别是政治面貌为群众、共青团员的来沪务工女性,四者中,共青团员对于同事的信任度最低(图 2-16)。

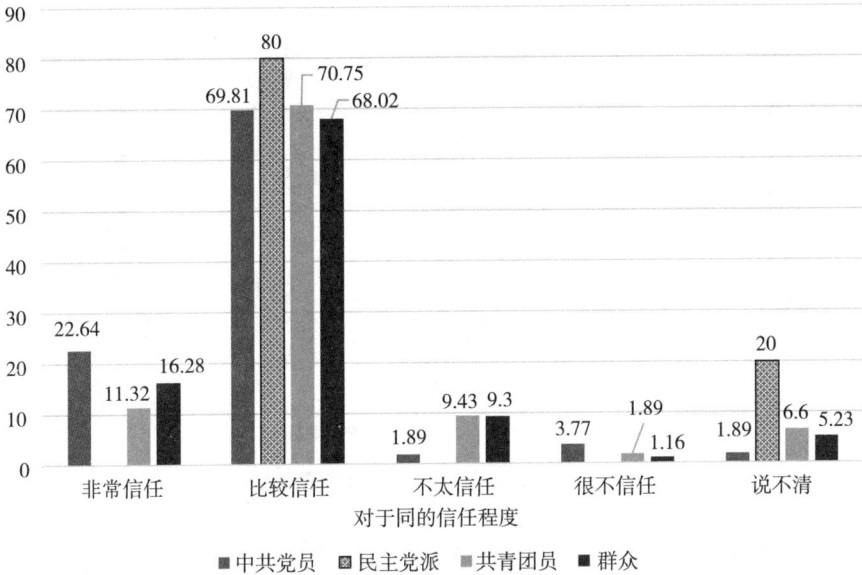

图 2-16　政治面貌与对同事的信任(%)

在住房状态方面,分析发现,当前处于自购房屋的女性对于同事选择信任的比例相对高于当前处于单独租房、合租、群租、借宿的女性,信任的比例为91.66%,随后为当前处于借宿状态的来沪务工女性,其信任率为89.65%,其次依次为群租、单独租房、合租的来沪务工女性(图2-17)。分析发现,住房环境的改善并不一定能提高来沪务工女性对于工作同伴的信任,当然,这或许与工作性质相关,之后的章节会对此问题进行进一步分析。

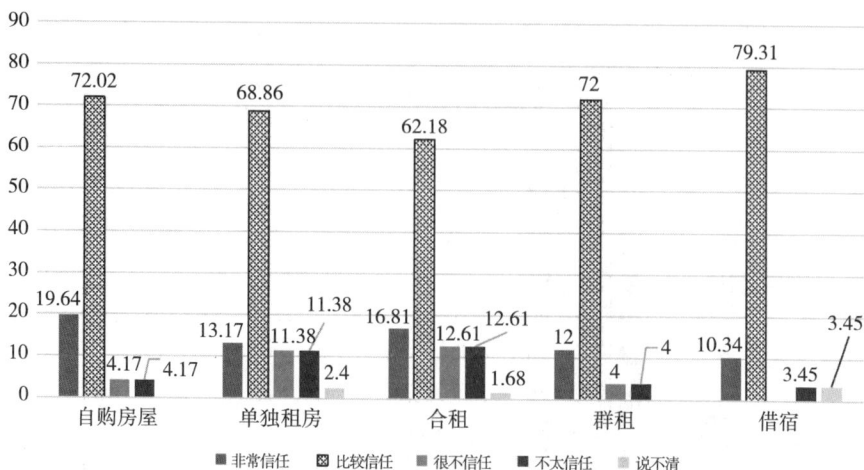

图2-17　住房状态与对同事的信任程度(%)

在养育孩子方面,当前无须照顾子女的女性对于同事的信任比例最高,随着养育子女的数量的增加,对于同事选择信任的比例会出现下降,呈现出了随着子女数量增加而信任水平逐步下降的趋势(表2-16)。

表2-16　对同事的信任程度与照顾的子女数量因素

照顾的子女数量	非常信任	比较信任	不太信任	很不信任	说不清
0个	15.85%	71.34%	6.71%	1.20%	4.90%
1个	17.78%	68.89%	5.33%	2.22%	5.78%
2个	11.43%	68.57%	14.29%	0.00%	5.71%
3个及以上	20.00%	40.00%	20.00%	20.00%	0.00%

3.来沪务工女性对于上海本地人的信任差异

在影响来沪务工女性对于上海本地人的信任状态方面,通过交互分析发现,在众多个体因素中,来沪务工女性所处的年龄段、来沪时间、住房状态、养老育幼等方面的差异,相对于其他个体特征来说,其所产生的影响作用更为明显。

在年龄方面,年龄段在21~30岁以上与16~20岁的受访女性,相对于其他年龄区间的来沪务工女性,对上海本地人的信任状态处于较低水平,其中以年龄段为 16~20 岁的受访女性信任比例最低,同时其不信任比例相对于其他年段占比最高(图 2-18)。

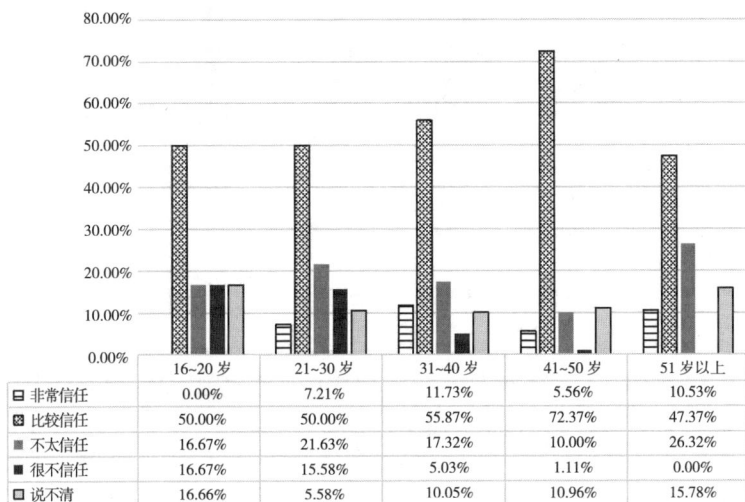

	16~20 岁	21~30 岁	31~40 岁	41~50 岁	51 岁以上
非常信任	0.00%	7.21%	11.73%	5.56%	10.53%
比较信任	50.00%	50.00%	55.87%	72.37%	47.37%
不太信任	16.67%	21.63%	17.32%	10.00%	26.32%
很不信任	16.67%	15.58%	5.03%	1.11%	0.00%
说不清	16.66%	5.58%	10.05%	10.96%	15.78%

图 2-18 年龄与对上海本地人的信任程度

在来沪时长方面,来沪务工女性对于上海本地人的信任比例并非是随着来沪时间呈线性增长,而是随着来沪时间的增加而呈现波动变化(图 2-19)。总体来说,来沪 20 年以上的务工女性对上海本地人的信任程度最高(78.57%),来沪 11~15 年次之。

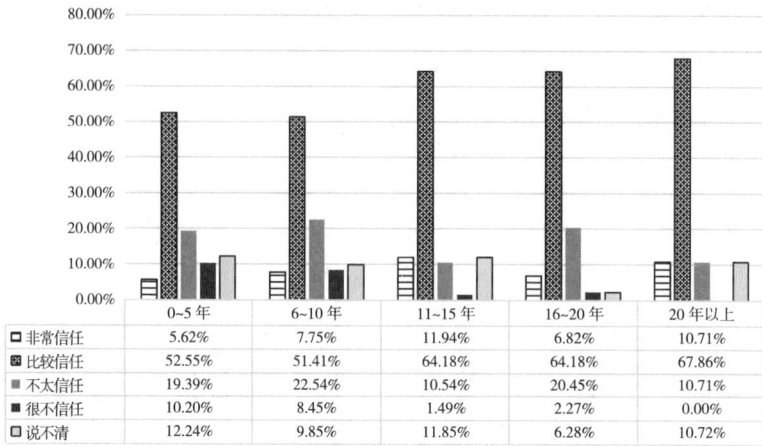

	0~5年	6~10年	11~15年	16~20年	20年以上
非常信任	5.62%	7.75%	11.94%	6.82%	10.71%
比较信任	52.55%	51.41%	64.18%	64.18%	67.86%
不太信任	19.39%	22.54%	10.54%	20.45%	10.71%
很不信任	10.20%	8.45%	1.49%	2.27%	0.00%
说不清	12.24%	9.85%	11.85%	6.28%	10.72%

图 2-19　来沪时长与对上海本地人的信任程度

在住房状态方面，当前处于自购房屋的来沪务工女性相对于其他住房状态的受访女性，其对于上海本地人的信任比例更高，为76.92%。来沪务工女性对于上海本地人的信任状态，总体上呈现出随着住房状态的从自购房屋到合租的变化而降低，而当前处于借宿状态的女性对上海本地人的信任度要相对高于合租与群租的女性(图2-20)。

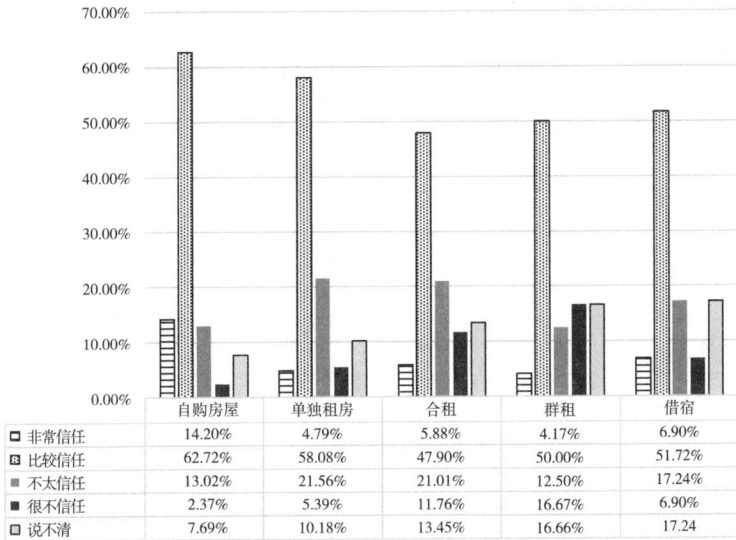

	自购房屋	单独租房	合租	群租	借宿
□ 非常信任	14.20%	4.79%	5.88%	4.17%	6.90%
▨ 比较信任	62.72%	58.08%	47.90%	50.00%	51.72%
▦ 不太信任	13.02%	21.56%	21.01%	12.50%	17.24%
■ 很不信任	2.37%	5.39%	11.76%	16.67%	6.90%
□ 说不清	7.69%	10.18%	13.45%	16.66%	17.24

图 2-20　住房状态与对上海本地人的信任程度

在婚姻方面，丧偶与已婚的来沪务工女性对于上海本地人的信任程度更高，其次为未婚、离异的来沪务工女性。在各种婚姻状态中，离异的受访者对于上海本地人的不信任的比例最高，为 43.75%（表 2-17）。

表 2-17　对上海本地人的信任程度与婚姻状态因素

婚姻状态	非常信任	比较信任	不太信任	很不信任	说不清
未婚	8.37%	52.63%	19.55%	9.02%	10.53%
已婚	8.22%	59.21%	16.17%	5.67%	10.23%
离异	12.50%	25.00%	31.25%	12.5%	18.75%
丧偶	16.67%	66.67%	0.00%	0.00%	16.66%

在养老育幼方面，已育有子女的来沪务工女性中，对于上海本地人的不信任比例呈现出了随着养育子女数量的增加而增加的趋势（表 2-18）。而在赡养老人上，一方面，不需要赡养老人的来沪务工女性对于上海本地人的信任比例相对低于需要赡养老人的来沪务工女性；另一方面，随着需要赡养老

人的增加,其选择信任的比例也呈现出逐渐增加的趋势。

表 2-18　对上海本地人的信任程度与子女数量因素

照顾的子女数量	非常信任	比较信任	不太信任	很不信任	说不清
0 个	9.20%	52.15%	17.79%	7.98%	12.88%
1 个	9.73%	61.95%	12.83%	5.31%	10.18%
2 个	5.71%	52.38%	25.71%	6.67%	9.53%
3 个及以上	0.00%	40.00%	40.00%	0.00%	20.00%

4.来沪务工女性对于陌生人的信任状态

在对于陌生人的信任方面,总体而言,当前来沪务工女性对于陌生人的信任水平较低。通过交互分析发现,受访群体对于陌生人的信任状态并未受到其所处的不同年龄阶段、受教育水平、政治面貌、婚姻状态、年收入水平、养老育幼的状态等因素的影响,从而造成不同群体间对于陌生人信任水平的显著差异或波动。但是否拥有房产成为影响来沪务工女性对于陌生人信任状态的重要因素。总体而言,上海本地居住权的获取程度与对陌生人的信任程度呈现等比的波动性上升态势。虽然合租的女性相较于自有住房女性来说,对陌生人的信任度上升了 0.6%,但群租与单独租房的女性相比,其对陌生人的信任度显著降低了近 1.3%;借宿女性的陌生人信任程度最低,仅为不足 4 个百分点,是自购住房女性对陌生人信任度的五分之一左右(图2-21)。

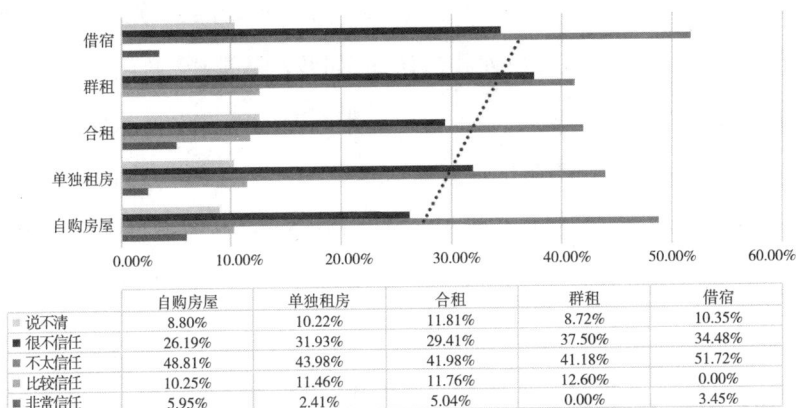

	自购房屋	单独租房	合租	群租	借宿
说不清	8.80%	10.22%	11.81%	8.72%	10.35%
很不信任	26.19%	31.93%	29.41%	37.50%	34.48%
不太信任	48.81%	43.98%	41.98%	41.18%	51.72%
比较信任	10.25%	11.46%	11.76%	12.60%	0.00%
非常信任	5.95%	2.41%	5.04%	0.00%	3.45%

图 2-21　住房状态与对陌生人的信任程度

综上所述,通过将来沪务工女性的基本人口学特征分别与其对于同事、邻居、上海本地人、陌生人的信任状态进行描述性分析发现,个体特征确实会影响来沪务工女性对不同信任对象的信任状态。同时,不同个体特征对各个信任对象的影响是不一致的,如在研究对同事与对上海本地人的信任时发现,年龄、来沪时长、住房与养老育幼对其信任状态具有一定的影响;但在分析来沪务工女性对邻居的信任状态时,来沪时长所带来的影响却不太明显,而其婚姻状态对信任程度则具有不可忽视的影响力。同时分析发现,一方面,来沪务工女性的政治面貌与年收入水平对其人际信任所带来的影响并不突出;另一方面,来沪务工女性对于家人的高信任水平并不受其人口学基本特征的影响。此外,住房状态对于影响来沪务工女性对于上海本地人与陌生人的信任状态均发挥着不同程度的影响。

四、政府满意度

政府满意度,是公众在与政府互动过程中,其基于主观感受对政府部门及其提供的公共产品和公共服务的心理认可程度(Lewis,2007;贾奇凡,2018)。

政府满意度的高低不仅反映了公民对于政府服务的认知评价，同时也影响着公民其他相关的一系列政治认知，如政治效能感、政治信任等，这将对政治行为产生实际的影响，从而进一步影响着公民与政府之间的互动。

在本部分内容中，课题组将政府具体化为四个层级，分别为中央政府、市政府、区政府、街/镇政府，同时包括村/居委会，从而测量来沪务工女性对上述不同层级政府的满意度。

调查结果显示，随着政府层级的提高，受访女性存在着更趋于隐藏自己真实态度的倾向。在调查结果中表现为，随着政府层级的提高，受访者选择"说不清"的比例也随之逐渐增加。另外，人们对于直接批评政府的谨慎，也使得调查结果中对于各层级政府"很不满意"选项的比例趋同。但从"比较满意"与"非常满意"的选择比例来看，当前来沪务工女性的政府满意度整体处于较高水平。另一方面，随着政府层级的提高，其对于政府表示"非常满意"的比例逐步提高；与区政府级别以上的政府相比，来沪务工女性对于村/居委会以及街/镇政府的满意度更高(图 2-22)。

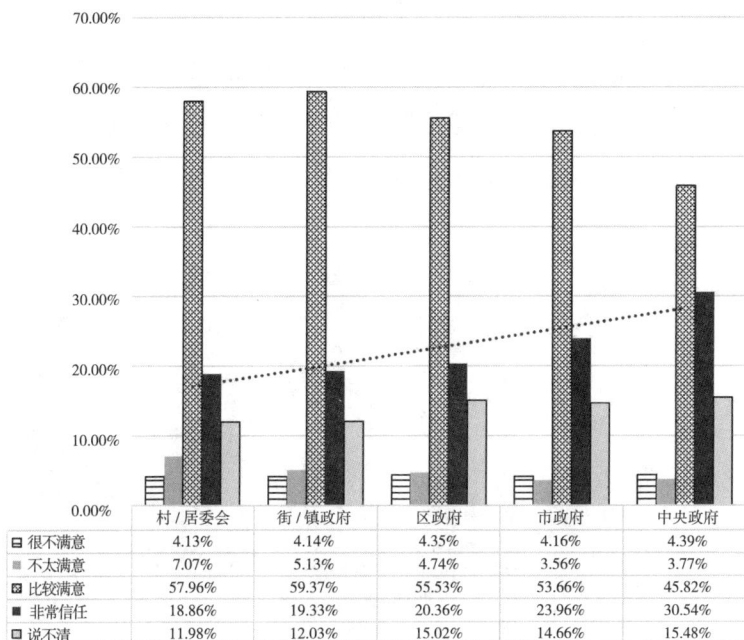

	村/居委会	街/镇政府	区政府	市政府	中央政府
很不满意	4.13%	4.14%	4.35%	4.16%	4.39%
不太满意	7.07%	5.13%	4.74%	3.56%	3.77%
比较满意	57.96%	59.37%	55.53%	53.66%	45.82%
非常信任	18.86%	19.33%	20.36%	23.96%	30.54%
说不清	11.98%	12.03%	15.02%	14.66%	15.48%

图 2-22　对不同层级政府的满意程度

课题组将来沪务工女性对于不同层级政府的满意程度分别与其基本人口学特征进行了交互分析,以此探究造成不同群体间政府满意度差异的因素以及不同群体间的评价特点。虽然严格意义上村/居委会并不属于一级政府,而是街/镇政府管辖下的执行机构,但在实际生活中,公民往往习惯于将其看作基层政府的重要组成部分,所以本部分内容在此不做严格意义上的辨析与区分。

(一)年龄与政府满意度

在不同年龄段方面,分析结果显示,31~40 岁的来沪务工女性总体的政府满意比例最高,而总体政府满意比例最低的为 16~20 岁之间的来沪务工女性。年龄区间在 21~40 岁间的来沪务工女性,对于不同层级间的政府满意比例的差异不大;而年龄区间在 16~20 岁与 41~50 岁之间的受访女性在回答对不同政府的满意程度时，其满意率呈现出了随着政府层级的提高而下降的趋势。与此相反，51 岁以上的来沪务工女性，相对于区政府，其对村 / 居委会与街 / 镇政府的满意度更高，同时其对中央政府的满意度相对高于市政府与村 / 居委会、街 / 镇政府 (图 2-23)。

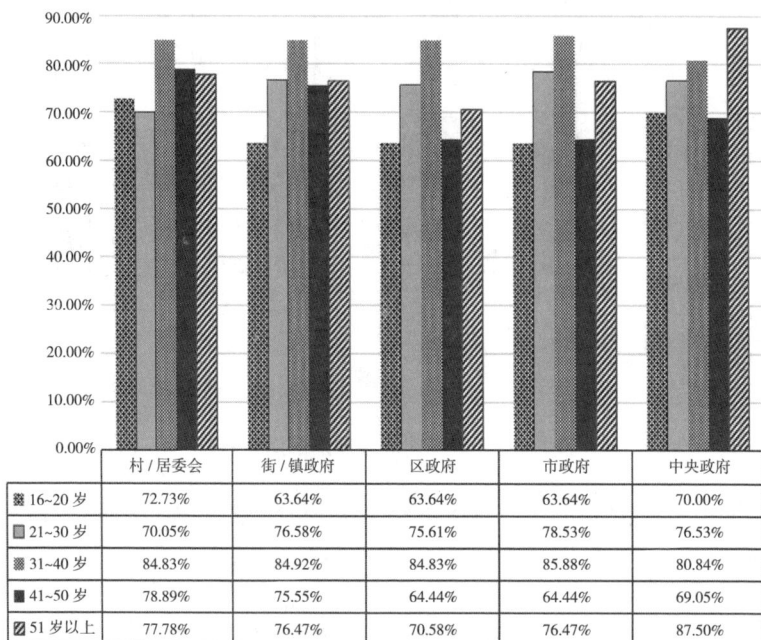

	村 / 居委会	街 / 镇政府	区政府	市政府	中央政府
16~20 岁	72.73%	63.64%	63.64%	63.64%	70.00%
21~30 岁	70.05%	76.58%	75.61%	78.53%	76.53%
31~40 岁	84.83%	84.92%	84.83%	85.88%	80.84%
41~50 岁	78.89%	75.55%	64.44%	64.44%	69.05%
51 岁以上	77.78%	76.47%	70.58%	76.47%	87.50%

图 2-23 年龄与政府满意度

在不同年龄段来沪女性对于中央政府的满意度中，21~40 岁的女性相对村 / 居委会、街 / 镇政府、市政府、区政府，其对中央政府的满意度有所下降，而其他年龄段的女性则有所提升。同时，31~40 岁的来沪务工女性其政府满意度在村 / 居委会、街 / 政府、市政府、区政府之间差异不大；而 41~50 岁的来沪务工女性对于不同层级政府的满意度则存在较大的波动。

(二)政治面貌与政府满意度

分析结果显示，从总体上而言，共青团成员在回答该问题时回答满意的比例为最高。村/居委会的满意度评价中,群众的满意度最高;而在街/镇及以上的政府,共青团员与中共党员对于政府的满意度高于政治面貌为群众的来沪务工女性(图 2-24)。

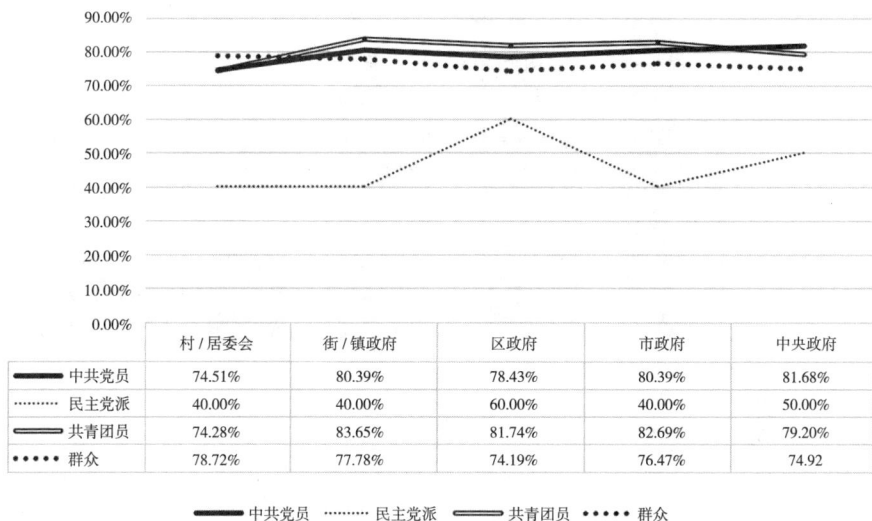

	村/居委会	街/镇政府	区政府	市政府	中央政府
中共党员	74.51%	80.39%	78.43%	80.39%	81.68%
民主党派	40.00%	40.00%	60.00%	40.00%	50.00%
共青团员	74.28%	83.65%	81.74%	82.69%	79.20%
群众	78.72%	77.78%	74.19%	76.47%	74.92

图 2-24　政治面貌与政府满意度

分析发现,政治面貌为群众的来沪务工女性的政府满意度在各层级政府之间并无太大波动,其对于村/居委会的政府满意度最高而对于区政府的满意度最低。中共党员与共青团员在街/镇政府、区政府、市政府之间满意度并无太大差异,但共青团员在相对于街/镇政府、区政府和市政府来说,其对于中央政府的满意度有所下降。

(三)受教育程度与政府满意度

在受教育程度方面,在不同的受教育水平的来沪务工女性中,受教育水平处于大学专科的来沪务工女性其整体政治满意度最高;而未接受过教育的来沪务工女性整体政府满意度最低。不同的受教育水平当中,受教育程度为大学本科与研究生的来沪务工女性对于不同层级政府的满意度波动幅度更大；而受教育水平为大学本科的来沪务工女性，对于各级政府的满意度波动幅度最小（图2-25）。

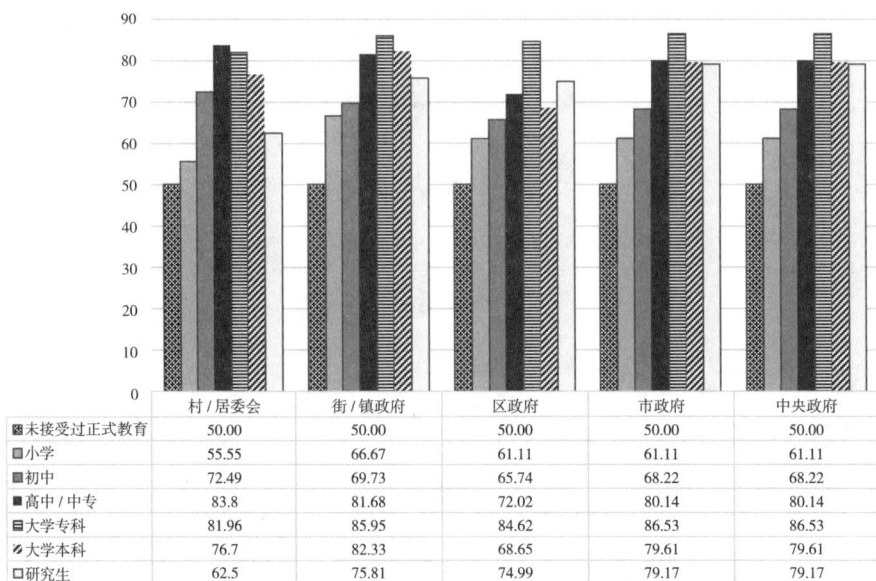

	村/居委会	街/镇政府	区政府	市政府	中央政府
未接受过正式教育	50.00	50.00	50.00	50.00	50.00
小学	55.55	66.67	61.11	61.11	61.11
初中	72.49	69.73	65.74	68.22	68.22
高中/中专	83.8	81.68	72.02	80.14	80.14
大学专科	81.96	85.95	84.62	86.53	86.53
大学本科	76.7	82.33	68.65	79.61	79.61
研究生	62.5	75.81	74.99	79.17	79.17

图 2-25　受教育程度与政府满意度（%）

五、政治信任

政治信任即指公众对政治体系、政治机构及其运行的信念和信心，是民众对于政治系统的基本评价与情感取向（李艳霞，2014）。高度的政治信任将有利于降低政治体系维持良好运转的成本。作为公民与政治系统之间的一种互动，政治信任是一个不断调整和发展以回应现实需求的动态过程。新生代来沪务工女性相对于上一代其教育程度、市民化意愿、流动目的及其职业要求都有所改变，经济行为和态度意识方面都更趋于自我导向的享受型，但同时却也面临着更为严峻的"双重脱嵌"困境（朱妍、李煜，2013），这就使得她们在与政治系统的互动过程中其政治信任展现出了不同的特点。

在本部分内容中,课题组对来沪务工女性的政治信任水平进行了测量。所测量的信任对象包括基层党组织,以妇联组织、工会组织、共青团组织为代表的党领导下的群团组织,还包括了以法院、城管(或警察)为代表的国家暴力机关。

(一)来沪务工女性对基层党组织的政治信任

调查结果显示,当前来沪务工女性对于基层党组织的政治信任水平总体较高,在受访女性中选择非常信任的为 20.16%,比较信任的为 55.19%,占比最高(图 2-26)。

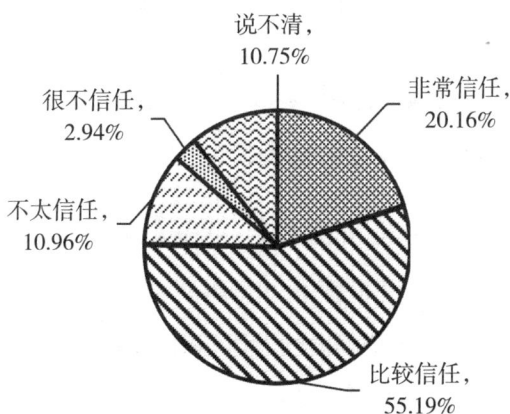

图 2-26　对于基层党组织的信任程度

为了进一步分析来沪务工女性不同的群体特征所带来的政治信任的差异,课题组将来沪务工女性对于基层党组织的政治信任程度的分布情况与其基本人口学特征进行交互分析,分析结果发现:

在不同年龄段方面,16~50 岁之间的来沪务工女性对于基层党组织的政治信任总体上呈现出了随着年龄的增长,其对于基层党组织的信任比例逐渐升高的趋势。在各年龄段中,信任比例最高的为 41~50 岁的受访女性,其选择信任的占 84.84%,信任比例最低的为 51 岁以上的来沪务工女性,为

来沪务工女性政治参与现状调查

63.16%（图 2-27）。

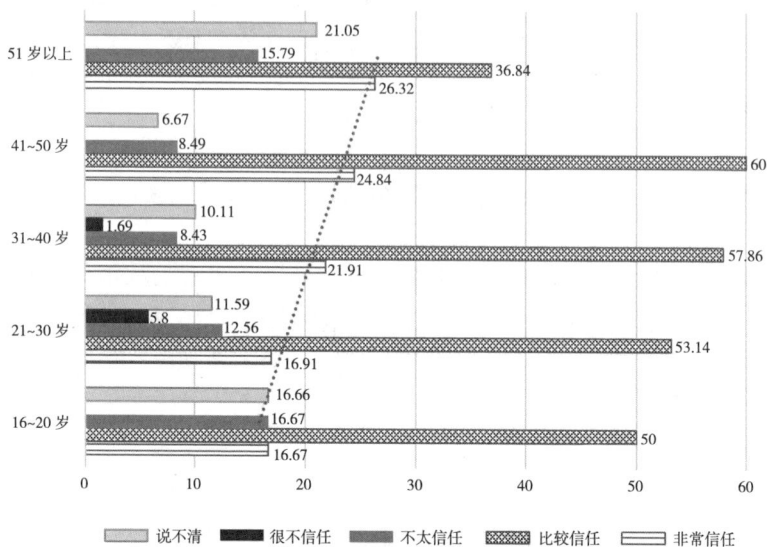

图 2-27　年龄与对基层党组织的信任程度(%)

在来沪时间的差异方面,结果显示,总体来看,随着来沪务工女性的来沪时间越长,其对基层党组织的信任比例越高。同时,值得注意的是,在选择"非常信任"选项上,来沪 5 年以内的女性相对于其他时长的女性来说,相对最低(表 2-19)。

表 2-19　对基层党组织的信任程度与来沪时长因素

来沪时长	非常信任	比较信任	不太信任	很不信任	说不清
0～5 年	15.90%	52.31%	14.36%	3.59%	13.84%
6～10 年	18.44%	56.03%	11.35%	4.95%	9.23%
11～15 年	29.85%	56.72%	2.99%	0.00%	10.44%
16～20 年	18.18%	68.18%	9.09%	0.00%	4.55%
20 年以上	30.36%	51.79%	8.93%	0.00%	8.92%

在受教育程度的差异方面，受教育程度在小学到大学专科阶段的受访女性对于基层党组织的信任程度，呈现出随着受教育水平的提高而提高的趋势；而受教育水平为大学本科、研究生的来沪务工女性的信任水平呈现出相对的下降趋势。在不同的受教育水平的受访女性中，信任程度最高的为大学专科学历女性，占 79.61%；而信任程度最低的为小学受教育水平的受访女性占 58.83%（图 2-28）。

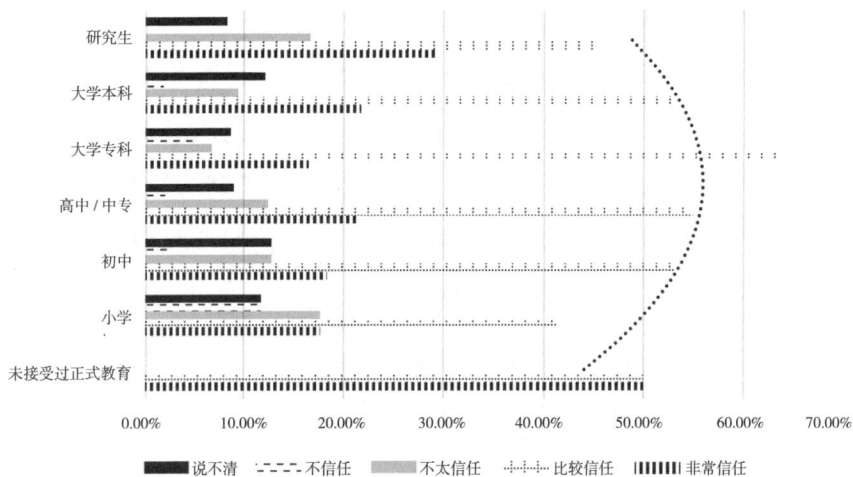

图 2-28　受教育水平与对基层党组织的信任程度

在政治面貌的差异方面，分析发现，政治面貌为群众的来沪务工女性其对基层党组织的政治信任度最高，信任比例占 75.88%，随后依次为共青团员和中共党员。值得注意的是，尽管共青团员的来沪务工女性呈现出了较高的基层党组织信任水平，但其表达不信任的占比同样是各政治面貌女性中较高的（表 2-20）。

表 2-20　对基层党组织的信任程度与政治面貌因素

政治面貌	非常信任	比较信任	不太信任	很不信任	说不清
中共党员	14.51%	41.51%	11.32%	0.00%	5.66%
民主党派	20.00%	20.00%	40.00%	0.00%	20.00%
共青团员	12.50%	57.69%	13.46%	3.85%	12.50%
群众	19.19%	56.69%	9.88%	3.20%	11.04%

在年收入的差异方面,分析发现,年收入在 1.5 万~15 万之间的受访女性,其对基层党组织的信任度总体上呈现出随着收入增加而提高的趋势。而年收入在 15 万~20 万之间的来沪务工女性其对基层党组织的信任水平,相较于上一个收入区间出现一定程度的滑落。年收入在 25 万以上的受访女性对于基层党组织的政治信任度为各收入区间最高,为 88.24%;而信任程度最低的为收入在 1.5 万~3 万之间的来沪务工女性为 52.5%(表 2-21)。

表 2-21　对基层党组织的信任程度与年收入因素

年收入	非常信任	比较信任	不太信任	很不信任	说不清
1.5 万（含）	18.75%	40.63%	25.00%	6.25%	9.37%
1.5 万~3 万（含）	22.50%	30.00%	22.50%	7.50%	17.50%
3 万~5 万（含）	14.40%	60.80%	12.00%	1.60%	11.20%
5 万~10 万（含）	25.71%	51.43%	7.43%	2.29%	13.14%
10 万~15 万（含）	13.33%	73.33%	4.00%	2.67%	6.67%
15 万~20 万（含）	9.52%	71.43%	14.29%	0.00%	4.76%
20 万~25 万（含）	21.43%	35.71%	28.57%	14.29%	0.00%
25 万以上	41.18%	47.06%	0.00%	0.00%	11.76%

在婚姻状态方面,未婚女性相对于其他婚姻状态的来沪务工女性,对于基层党组织呈现出了相对较低的政治信任水平(表 2-22)。

表 2-22　对基层党组织的信任程度与婚姻状态因素

婚姻状态	非常信任	比较信任	不太信任	很不信任	说不清
未婚	15.27%	51.91%	16.79%	4.58%	11.45%
已婚	21.53%	56.66%	9.07%	2.27%	10.48%
离异	25.00%	50.00%	12.50%	0.00%	12.50%
丧偶	50.00%	50.00%	0.00%	0.00%	0.00%

（二）来沪务工女性对党领导下的群团组织的政治信任

1.来沪务工女性对于工会组织的政治信任

调查结果显示，当前来沪务工女性对于工会组织的整体信任水平较高。在受访女性中，在回答对工会的信任程度时，选择非常信任的占 22.35%，选择比较信任的占 55.49%，占比最高，其余依次为说不清、不太信任，很不信任的仅占 2.55%（图 2-29）。

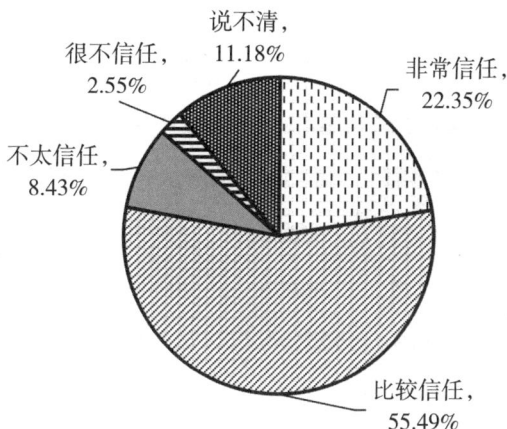

图 2-29　对工会组织的信任程度

随后，为了探究来沪务工女性不同个体特征所造成其对工会信任程度的差异因素，将来沪务工女性对工会组织的政治信任情况与其基本人口学特征进行交互分析，分析结果如下：

在年龄方面,年龄区间在 50 岁以内的来沪务工女性对于工会组织的信任程度,随着其年龄的增长其信任比例逐渐升高。但 51 岁以上的群体中,对工会组织表示信任的占比仅约为 61%,相对 41~50 岁年龄组降低了近 25%;同时,这一群体在表达"说不清"选项中也是占比最高的,约 22%(表 2-23)。

表 2-23　对工会组织的信任程度与年龄因素

年龄段	非常信任	比较信任	不太信任	很不信任	说不清
16~20 岁	0.00%	63.64%	18.18%	9.09%	9.09%
21~30 岁	15.58%	56.73%	8.65%	5.77%	12.97%
31~40 岁	27.37%	55.87%	6.70%	0.00%	10.06%
41~50 岁	29.21%	57.30%	6.74%	0.00%	6.75%
51 岁以上	33.33%	27.78%	16.67%	0.00%	22.22%

在政治面貌的差异方面,不同政治面貌的来沪务工女性中,政治面貌为中共党员的来沪务工女性对于工会组织的信任比例最高,占 82.36%,其次依次为政治面貌为群众的来沪务工女性和政治面貌为共青团员的来沪务工女性(表 2-24)。

表 2-24　对工会组织的信任程度与政治面貌因素

政治面貌	非常信任	比较信任	不太信任	很不信任	说不清
中共党员	39.22%	43.14%	9.80%	1.96%	5.88%
民主党派	20.00%	40.00%	20.00%	0.00%	20.00%
共青团员	14.92%	57.14%	8.57%	4.13%	15.24%
群众	22.09%	56.61%	8.14%	2.40%	10.76%

在不同的年收入群体中,对于工会组织信任比例占比最高的为年收入 25 万以上的来沪务工女性,而信任比例最低的为年收入区间在 15 万~20 万的受访女性,其信任比例占 66.66%,其余不同收入区间的来沪务工女性对于工会组织的信任程度差异不大。

在婚姻和住房方面,调查发现,未婚的来沪务工女性相对于其他婚姻状态的女性,其对工会组织的信任率占比较低(表2-25)。

表2-25　对工会组织的信任程度与婚姻状态因素

婚姻状态	非常信任	比较信任	不太信任	很不信任	说不清
未婚	12.21%	61.07%	9.92%	5.34%	11.46%
已婚	26.06%	53.26%	8.22%	1.42%	11.04%
离异	18.75%	62.50%	6.25%	0.00%	12.50%
丧偶	60.00%	40.00%	0.00%	0.00%	0.00%

而在住房状态方面,自购房屋的来沪务工女性对于工会组织的信任比例相对高于单独租房、合租、群租、借宿的来沪务工女性,在未购买房屋的女性当中,单独租房的女性对于工会组织的信任比例又相对高于其他住房状态的来沪务工女性。

2.来沪务工女性对于妇联组织的政治信任

当前来沪务工女性对于妇联组织的整体信任水平较高。调查结果显示,在受访女性当中,在回答该问题时,23.63%的受访女性选择非常信任,57.62%选择比较信任,该态度为所有选项中占比最高;随后依次为说不清、不太信任、很不信任(图2-30)。

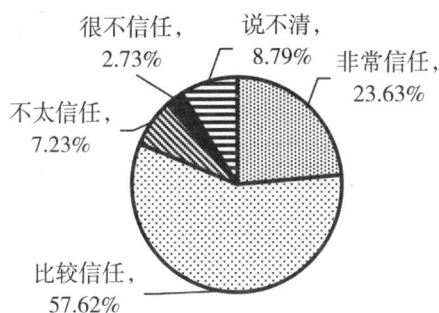

图2-30　对妇联组织的信任程度

接下来将来沪务工女性对于妇联组织的信任程度与其基本人口学特征

进行交互分析,以探寻不同的群体对妇联组织的信任特点。

在年龄方面,年龄在50岁以内的来沪务工女性,其对于妇联组织的信任率呈现出随着增长而增长的趋势,但50岁以上的受访女性对于妇联组织的信任率与各年龄区间相比占比最低,约占61%(表2-26)。

表2-26　对妇联组织的信任程度与年龄因素

年龄段	非常信任	比较信任	不太信任	很不信任	说不清
16～20岁	0.00%	66.67%	8.33%	16.67%	8.33%
21～30岁	17.79%	60.58%	7.96%	4.81%	8.86%
31～40岁	27.93%	56.42%	6.15%	1.12%	8.38%
41～50岁	30.00%	60.00%	10.00%	0.00%	0.00%
50岁以上	38.89%	22.22%	16.67%	11.11%	11.11%

在政治面貌的差异方面,不同政治面貌的来沪务工女性中,政治面貌为中共党员的来沪务工女性对于妇联组织的信任比例最高为82.69%。共青团员的来沪女性信任比例最低,相对中共党员女性降低了5.55%(表2-27)。

表2-27　对妇联组织的信任程度与政治面貌因素

政治面貌	非常信任	比较信任	不太信任	很不信任	说不清
中共党员	42.31%	40.38%	9.62%	0.00%	7.69%
民主党派	20.00%	40.00%	20.00%	0.00%	20.00%
共青团员	15.24%	61.90%	7.62%	3.81%	11.43%
群众	23.19%	59.13%	6.67%	2.90%	8.11%

在不同的年收入水平的来沪务工女性当中,对于妇联组织信任度最高的是年收入25万以上的高收入群体,其群体内选择信任的比例占88.24%,而信任比例最低的是1.5万~3万区间的较低收入女性,其他收入区间的女性群体对于妇联组织的信任程度差异不大。

3.来沪务工女性对共青团组织的政治信任

调查结果显示,半数以上的来沪务工女性(56.47%)选择比较信任共青团组织,表示非常信任的人数不足23%。其中表示不信任或者很不信任共青团组织的来沪务工女性占比较少,分别为8%和3%左右(图2-31)。课题组将该调查结果与来沪务工女性的基本人口学特征进行交互分析,结果如下:

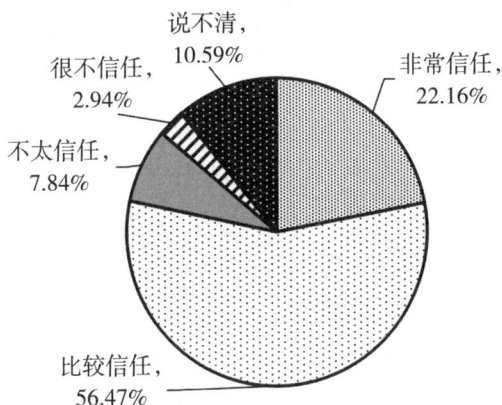

图 2-31　对共青团组织的信任程度

在年龄方面,总体而言,年龄区间在50岁以内的来沪务工女性对于共青团组织的信任程度,随着其年龄的增加而增加。41~50岁年龄组呈现出对共青团组织信任的最高值(约87%)。但是50岁以上的来沪务工女性对共青团组织的信任水平迅速降低,相比于41~50岁年龄组下降了26%左右(表2-28)。

表2-28　对共青团组织的信任程度与年龄因素

年龄段	非常信任	比较信任	不太信任	很不信任	说不清
16~20岁	8.33%	58.33%	8.33%	8.33%	16.68%
21~30岁	17.96%	57.28%	9.22%	5.34%	10.20%
31~40岁	25.14%	56.98%	5.59%	1.68%	10.61%
41~50岁	26.67%	60.00%	5.56%	0.00%	7.77%
51岁以上	33.33%	27.78%	16.67%	0.00%	22.22%

在政治面貌方面,政治面貌为中共党员的来沪务工女性对于共青团组织的信任率占比最高,占比 82.70%,其次为政治面貌为群众的来沪务工女性,其信任率占比为 79.01%。值得注意的是,政治面貌为共青团员的来沪务工女性群体对共青团组织的信任度最低,相较于群众降低了 2% 左右,也比中共党员降低了约 6%(表 2–29)。

表 2–29　对共青团的信任程度与政治面貌因素

政治面貌	非常信任	比较信任	不太信任	很不信任	说不清
中共党员	48.08%	34.62%	11.54%	0.00%	5.76%
民主党派	20.00%	20.00%	20.00%	0.00%	40.00%
共青团员	14.29%	62.86%	7.62%	3.81%	11.42%
群众	20.99%	58.02%	6.67%	3.21%	11.11%

4.小结

通过对来沪务工女性对工会组织、妇联组织、共青团组织的信任程度与其人口学特征进行描述性分析,课题组发现,来沪务工女性的来沪时长、受教育水平、婚姻状态和住房状态在面对上述组织中,所呈现的选择趋势并没有因所信任对象的不同而产生明显的变化。在来沪时长方面,来沪务工女性对于上述群团组织的信任程度与来沪时间一定程度上呈正相关,表现为随着来沪时间的增加其对于工会的信任率也逐渐提高。在受教育水平方面,来沪务工女性的政治信任程度会随着受教育水平的增加而增加,但大学本科以上学历,教育增加信任的作用不再凸显,大学本科与研究生学历的受访女性对于基层党组织的信任程度有所回落。在婚姻状态与住房状态方面,对于上述信任对象,未婚女性的政治信任水平会相对低于其他婚姻状态的女性;而在住房状态方面,已购房屋的女性相对于其他住房状态的女性,拥有较高的政治信任水平。

（三）来沪务工女性对于国家暴力机关的政治信任

1.来沪务工女性对于法院的政治信任

课题组通过向来沪务工女性询问关于"是否认可法院能够秉公断案"的看法，从而测量来沪务工女性对于法院的信任程度。调查结果显示，约有11%的受访女性选择了非常认可，约55%的受访女性选择了比较认可，总体上呈现较高的政治信任水平（图2-32）。

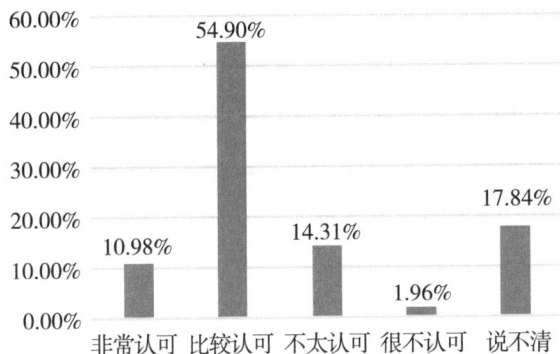

图2-32　是否认可法院能够秉公断案

为了进一步分析来沪务工女性的群体特征与其所带来的政治信任的差异，课题组将来沪务工女性对法院能够秉公断案的不同看法与其人口学基本特征进行了交互分析，分析结果如下：

在年龄方面，年龄区间在31~40岁的来沪务工女性对于法院能够秉公断案的认可度最高，区间内认可率为71.91%；其次为年龄区间在21~30岁的来沪务工女性，其认可率为65.87%。在不同年龄区间的受访女性，其认可比例最低的为年龄区间在16~20岁的来沪务工女性，其对于法院能够秉公断案的认同率仅为27.27%（表2-30）。

表2-30　是否认可法院能够秉公断案与年龄因素

年龄段	非常认可	比较认可	不太认可	很不认可	说不清
16～20岁	0.00%	27.27%	36.36%	9.09%	27.28%
21～30岁	11.37%	54.50%	14.22%	1.42%	18.49%
31～40岁	12.36%	59.55%	11.24%	1.69%	15.16%
41～50岁	9.20%	54.02%	14.24%	3.45%	19.09%
51岁以上	11.11%	44.44%	16.67%	0.00%	27.78%

在政治面貌方面，政治面貌为中共党员的来沪务工女性相对于其他政治面貌的受访群体，其对于法院能够秉公断案的认可度最高为82.62%，随后依次为群众和共青团员受访者（表2-31）。

表2-31　是否认可法院能够秉公断案与政治面貌因素

政治面貌	非常认可	比较认可	不太认可	很不认可	说不清
中共党员	48.00%	34.62%	11.54%	0.00%	5.84%
民主党派	0.00%	20.00%	40.00%	0.00%	40.00%
共青团员	14.29%	62.86%	7.62%	3.81%	11.42%
群众	20.99%	58.02%	7.00%	3.21%	10.78%

在来沪时长方面，来沪时长在20年以内的受访女性，其对法院能够秉公断案的认可率呈现出了随着来沪时长的增加而增加的趋势，然而来沪时长在20年以上的来沪务工女性，其对于法院秉公断案的认可度要相对低于来沪时间在16~20年的受访女性（表2-32）。

表2-32　是否认可法院能够秉公断案与来沪时长因素

来沪时长	非常认可	比较认可	不太认可	很不认可	说不清
0～5年	8.63%	53.30%	15.74%	2.54%	19.79%
6～10年	7.14%	57.86%	16.43%	1.43%	17.14%
11～15年	19.12%	47.06%	14.71%	2.94%	16.17%
16～20年	18.60%	62.79%	9.30%	0.00%	9.31%
20年以上	14.81%	57.41%	7.41%	0.00%	20.37%

在受教育水平差异方面,总体来看,受教育水平越高的来沪务工女性其对于法院能够秉公执法的认可度就越高,但这个趋势却并非是线性递增的。对法院信任的最高值出现在接受过大学专科教育的来沪务工女性群体中,有76.19%的女性表示对法院能够秉公断案表示认可。而大学本科学历的来沪女性对法院的信任度则相对降低了约4%,但占比仍然高于高中及以下学历来沪女性的法院信任度。研究生学历的来沪务工女性虽然相比本科学历女性上升了2.62%的法院信任度,但总体占比仍旧低于大学专科学历女性(表2-33)。

表2-33　是否认可法院能够秉公断案与受教育程度因素

受教育程度	非常认可	比较认可	不太认可	很不认可	说不清
未接受过正式教育	25.00%	25.00%	50.00%	0.00%	0.00%
小学	0.00%	11.76%	35.29%	5.88%	47.07%
初中	10.81%	45.95%	18.92%	1.80%	22.52%
高中/中专	11.35%	53.90%	12.77%	2.84%	19.14%
大学专科	12.38%	63.81%	8.57%	0.00%	15.24%
大学本科	11.43%	60.95%	11.43%	2.86%	13.33%
研究生	8.33%	66.67%	20.83%	0.00%	4.17%

在婚姻和住房状态方面,已婚的来沪务工女性,相对于未婚、离异、丧偶

的女性对于法院的信任度更高，而当前已自购房屋的来沪务工女性其对于法院的信任度要相对高于单独租房、合租、群租、借宿的女性(图 2-33)。

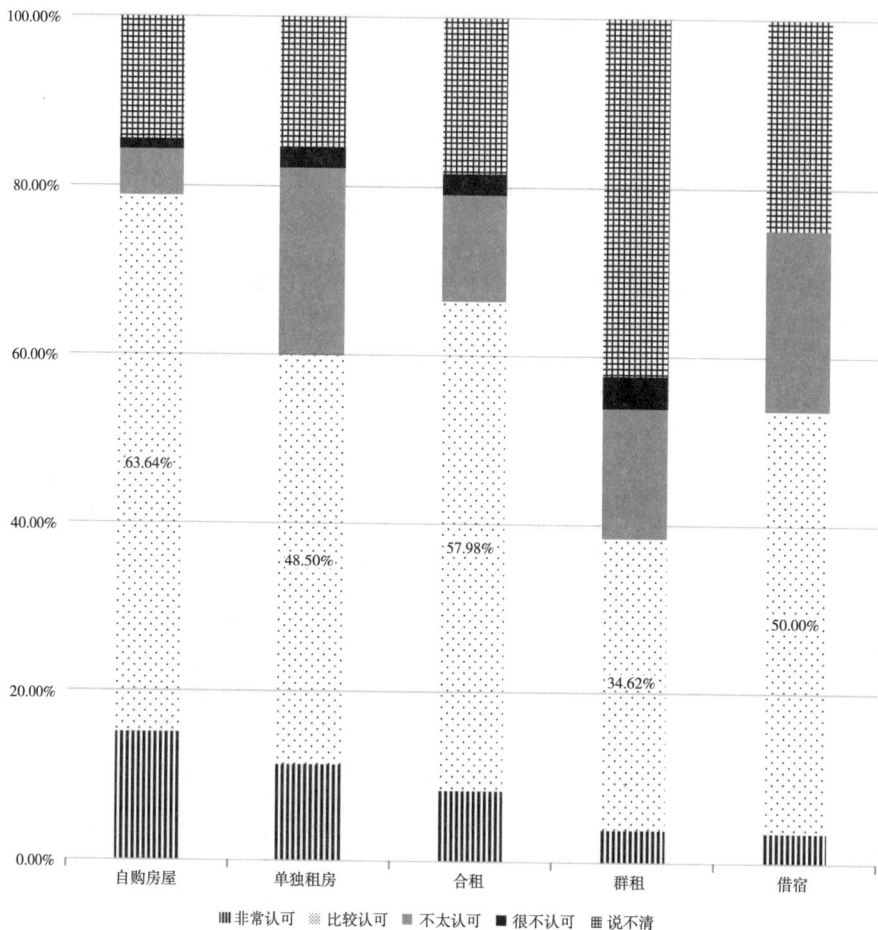

图 2-33　住房状态与是否认可法院能够秉公断案

2.来沪务工女性对城管(或警察)的政治信任

课题组通过向来沪务工女性询问关于"是否认为城管(或警察)存在暴力执法"的看法,从而测量来沪务工女性对于城管(或警察)的信任程度。调查结果显示,有 44.62%的受访女性认为该现象不太普遍,15.23%的受访女性认为该现象不普遍。来沪务工女性对于该现象的约60%的否认率,表明了当前来沪务工女性对于以警察、城管为代表的国家暴力机关具有较高的信任水平。同时不可忽视的是,其中也有16.5%的受访女性认为暴力执法的行为比较普遍,更有4.11%的来沪务工女性认为非常普遍(图2-34)。

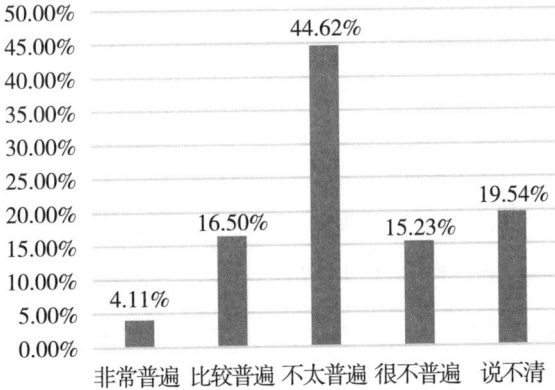

图2-34 是否认为城管(或警察)存在暴力执法

为了进一步分析来沪务工女性不同的群体特征所带来的政治信任差异,课题组将来沪务工女性对于当前城管(或警察)是否存在暴力执法的不同看法与其人口学基本特征进行了交互分析,分析结果如下:

首先,在不同年龄段的来沪务工女性方面,对当前城管(或警察)暴力执法否认比例最高为31~40岁区间的来沪务工女性,区间内约占68%;而否认比例最低的为16~20岁的来沪务工女性,其认为当前城管(或警察)是否存在暴力执法的否认比例仅为27.27%(表2-34)。

表2-34　是否认为城管(或警察)存在暴力执法与年龄因素

年龄段	非常普遍	比较普遍	不太普遍	很不普遍	说不清
16~20岁	0.00%	18.18%	27.27%	0.00%	54.55%
21~30岁	4.47%	18.96%	47.39%	11.37%	17.81%
31~40岁	1.69%	11.24%	45.51%	22.47%	19.09%
41~50岁	7.95%	13.64%	44.32%	12.50%	21.59%
51岁以上	5.56%	22.22%	22.22%	22.22%	27.78%

在不同政治面貌的来沪务工女性方面,政治面貌为共青团员的来沪务工女性在回答该问题时,其对于城管(或警察)存在暴力执法的否认率最高,约为68%;随后为政治面貌为中共党员的来沪务工女性。而否认率最低的是政治面貌为群众的来沪务工女性,其否认率占57.56%;同时,其表示"说不清"的比例也是最高的,约21%(表2-35)。

表2-35　是否认为城管(或警察)存在暴力执法与政治面貌因素

政治面貌	非常普遍	比较普遍	不太普遍	很不普遍	说不清
中共党员	3.92%	19.61%	41.18%	19.61%	15.68%
民主党派	20.00%	20.00%	60.00%	0.00%	0.00%
共青团员	1.87%	11.21%	54.21%	14.02%	18.69%
群众	4.56%	16.86%	42.15%	15.41%	21.02%

在来沪时长方面与受教育水平差异方面,调查发现,从整体来看,来沪时间越长的来沪务工女性其对于城管(或警察)存在暴力执法的否认比例越高(表2-36)。

表 2-36 是否认为城管(或警察)存在暴力执法与来沪时长因素

来沪时长	非常普遍	比较普遍	不太普遍	很不普遍	说不清
0~5 年	3.05%	17.26%	48.22%	9.64%	21.83%
6~10 年	4.26%	12.77%	41.84%	19.15%	21.98%
11~15 年	2.99%	16.42%	41.79%	23.88%	14.92%
16~20 年	4.65%	13.95%	41.86%	16.25%	23.29%
20 年以上	7.72%	21.82%	43.64%	16.36%	10.46%

　　在受教育水平的差异方面,受教育程度为大学专科阶段的来沪务工女性对于城管(或警察)信任程度最高,其否认率约74%。同时,分析发现受教育水平在小学至大学专科阶段的来沪务工女性,随着教育水平的增加,会越来越相信城管(或警察)不会暴力执法;但大学本科以上学历,教育的正向作用有所衰减,大学本科与研究生学历的受访女性其对于暴力执法的否认率会有所回落。总体而言,高中/中专以上学历的来沪务工女性对于城管(或警察)的信任程度要远高于高中/中专以下学历的来沪务工女性(表2-37)。

表 2-37 是否认为城管(或警察)存在暴力执法与受教育程度因素

受教育程度	非常普遍	比较普遍	不太普遍	很不普遍	说不清
未接受过正式教育	0.00%	25.00%	25.00%	25.00%	25.00%
小学	0.00%	23.53%	29.41%	5.88%	41.18%
初中	3.60%	14.41%	36.04%	14.41%	31.54%
高中/中专	5.59%	19.58%	40.56%	12.59%	21.68%
大学专科	3.81%	11.43%	50.48%	23.81%	10.47%
大学本科	3.85%	13.46%	57.69%	12.50%	12.50%
研究生	4.17%	20.83%	45.83%	20.83%	8.34%

3.小结

通过对上述变量的描述性分析,课题组发现,年龄段在16~20岁之间的来沪务工女性其对于法院与城管（或警察）的信任度都处在较低水平。同时，30~40岁区间的来沪务工女性对于法院与城管（或警察）的信任度都处于较高水平。在政治面貌方面，群众对于城管（或警察）不会暴力执法的信任度最低。在来沪时间方面，分析发现，来沪时间越长的来沪务工女性其对于法院秉公执法的信任度越高；而在对警察的信任方面，来沪时间一定程度上会增加来沪务工女性的信任，但来沪时间20年以上的受访女性的信任度却出现了下降。在受教育水平方面，虽然总体上受教育程度越高的女性其对于法院的信任度越高；但是大学本科以上的来沪务工女性对于警察的信任却不会继续随着教育程度提高而提高，而是有所回落。在婚姻与住房方面，已婚女性与自购房屋的女性对于法院的信任度更高，但是婚姻与住房对提高城管（或警察）不会暴力执法的信任度方面的作用却不明显。

第二节　来沪务工女性政治参与态度的影响因素

本章将对来沪务工女性的政治参与态度及其相关要素进行模型分析，从而进一步挖掘来沪务工女性政治态度的影响因素。本节的解释变量为上文提到的来沪务工女性的所有人口学特征变量，被解释变量分别为政治兴趣、政治效能感、政府满意度、人际信任和政治信任，它们常被视为政治态度的重要组成部分。同时，由于社会网络和生活环境将对来沪务工女性的生活态度起到很大程度的影响，所以本章将来沪务工女性的社会网络变量和生活困难变量同时整合到解释变量中。在对其社会网络指标的选取方面，课题组选择问卷问题"如果您有休闲娱乐时间，您通常会怎样安排"中的"和朋友、家人聚会"作为社会网络的操作化指标。在对生活困难指标的选取上，课题组通过问卷中询问来沪务工女性在上海生活、工作中所遇到的主要困难作为生活困难的操作化指标。二者共同与来沪务工女性的人口学特征变量一起带入统计分析中。在接下来的内容中,课题组将分别对其进行讨论。

一、来沪务工女性政治兴趣的影响因素

在对政治兴趣问题的测量中,课题组选取了问卷中询问受访者日常讨论话题的选项指标,将选择"国家大事"和"社会问题"这两个选项的样本做出各自的频数分布。研究发现,只有约11%的来沪务工女性在日常生活中经常讨论国家大事,而约有31%的受访者表示她们经常讨论社会问题。整体而言,来沪务工女性对国家大事和社会问题相对其他群体来说兴趣度更低,而这可能直接影响她们的政治参与兴趣。

接下来,课题组对"国家大事"和"社会问题"两个变量进行相关性检验,并提取公因子"政治兴趣"。随后,课题组对不同人口学特征受访者的政治兴趣分布情况进行深入讨论。图2-35展示了不同年龄段女性群体的政治兴趣情况,其中41~50岁的来沪务工女性群体相较于其他群体而言,拥有较高比例(13%),她们对国家大事的议题感兴趣,并且积极讨论。而在社会问题上,占比最大的是21~30岁的青年群体,拥有总体的34.5%的比例群体更愿意讨论社会问题。通过因子分析加权处理,课题组将政治兴趣公因子转换为0~1的变量,其中最小值为0,最大值为1。课题组通过对各年龄组的政治兴趣通过均值比较的方式描述了年龄组间差距与政治兴趣的发展变化情况(图2-36)。政治兴趣总体水平最高的是21~30岁的青年群体,其次为31~40岁的中青年群体。也就是说,由于16~20岁群体刚刚处于成年前后,其对政治问题的关注度随着年龄的增加而上升。到了21岁以后,来沪务工女性群体的政治兴趣发展为伴随着年龄增长,其政治兴趣逐渐降低的趋势。课题组可以在图2-36中看到,外来务工女性群体在21~30岁这一年龄段中呈现出政治兴趣

的高峰值0.22,伴随着年龄的上升,政治兴趣直线下降,最终降为0.15,整体降低了7个百分点。

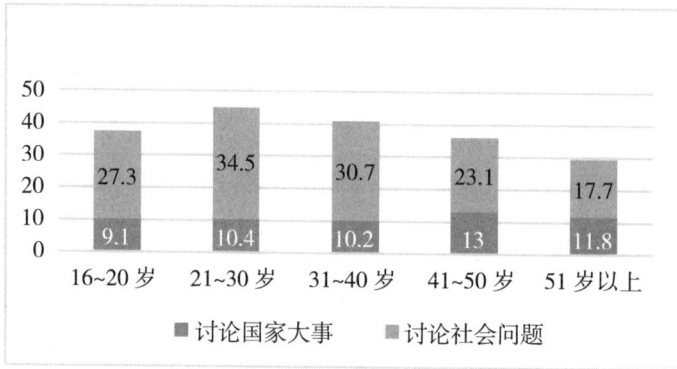

图2-35 年龄与政治兴趣(%)

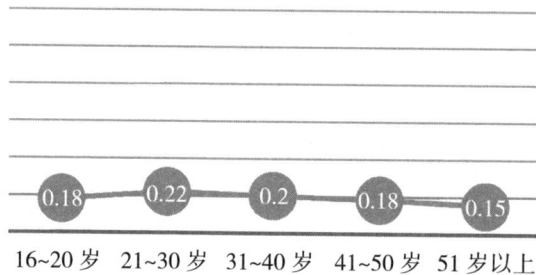

图2-36 年龄与政治兴趣变化趋势

随后,课题组尝试找到影响受众政治兴趣的相对稳定的影响因素,通过OLS回归模型的分析结果(表2-38),课题组发现在控制其他变量(如政治面貌、婚姻状况、住房状态、养老育幼压力、就业方式、年收入等)的情况下,受访者的受教育程度和社会网络对居民政治兴趣具有显著的影响作用,相关回归系数分别为0.187和0.0658。也就是说,伴随着受教育程度的提升和社会交往频率的增加,来沪务工女性的政治兴趣也将分别提升19%和7%,如表2-38中模型(1)所示。

对于社会网络来说,从回归模型中课题组可以看到,相对于那些较少与家人朋友沟通聚会的群体来说，更密切地与其社会关系网络沟通联络的人群在政治兴趣方面总体上高出前者7%左右。这一发现验证了社会资本理论的相关结论，也就是说，那些社会网络更为密集且活跃的人，更倾向于对公共政治问题的关注。

表 2-38　政治兴趣 OLS 回归模型

变量	（1） 政治兴趣	（2） 政治兴趣
受教育程度	0.187*	0.0808
	（0.104）	（0.117）
年收入	0.106	0.102
	（0.0892）	（0.0889）
社会网络	0.0658**	−0.128
	（0.0331）	（0.106）
受教育程度×社会网络		0.307*
		（0.160）
常量	0.107	0.141
	（0.137）	（0.138）
样本量	329	329
R 平方	0.087	0.097

*** $p<0.01$，** $p<0.05$，* $p<0.1$
控制变量：政治面貌、婚姻状况、住房状态、养老育幼压力、职业、就业方式、年收入。

图 2-37 展示了受教育程度与政治兴趣的相关关系，如图所示，总体来看，随着受教育程度的提升，受访对象对政治相关议题的关注度有明显增加，二者关系呈一种较为平缓的曲线。相对于未接受教育群体所呈现的 0.13 兴趣值，研究生群体呈现出的 0.35 兴趣值明显提升了 22%。图 2-38 呈现出了政治兴趣分类话题讨论的分布情况，从总体来看，其显示的分类分布结果与图 2-37 总体一致，教育程度的提升对于来沪务工女性对政治类问题的话题讨论来说确实起到了显著的促进作用。特别值得说明的是，与社会类话题不同，在接受过初中及以下受教育程度的来沪务工女性对国家大事并不十分关注，日常会讨论国家大事的群体主要集中在高学历人群中。但无论何种

受教育水平的受访者,特别是大学专科以下的群体,其在对社会议题的关注方面并没有呈现出较大的差异;但接受过大学本科教育及以上的受访人,确实对社会议题的关注呈现出翻番的上升趋势。

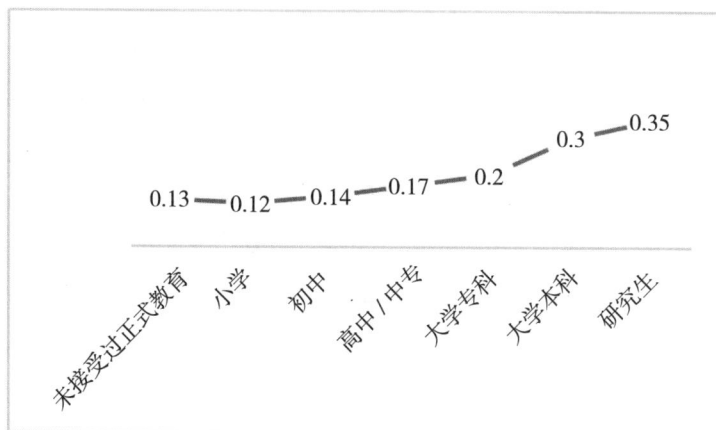

图 2-37　受教育程度与政治兴趣

然而课题组知道在同样的受教育程度群体中，其社会网络的密切程度差异也将存在不同程度的政治兴趣变化。所以课题组随后将社会网络作为调节变量,对受教育程度和社会网络这两个变量之间做了交互作用分析(如表 2-38 中模型(2),OLS 回归分析的结果进一步验证了课题组之前的猜想,二者存在非常显著的相互作用。根据公式 $Y=a+b_1 \times X_1+b_2 \times X_2+b_3 \times X_1 \times X_2$,课题组可以得出社会网络、受教育程度与政治兴趣之间的关系如下:

社会网络强:政治兴趣 =0.011+0.38×受教育程度

社会网络弱:政治兴趣 =0.141+0.08×受教育程度

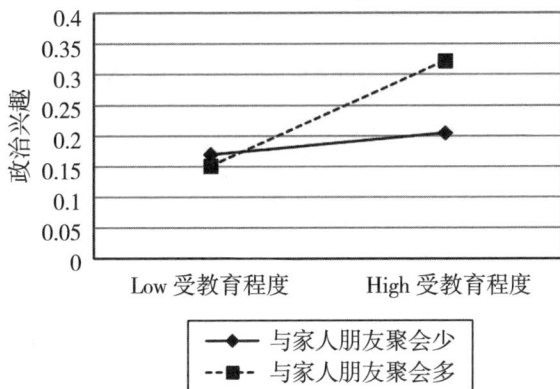

图 2-38　受教育程度、社会网络与政治兴趣

通过公式计算,课题组可以发现,对于社会网络比较强的受访者来说,她们受教育程度每增加一个单位,其政治兴趣也会相应地提升 38%,而对于社会网络较弱的受访人来说, 其对政治兴趣的促进作用仅为 8% 左右。图 2-38 更为直观地表达了政治兴趣、社会网络与受教育程度之间的复杂关系。也就是说,对于社会网络比较强的群体来说,受教育程度的高低可以更为有效地增加她们对政治的兴趣, 而教育对政治兴趣的促进作用对于社会网络关系较弱的群体来说所发挥的作用并不十分明显。

社会网络在政治兴趣提升方面所具有的重要调节作用是本书研究的一项重要发现, 它进一步肯定了社会交往网络对于培育个体政治兴趣的积极作用,对同等受教育水平的群体来说,那些愿意花更多时间与亲友交往的女性往往具有更高的政治兴趣。

结合上海生活情况的现实,课题组同时做了住房状态与政治兴趣的变化关系。如图 2-39 所示,自购住房和群租群体是政治兴趣最高的两组人群,而相对来说,群租群体的政治兴趣要高于自购住房群体约 3%。政治兴趣最低的人群是借宿者群体,相对而言,她们表现出 0.12 的政治兴趣值,比政治兴趣最高群体的 0.27 低了 15% 左右。从数据分析结果来看,课题组发现,家庭角色、家庭压力和来上海工作生活时间长短都不能作为影响受访人政治兴趣的显著因素。而受教育水平和在上海的住房状态,则是直接影响受访人政治兴趣高低的关键。

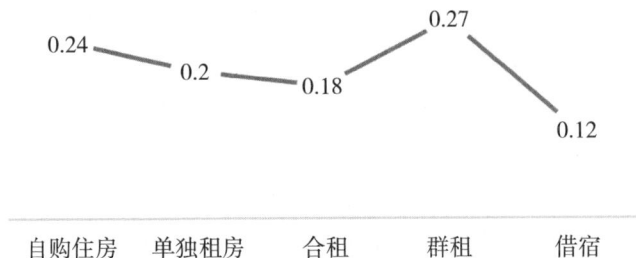

图 2-39　住房状态与政治兴趣

二、来沪务工女性政治效能感的影响因素

　　莱恩曾经指出,政治效能感由两个独立但又彼此相关的部分组成:一个是对自身有能力参与社会政治活动的想象, 另一个是对愿意积极反馈的政府的想象(Lane,1959:149)。所以学界对政治效能感的研究常常分为内部效能感和外部效能感两部分。对于内部效能感议题的研究,课题组选择问卷中的问题:"您对'我了解我所在单位或社区的事情,所以我有权参与单位或社区的事务'这一说法态度如何?"对于该问题的回答为"1.完全认同,2.比较认同,3.不太认同,4.很不认同,5.说不清"。对于外部效能感议题的研究,课题组选择问卷中的问题,即"您认为'政府的门难进、脸难看、事难办'这一现象:1.非常普遍,2.比较普遍,3.不太普遍,4.很不普遍,5.说不清"。接下来,课题组将对这两个问题进行分别讨论。

　　第一,内部效能感。对于"我有权参与单位／社区治理"这个问题来说,表2-39 展示了来沪务工女性内部效能感的总体情况, 表示非常认同和比较认同的受访人占比最大,约 60%,不认同的群体占比 20%,但同时,课题组发现,表示"说不清"的受访人同样占有 20%上下。对于"说不清"的 20%受访者,课题组在将其编码为缺失值之后,运用取均值的方式进行缺失值补充,找回了部分损失掉的样本。课题组将变量转化成值域为 0~1 的连续变量,0为最低的政治效能感,1 为最高的政治效能感,最终课题组得到来沪务工女性群体的内部效能感均值为 0.62,处于效能感值域的中等偏上水平。也就是说,从总体来看,来沪务工女性的内部效能感较高,她们对于自己参与政治活动的能力具有较为肯定的认知。

表 2-39　您对"我了解我所在单位或社区的事情,
我有权参与单位或社区的事务"这一说法:

非常认同	比较认同	不太认同	很不认同	说不清
10.6%	49.7%	17.6%	2.4%	19.8%

第二,外部效能感。表 2-40 展示了来沪务工女性外部效能感的基本情况,课题组倾向于认为,外部效能感越高的群体,越是反对 / 不赞成"政府的门难进、脸难看、事难办"。

表 2-40　您认为"政府的门难进、脸难看、事难办"这一现象:

非常普遍	比较普遍	不太普遍	很不普遍	说不清
7.8%	33.9%	30.7%	7.4%	20.2%

所以如表 2-40 所示,约 42%的受访人具有较低的外部效能感,约 38%的受访人具有较高的外部效能感,而有 20%左右的群体表示自己说不清。通常来说,人们往往认为针对直接批评政府的问题,很多受访人会有很多顾虑而导致不方便作答,或者给出模棱两可的答案。所以在本问题中,课题组将"说不清"编码为缺失值,并通过缺失值取平均数的方式对缺失值予以找回。最终在 518 个有效样本中,课题组发现来沪务工女性外部效能感的均值为0.49,整体低于其内部效能感 13%左右。

为更进一步了解来沪务工女性的内部效能感和外部效能感的具体特征,课题组对二者分别进行 OLS 回归分析(表 2-41)。在控制了受访人的政治面貌、年收入、职业类型、养老育幼压力和住房状态等人口学意义变量之后,课题组发现,年龄、受教育程度、婚姻状况和职业获取途径均独立地对受访人的内部效能感发生作用。在年龄方面,相对于 16~20 岁的青少年来沪务工女性群体,年龄的增加愈发降低了她们的内部效能感,其中差别最为明显的是 30~50 岁的中青年群体。与 20 岁以下年龄组相比,31~40 岁年龄组的内部效能感同比下降了 16.4%,而 41~50 岁年龄组则下降超过 19%。也就是说,在三四十岁年龄群体中,伴随着年龄的增加,她们愈发不相信自己具有相应的政治参与能力,对自我政治影响力的认知逐年下降。与年龄相反,教育在内部效能感中是一个可以发挥促进作用的积极要素。与只接受过初中以下受教育程度的群体相比,接受过高中教育可以显著增加其内部效能感 7% 左右,接受过大学专科教育可以增加约 5% 的政治效能感,而接受本科及以上教育也可以显著地比那些只接受过初中及以下教育的受访者增加 7% 的内部效能感。所以通过回归结果的呈现,课题组可以很清楚地发现受教育程度虽然可以显著地提升来沪务工女性的内部效能感,但是这种促进作用却并非是线性的。

表 2-41　政治效能感 OLS 回归模型(回归系数和标准差)

变量	(1) 内部效能感	(2) 外部效能感
年龄对照组　16~20 岁		
21~30 岁	−0.0742	−0.0837
	(0.0726)	(0.0901)
31~40 岁	−0.164**	−0.00551
	(0.0777)	(0.0964)
41~50 岁	−0.194**	−0.0559
	(0.0795)	(0.0986)
51 岁以上	−0.132	−0.0356
	(0.0946)	(0.117)

变量	（1） 内部效能感	（2） 外部效能感
受教育程度对照组　初中及以下		
高中/中专	0.0746**	0.0152
	（0.0323）	（0.0400）
大学专科	0.0534	0.0414
	（0.0360）	（0.0447）
大学本科及以上	0.0671	0.145***
	（0.0409）	（0.0508）
婚姻状况对照组　未婚		
已婚	0.0791**	0.0372
	（0.0387）	（0.0480）
离异	0.0874	0.0793
	（0.0950）	（0.118）
丧偶	0.0930	−0.0214
	（0.123）	（0.153）
常量	0.539***	0.525***
	（0.100）	（0.124）
样本量	347	347
R 平方	0.089	0.096

*** p<0.01, ** p<0.05, * p<0.1

控制变量:政治面貌、年收入、职业类型、社会网络、养老压力、育幼压力、住房状态。

如图 2-40 所示,高中或中专教育对于提升来沪务工女性的政治效能感的效果最为明显,而之后伴随着受教育程度的增加,其对受访人内部效能感的增进作用并不十分明显,而是进入了增减幅度较小的相对稳定状态。由此可见,高等教育在提升来沪务工女性内部效能感方面效果并不是想象中那样有效,其发挥作用的阶段目前尚在是否能够接受九年义务教育或者专科学校的教育方面。

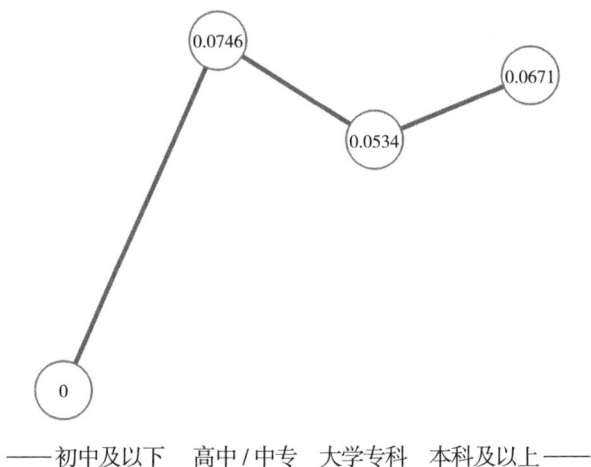

——初中及以下　高中/中专　大学专科　本科及以上——

图 2-40　受教育程度与内部效能感

除此之外,婚姻对来沪务工女性内部效能感的提升方面也发挥着显著的促进作用。具体来说,那些已婚的受访人通常比未婚的女性务工人员具有更强的内部效能感,这也很容易理解。由于目前上海社区治理主要目的在于促进居民家庭功能的整合,而婚姻对于女性来说往往意味着家庭责任的增加,所以婚姻中的女性往往更具有主观的认知和意愿去参与或者关注社会治理的具体事务。

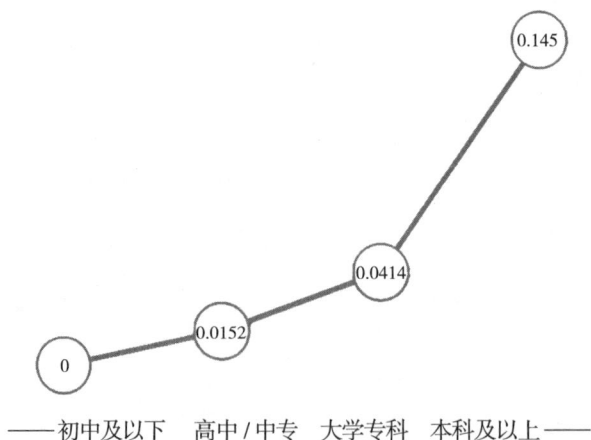

——初中及以下　高中/中专　大学专科　本科及以上——

图 2-41　受教育程度与外部效能感

对于外部效能感来说，可发生显著影响作用的要素似乎并不如内部效能感那么丰富。从统计模型中可以看到，只有受教育程度可以有效影响来沪务工女性的外部效能感，也就是政府回应她们诉求的感知。在表 2-41 中所呈现的结果看来，是否受过本科学历教育，是影响女性自身外部效能感的关键。如图 2-41 所示，受教育程度与受访者外部效能感的相关关系似乎与内部效能感的发展趋势发生了很大的不同。根本差别在于，内部效能感改变的关键受教育节点为高中教育，而外部效能感发生改变的关键节点则为大学本科教育。而这也能够解释为什么来沪务工女性的总体外部效能感偏低，这在很大程度上源于她们普遍存在的较低学历背景。

三、来沪务工女性人际信任的影响因素

对于人际信任的研究，课题组的操作化指标为"总的来说，您对社会上大多数人的信任情况是：1.大多数人都是可以信任的，2.与人相处越小心越好，3.说不清"。从数据分析结果看来，有 61.6% 的受访人认为"大多数人都是可以信任的"，有 15.4% 的受访人认为"与人相处越小心越好"，同时有 23% 的受访人表示"说不清"，并没有表达自己的看法。总体看来，来沪务工女性的人际信任水平较高，大部分人愿意选择相信他人。课题组随后分析了人际信任的具体内容，如其对家人、邻居、同事和陌生人的信任情况，其选项分别为"1.非常信任，2.比较信任，3.不太信任，4.很不信任，5.说不清"。另外，由于课题受访人主要为来沪务工女性，其与上海人的融合问题也是本书预计讨论的焦点，而对于她们来说，宏观意义上的"上海人"往往意味着陌生人。所以课题组也将是否信任"上海本地人"纳入人际信任具体指标的讨论之中。同时，为了数据分析更为便利和直观，课题组将对家人信任、对邻居信任、对同事信任、对陌生人信任和对上海本地人信任这一人际信任的具体操作指标

进行变量转换,重新生成新的0~1变量。也就是说,新的人际信任变量中,0为信任最小值,1为信任最大值。

通过数据转换,课题组对人际信任的具体要素进行了均值比较,并将人际信任各具体要素的信任度转换为0~100的分值,0为信任值最小,100为信任值最大,各要素得分情况如图2-42所示。可以看到,受访人对家人的信任度最高,得分95分;对同事和邻居的信任得分次之,二者分别为68、67分;对陌生人的信任(29分)得分最低。对上海本地人的信任得分要比对陌生人的信任得分要高,但少于对邻居或同事的信任,得分为58分。

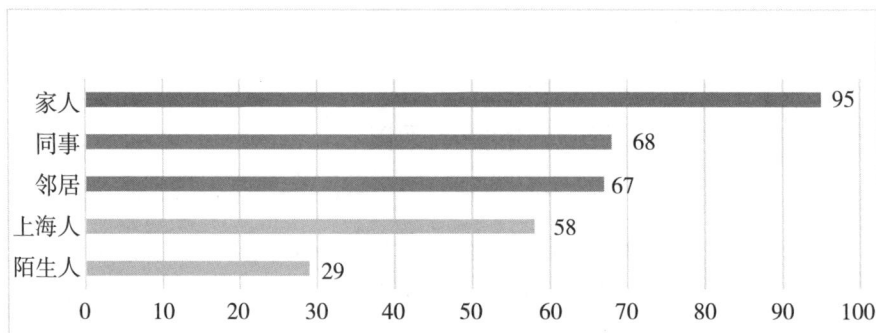

图2-42 信任度得分

根据对人际信任和外来人口问题的既有研究成果,课题组推测来沪务工女性群体的高人际信任应当来源于其对亲人、朋友或者同事等熟人圈的信任,熟人社会文化成为外来务工人群获得彼此信任的最主要依靠。为验证这一假设,课题组接下来对人际信任各要素和人际信任之间关系进行了OLS回归模型分析,同时控制了年龄、受教育程度、职业类型、年收入、养老育幼压力、社会网络等变量,最终得到回归结果如表2-42所示。课题组发现,在控制了其他相关变量之后,来沪务工女性对家人的信任并没有对她们总体的人际信任起到积极的促进作用;而恰恰相反,那些越是对家人给予更大信任的女性,她们的人际信任程度越低。虽然这一相关系数并不具有统计学的显著意义,但是二者的负相关关系不得不引起重视。同时,与对家人的信任相同，对陌生人的信任水平也无法对受访人的总体人际信任水平起到正向的促进作用；相反，对于来沪务工女性群体来说，似乎那些更愿意相信陌生人的女性，其人际信任的总体水平越低。而信任邻居、信任同事和信任上海本地人对于人际信任的贡献度都是正向的，它们对提升受访人的人际信任水平具有积极的促进作用。而相对于对邻居和同事的信任而言，对上海本地人的信任可以更为显著地增加来沪务工女性的人际信任水平，其所实际产生的功效可以达到提升人际信任值37%以上。这一发现对研究来沪务工女性人际信任水平具有十分重要的研究意义。通常来说，外来人口与本地人口融合度是研究社会融合的重要议题，本部分数据分析结果刚好在实证层面验证了外来人口对本地人口的信任度是构建良序社会的主导型因素。接下来，课题组将对人际信任和人际信任各要素分别进行分析，深入挖掘影响来沪务工女性群体人际信任的人口学特征。

表 2-42　人际信任 OLS 回归模型（相关系数和标准差）

变量	（1） 人际信任
家人	-0.137
	（0.153）
邻居	0.133
	（0.132）
同事	0.0189
	（0.151）
上海本地人	0.373***
	（0.111）
陌生人	-0.0547
	（0.0859）
常量	0.606***
	（0.216）
样本量	344
R 平方	0.099

*** $p<0.01$，** $p<0.05$，* $p<0.1$

控制变量：政治面貌、年龄、婚姻状况、住房状态、养老育幼压力、职业、就业方式、工作时长、来沪时长、年收入、社会网络。

为了更好地了解来沪务工女性在上海工作生活的现状,课题组在问卷中增加了调查来沪务工女性日常生活所遇到困难的选项,分别让受访人在住房、医疗、就业、落户、子女教育、老人赡养、同工不同酬、职位晋升、择偶和与上海本地人打交道等选项中进行不定项选择。在数据分析中,课题组分别将其转换为0~1变量,并将其带入关于人际信任问题研究的回归模型(表2-43)中,分析她们所遇到的困难是否会成为影响她们人际信任的重要因素。总体来看,在控制了受教育程度、婚姻状况和党派等相关变量之后,年龄、子女养育、住房、就业、择偶等要素成为影响来沪务工女性人际信任的关键因素。与前文相同,课题组同样将16~20岁年龄组作为对照组,结果发现,伴随着年龄的增加,受访者的人际信任水平也随之提升。差别最显著的是51岁以上年龄组,相对于20岁以下的青少年来沪务工女性来说,51岁以上来沪务工女性人际信任水平显著提升近30%。通过增加来沪务工女性在上海所遇到困难的选项之后,原有的子女养育变量对人际信任的阻碍作用从不显著变得显著起来,也就是说,总体来看,子女养育负担在来沪务工女性群体中将在不同程度上影响其人际信任水平。

表2-43　人际信任与日常生活难题 OLS 回归模型(回归系数和标准差)

变量	(1) 人际信任	(2) 人际信任	(3) 人际信任(标准化系数)
对照组　16~20 岁			
21~30 岁	0.132	0.144	2141405
	(0.127)	(0.126)	
31~40 岁	0.144	0.157	0.223713
	(0.136)	(0.136)	
41~50 岁	0.186	0.193	0.2225347
	(0.139)	(0.139)	
51 岁及以上	0.277*	0.293*	0.1559582
	(0.165)	(0.167)	
子女养育	−0.0557	−0.0706*	−0.151483
	(0.0401)	(0.0417)	

变量	（1） 人际信任	（2） 人际信任	（3） 人际信任（标准化系数）
住房困难		−0.112***	−0.1691368
		（0.0401）	
医疗困难		0.00537	0.0076724
		（0.0412）	
就业困难		−0.108**	−0.1321321
		（0.0492）	
落户困难		0.0196	0.0265433
		（0.0435）	
子女教育困难		−0.0207	−0.0306682
		（0.0444）	
老人赡养困难		0.000885	0.001145
		（0.0456）	
同工不同酬		0.0180	0.0173181
		（0.0629）	
职位晋升困难		0.0554	0.0648054
		（0.0517）	
择偶困难		0.135**	0.123313
		（0.0658）	
与上海人交往困难		0.0708	0.0501327
		（0.0808）	
常量	0.645***	0.703***	
	（0.175）	（0.179）	
样本量	347	341	
R 平方	0.044	0.104	

*** $p<0.01$，** $p<0.05$，* $p<0.1$

控制变量：政治面貌、受教育程度、婚姻状态、住房状态、职业、就业方式、养老育幼压力、年收入、社会网络。

随后，课题组将模型（2）中不同类型的困难与人际信任的相关系数进行了标准化处理，发现住房困难要素是制约受访人人际信任水平最主要的因素，其次为就业难题。相对于那些不存在住房问题（尽管仅为少数群体）的受访人来说，住房难题降低了约11%的人际信任水平。而就业方面的困难让面临就业难的群体较无此方面难题的受访人降低了10.8%的人际信任水平。在课题组将系数标准化之后，住房难题比就业难题在降低人际信任水平方面多了 3.7%。也就是说，那些面临着住房难问题的来沪务工女性比找不到工作的女性更容易降低她们的人际信任水平，这一降低区间通常为 3.7% 左右。而与住房和就业难题相反，那些遭遇择偶难题的受访人反而更愿意相信这个社会上大多数人是可以信任的，她们比那些未曾遇到此问题的群体的人际信任度高 13.5% 左右。对这一问题的出现，不免有些令人费解，课题组目前尚未找到可以解释这一现象的充分理由。

人际信任可以具体化为很多具体的要素，如对亲人、朋友、同事、陌生人等等的信任。那么接下来，课题组将进一步了解不同类型的人际信任与家庭关系、职业特征和社会网络会发生怎样的关系。同时，因为课题组在分析人际信任总体情况中考察了来沪务工女性在上海生活所遇到的各种困难与她们人际信任水平之间的关系，所以在下文中，课题组同样将各种不同类型的困难带入到不同类型人际信任的回归模型中，深度探究人际信任产生与变化的基本要素。

表 2-44　不同类型人际信任 OLS 回归模型（相关系数和标准差）

变量	（1）信任家人	（2）信任邻居	（3）信任同事	（4）信任上海本地人	（5）信任陌生人
年龄对照组：20岁及以下（含）					
21~30 岁	−0.0616	0.0430	−0.00288	0.0304	0.121
	（0.0503）	（0.0715）	（0.0670）	（0.0777）	（0.0934）
31~40 岁	−0.0659	0.124	0.0335	0.116	0.225**
	（0.0541）	（0.0770）	（0.0721）	（0.0837）	（0.101）
41~50 岁	−0.0753	0.132*	0.0241	0.131	0.187*
	（0.0556）	（0.0791）	（0.0741）	（0.0860）	（0.103）
50 岁以上	−0.0608	0.0532	−0.0571	0.113	0.155
	（0.0666）	（0.0948）	（0.0888）	（0.103）	（0.124）
住房（1=是）	0.0212	0.0639**	0.0588**	0.0540*	−0.0304
	（0.0208）	（0.0295）	（0.0277）	（0.0321）	（0.0386）
子女养育对照组 没有子女					
1 个子女	−0.0154	0.0244	−0.0377	−0.00547	−0.0282

续表

变量	（1） 信任家人	（2） 信任邻居	（3） 信任同事	（4） 信任上海本地人	（5） 信任陌生人
	（0.0300）	（0.0427）	（0.0400）	（0.0464）	（0.0558）
2个子女	-0.0595*	-0.0110	-0.0748	-0.0306	-0.00430
	（0.0353）	（0.0502）	（0.0471）	（0.0546）	（0.0656）
3个以上子女	-0.00974	0.347*	0.332*	0.00488	0.372
	（0.140）	（0.200）	（0.187）	（0.217）	（0.261）
年收入	0.0124	-0.121**	-0.0489	-0.0970	0.0680
	（0.0424）	（0.0603）	（0.0565）	（0.0656）	（0.0788）
住房困难	0.00146	-0.00744	-0.0330	-0.0531**	-0.0433
	（0.0160）	（0.0228）	（0.0214）	（0.0248）	（0.0298）
医疗困难	0.0189	0.0114	0.0591***	0.0495*	0.0375
	（0.0164）	（0.0234）	（0.0219）	（0.0254）	（0.0305）
就业困难	0.0103	-0.0214	0.00309	0.00153	-0.0131
	（0.0196）	（0.0279）	（0.0262）	（0.0303）	（0.0364）
落户困难	0.00712	0.0163	0.0184	0.0103	-0.0329
	（0.0174）	（0.0247）	（0.0232）	（0.0269）	（0.0323）
子女教育困难	0.0231	-0.0122	-0.0309	-0.0493*	-0.0284
	（0.0178）	（0.0254）	（0.0238）	（0.0276）	（0.0331）
老人赡养困难	0.000545	0.00490	-0.0146	0.0172	0.0345
	（0.0183）	（0.0260）	（0.0244）	（0.0283）	（0.0340）
同工不同酬	-0.0240	0.0197	-0.00101	0.0115	0.0242
	（0.0253）	（0.0360）	（0.0337）	（0.0391）	（0.0470）
职位晋升困难	0.000683	-0.00856	-0.00839	0.00718	-0.0235
	（0.0207）	（0.0294）	（0.0276）	（0.0320）	（0.0384）
择偶困难	0.0324	0.0453	0.0367	0.0533	-0.0147
	（0.0262）	（0.0373）	（0.0350）	（0.0406）	（0.0487）
与上海人 交往困难	-0.0319	-0.0546	-0.0881**	-0.170***	-0.0639
	（0.0324）	（0.0460）	（0.0431）	（0.0500）	（0.0601）
常量	1.021***	0.740***	0.736***	0.642***	0.355***
	（0.0691）	（0.0983）	（0.0921）	（0.107）	（0.128）
样本量	341	341	341	341	341
R平方	0.074	0.128	0.127	0.169	0.130

*** $p<0.01$,** $p<0.05$,* $p<0.1$

控制变量:政治面貌、受教育程度、婚姻状况、职业类型和养老负担。

根据既有研究(Tang,2016;Shi,2000),学者们习惯于将人际信任具体化为血缘信任、社群信任和公民信任三个类型。而在课题组的研究中,对于家人的信任是典型的血缘信任的统计指标,对邻居及同事的信任隶属于社群信任的一级指标,而对陌生人和本地人的信任接近于公民信任的指标。所以在接下来的分析中,课题组将对邻居和同事的信任替换为社群信任,对陌生人和本地人的信任替换为公民信任,将对家人的信任替换为血缘信任。如表2-44所示,在控制相关变量之后,年龄在是否信任邻居和是否信任陌生人的两个模型中发挥着较为显著的作用,也就是说,其与社群信任和公民信任具有更为密切的关系。相对于20岁以下的青少年来沪人群来说,普遍看来是年龄越大其社群信任和公民信任的水平相对越高,不过,这一趋势并非是线性的发展轨迹。图2-43展示了不同年龄与对社群信任度的倒U型相关性轨迹,虽然总体上看来,年龄增加可以增强其对邻居的信任,但30岁以后的增幅明显小于30岁之前,而且到了51岁以后,其对社群的信任则呈现急剧下降的趋势。而在公民信任(图2-44)的发展趋势中,其发展脉络更接近于倒V型。

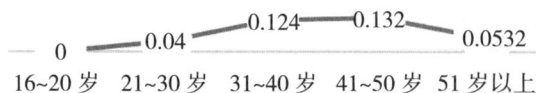

图 2-43　社群信任(OLS 回归系数)

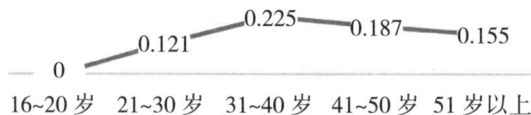

图 2-44　公民信任(OLS 回归系数)

是否在上海拥有住房是影响受访人是否信任邻居、同事和上海本地人的重要因素。也就是说,除了对陌生人的信任之外,居住在自购住房内的来沪务工女性普遍比没有自购住房的女性拥有更高的社群信任和公民信任水平,差值为 5%~6% 之间。可见,能够在上海拥有自己的房产,直接决定了来沪务工女性自身的人际信任水平,且相关关系是非常显著的。

在子女养育方面,有 2 个子女的来沪务工女性比没有生育的来沪务工女性拥有更低的血缘信任水平,降幅约为 6%,而拥有 3 个及以上子女的女性要比未生育子女的女性拥有更高(33%以上)的社群信任。这一现象的出现也许可以被解释为是来沪务工女性群体所呈现出的特殊现象。由于女性来上海工作往往意味着其与自己的父母及亲人暂时分别,而更多地与朋友、同乡和居住所在地的其他社会资源打交道。同时,子女的出现和增加也往往意味着来沪务工女性需要更多地与其社会网络进行交流,寻求改善自身和家人生活的最佳途径。

年收入的高低也常常成为衡量人际信任水平的较为流行的指标。人们通常认为,伴随着个人年收入的增加,人们会更多的参与社会活动并同时提升他们的人际信任水平(Read,2003)。而这一普遍特征似乎再一次在来沪务工女性群体中出现了反例。在人际信任的 5 个回归模型中,年收入的增加仅仅在血缘信任和作为公民信任指标之一的陌生人信任方面起到了促进作用,而在社群信任和作为公民信任的另一个指标——对上海本地人信任方面却起到了阻碍作用。不过,在其所发挥的不同作用形式中,只有其对邻居的信任所起到的负面作用在回归模型中具有统计意义上的显著作用。在对回归系数进行标准化处理之后,课题组发现,收入对邻居信任的阻碍(标准化)系数为 −0.1316669,比其对同事信任的阻碍作用(−0.0567491)高约 8%,比其对上海本地人的信任阻碍作用(−0.0945858)高约 4%。

在各种困难类型中,住房困难明显阻碍了来沪务工女性对上海人的信任,使其比没有遇到住房困难问题的来沪务工女性低约 5% 的信任度。医疗看病难的问题增加了来沪务工女性对同事和上海本地人的信任度,也许恰恰是她们认为上海医疗难,所以她们在相关事项上更愿意依赖同事或者上海本地人给予帮助,这也使她们比那些没有遭遇过此类困境的来沪务工女性更多了一些对同事和上海本地人的信任。子女教育困难对除血缘信任之外,其他各项信任都呈现负相关的关系,其在对上海本地人的信任度方面呈现出具有显著性的统计意义。也就是说,那些遭遇子女教育困难的来沪务工女性群体,她们的社群信任和公民信任往往同步降低。另外,与上海本地人交往的困难对所有类型的人际信任都起到了不同程度的阻碍作用,而其在对同事信任和对上海本地人信任的变量上更是呈现出其所具有的显著性统计意义。对于来沪务工女性来说,她们所遭遇的与上海人交往困难,确实可以在不同程度上对其生活和工作产生严重的负面影响,这不仅表现在其显著降低的社群信任(信任同事常常被作为社群信任的一级指标)和公民信任(上海本地人常常被作为公民信任的一级指标),也意味着其对上海融入程度和自我认同感的降低。

四、来沪务工女性政府满意度的影响因素

关于对来沪务工女性政府满意度的研究,课题组将集中于她们对村/居委会、街/镇政府、区政府、市政府和中央政府的满意度测量。在课题组的问卷中,有关于这个议题的直接问题,即要求受访人在五个选项中给出自己的满意程度。通常来说,人们对于批评政府往往比较谨慎,且尝试隐瞒自己的观点,特别是那些居于弱势地位的群体更是如此。如图2-45所示,受访人在做出批评性反馈(很不满意)的回答中较为趋同,在一定程度上呈现出尝试隐瞒自己真实想法的意图。

表 2-45　政府满意度 LOGIT 回归模型（回归系数和标准差）

变量	（1）居委会	（2）街道	（3）区政府	（4）市政府	（5）中央政府
住房拥有状况	1.103***	1.230***	0.877**	0.693*	0.457
	（0.397）	（0.382）	（0.374）	（0.356）	（0.346）
对照组　组织/人事调动					
竞聘/应聘	1.022*	1.019*	0.680	0.630	0.392
	（0.566）	（0.568）	（0.526）	（0.498）	（0.462）
职业机构介绍	2.170***	2.328***	2.196***	2.291***	2.265***
	（0.767）	（0.762）	（0.718）	（0.698）	（0.675）
熟人介绍	1.093	1.320**	0.794	1.036*	0.475
	（0.671）	（0.663）	（0.641）	（0.604）	（0.578）
社会网络	−0.132	−0.236	−0.193	−0.294	−0.501*
	（0.313）	（0.307）	（0.298）	（0.284）	（0.275）
住房困难	0.210	−0.00168	−0.0915	−0.127	0.0106
	（0.319）	（0.314）	（0.303）	（0.289）	（0.276）
医疗困难	0.607*	0.128	0.160	0.0889	−0.149
	（0.311）	（0.311）	（0.305）	（0.293）	（0.286）
就业困难	−0.284	−0.174	−0.171	−0.279	0.00417
	（0.388）	（0.376）	（0.369）	（0.361）	（0.334）
落户困难	−0.363	−0.729**	−0.620*	−0.615*	−0.880***
	（0.365）	（0.368）	（0.352）	（0.333）	（0.328）
子女教育困难	−0.261	−0.0869	−0.0770	0.267	0.488
	（0.342）	（0.334）	（0.331）	（0.316）	（0.310）
老人赡养困难	0.0853	−0.0454	0.161	0.184	0.374
	（0.347）	（0.344）	（0.336）	（0.319）	（0.304）
同工不同酬	−0.643	−0.627	−0.218	−0.588	0.0579
	（0.552）	（0.536）	（0.492）	（0.489）	（0.431）
职位晋升困难	−0.00246	0.0505	−0.534	0.0540	−0.0569
	（0.421）	（0.410）	（0.422）	（0.373）	（0.359）
择偶困难	0.705	0.638	0.801*	0.575	−0.0124
	（0.521）	（0.523）	（0.472）	（0.466）	（0.458）
与上海人交往困难	−0.670	−1.550	−0.514	−0.174	0.0234
	（0.805）	（1.078）	（0.700）	（0.622）	（0.554）
常量	−2.734**	−2.878**	−1.487	−1.162	0.193
	（1.318）	（1.305）	（1.207）	（1.163）	（1.102）
样本量	341	341	341	341	341

*** p<0.01，** p<0.05，* p<0.1
控制变量：政治面貌、年龄、受教育程度、婚姻状况、养老和育幼压力、工作类型和年收入。

在表示较为缓和的肯定性回应中积聚了大多数受访者的样本，总体数量超半数以上。所以为了更为清楚地分析来沪务工女性对政府的满意度情况，课题组将提取"非常满意"选项作为主要参考指标。在变量处理上，课题组将所有选择"非常满意"的选项赋值为1，将"很不满意""不太满意""比较满意"和"说不清"赋值为0。这样，政府满意度变量就转换为(0,1)的二分类变量。接下来，课题组将政府满意度作为因变量，将家庭关系、职业类型和社会网络，以及其他人口学变量作为自变量进行LOGIT回归模型分析。

从表2-45中可以看出，对于模型(1)来说，在控制了相关变量之后，是否拥有住房、职业获得途径、社会网络和在上海生活所遇到的困难类型都在不同程度上显著的与各级各类政府满意度相关。总体来说，无购房、较为低端的职业获取途径以及落户难，在影响来沪务工女性的政府满意度方面发挥着较大功效。分别来看，那些已购住房的来沪务工女性相对于那些只能靠租房为生的女性来说，其对居委会表示满意的比例提高了2倍多。而相对于那些从事体制内工作的来沪务工女性来说，竞聘入职的女性对居委会表达满意的可能性增加了近2倍，而那些从事中低端职业的来沪务工女性反而拥有更大的可能性对居委会表示满意。对于来沪务工女性所遇到的各式各样的难题来说，曾经遇到医疗困难的来沪务工女性们对居委会表达满意的比例是未曾遭遇此问题女性的1.8倍，且具有统计意义的显著性。

对街道的满意度。与对居委会的满意度类似，在上海拥有住房的来沪务工女性比没有房子的群体更会表达对街道办事处的满意态度，其比例增加了近2.5倍。同样，相对于那些从事体制内工作的来沪务工女性来说，竞聘上岗的女性表达街道满意度的可能性是她们的2.8倍，职业机构介绍的女性表达满意的比例增加了9倍，而且即便是亲友/熟人安置工作，也会显著增加其对街道的满意度，比例增加了近4倍。

对区政府的满意度。与以租房为生的来沪务工女性群体相比，拥有上海住房的女性对区政府表示满意的可能性增加了近1.5倍。职业介绍机构介绍工作的女性的满意比例增加了近8倍。不过,在所遭遇的困难问题上,那些经历落户难的来沪务工女性比没有此难题的女性更不会给予对区政府的肯定性评价,她们表达对区政府满意度的比例仅为后者的一半。除此之外,很多外来女性来到上海这个对她们来说比较陌生的城市后都在不同程度上面临着交友和择偶的困难。在之前的研究中,似乎少有研究对她们的婚姻和家庭状况对其政治态度的影响进行讨论,而从表2-45来看,面临择偶难的来沪务工女性对区政府表示满意的比例是有伴侣女性的2倍多,且这项数据分析结果具有统计意义上的显著性。

对市政府的满意度。住房、职业获取途径和落户是影响来沪务工女性对市政府满意度的主要影响因素。相对而言,在上海拥有住房的女性比没有房子的女性多了1倍的比例去表达其对市政府的满意度。而相对于那些通过人事/组织部门调配工作的女性来说,从职业介绍所获得工作的女性表达对市政府满意态度的比例是其9.8倍,通过亲人安置就业的女性则比体制内工作的女性增加了近2倍的可能去表达其对市政府的满意态度。除此之外,对来沪务工女性来上海工作生活所遇到的所有困难来说,落户难直接影响了女性们对上海市政府的满意程度,那些无法落户的女性相对于已经有上海户口的女性来说,只有其一半的可能性去表达对市政府的满意。也就是说,还有另外一半的可能性去表达自己对市政府的不满。

对中央政府的满意度。与之前的回归模型相同,那些通过职业介绍所找到工作的女性,以及那些经历落户难和住房难的女性都对中央政府的满意度发挥了重要的影响。而不同的是,越是通过职业介绍所找到相对低端工作的女性,越是比那些体制内工作的女性更愿意表达对中央政府的支持;而那些面临住房难和落户难的女性则比那些未经历此种窘境的女性对中央政府更加不满,这种不满表达的比例均接近一半左右。

综合以上分析来看,住房、落户成为影响来沪务工女性对各级政府满意度的最为根本的因素,而能够在上海这个大城市拥有住房,则可以最大限度地提升这些女性对于各级政府的满意度水平。

五、来沪务工女性政治信任的影响因素

对于来沪务工女性来说,其政治信任往往意味着对于她们朝夕相对的政府及其办事机构的态度,如警察、城管、法院、工会、妇联和共青团等组织,在此,课题组将受访人对中国共产党的信任、对法院的信任、对警察的信任、对工青妇等群团组织的信任分别转化为最小值为 0,最大值为 1 的连续变量。考虑到中国国情,课题组进一步通过因子分析的方式从受访人对工会、妇联和共青团的信任中提取公因子,并将其称之为群团组织信任。同时,课题组进一步对政党信任、群团组织信任、法院信任和警察信任这四个变量进行因子分析,提取公因子"政治信任",并将其值域转换为0~1。随后,课题组通过 OLS 回归模型对政治信任进行分析,如表 2-46 所示,课题组在模型(1)中发现,在加入所有已知的人口统计学意义变量之后,课题组发现年龄和住房状态成为影响受访人政治信任水平的关键要素,且总体来看二者均对政治信任产生了正向的积极影响。

表 2-46　政治信任 OLS 回归模型 1(回归系数和标准差)

变量	(1) 政治信任	(2) 政治信任	(3) 政治信任
对照组　20 岁(含)以下			
21~30 岁(含)	0.112	0.122	0.138
	(0.0789)	(0.0796)	(0.0893)
31~40 岁(含)	0.163*	0.167**	0.194**
	(0.0834)	(0.0848)	(0.0942)
41~50 岁(含)	0.134	0.143	0.162*
	(0.0852)	(0.0870)	(0.0956)

变量	（1） 政治信任	（2） 政治信任	（3） 政治信任
51 岁以上	0.231**	0.207*	0.229*
	（0.105）	（0.109）	（0.116）
住房状态	0.0786***	0.0629**	0.0627**
	（0.0256）	（0.0274）	（0.0275）
择偶困难		0.0757**	0.158
		（0.0363）	（0.188）
与上海人交往困难		−0.0696	−0.0624
		（0.0423）	（0.0427）
对照组　20 岁（含）以下 × 择偶困难			
21~30 岁（含）× 择偶困难			−0.0674
			（0.193）
31~40 岁（含）× 择偶困难			−0.180
			（0.205）
41~50 岁（含）× 择偶困难			−0.0237
			（0.225）
常量	0.578***	0.558***	0.545***
	（0.103）	（0.105）	（0.113）
样本量	295	293	293
R 平方	0.166	0.211	0.217

*** p<0.01,** p<0.05,* p<0.1

控制变量:政治面貌、受教育程度、婚姻状态、住房状态、职业、就业方式、养老育幼压力、年收入、社会网络。

也就是说,伴随着年龄的增加,政治信任的总体水平稳步提升。同样,受访人在上海自主居住环境更加有利于她们对政府的信任和支持。在模型(2)中,课题组在控制受访人的人口统计学变量基础上,继续添加了来沪人员在日常生活中经常会遇到的困难,试图发现哪些困难将会在实际层面影响受访人的政治信任水平。不过意外的是,在课题组带入 10 项常见困难变量之后,模型显示只有择偶困难这一变量是影响来沪务工女性政治信任的关键要素,而其他诸如择业、医疗、教育、住房等困难并不显著地影响来沪务工女性的政治信任水平。而通常来说,择偶难往往与年龄、受教育程度和职业类

来沪务工女性政治参与现状调查

型密切相关,所以课题组将择偶难与年龄组进行变量交互处理,并再次将交互变量带入模型(3)中,课题组发现来沪务工女性通常所遇到的 10 项常见难题均未对她们的政治信任情况发生显著的影响。相反,年龄和住房依旧坚挺地成为制约受访人政治信任程度的关键要素。

　　随后,课题组进一步对构成政治信任的四个连续变量进行 OLS 回归模型分析式,在控制了政治面貌、婚姻状况、受教育程度、工作类型等相关变量的基础上,如表 2-47 所示,课题组发现,收入、社会网络以及住房、医疗、就业、子女教育等方面的困难均未对受访人的政治信任情况产生统计意义上的显著作用。而受访人的年龄、职业获取渠道以及外来人员所面临具体困难中的落户难、老人赡养难、同工不同酬、职业晋升和与上海人打交道的难题却在不同程度上影响着来沪务工女性的政治信任水平。

表 2-47　政治信任 OLS 回归模型 2(回归系数和标准差)

变量	(1) 信任政党	(2) 信任群团组织	(3) 信任法院	(4) 信任警察	(5) 政治信任
对照组: 20 岁(含)以下					
21~30 岁(含)	0.0659	0.210***	0.168*	0.0843	0.127
	(0.0844)	(0.0807)	(0.0908)	(0.115)	(0.0790)
31~40 岁(含)	0.0829	0.261***	0.175*	0.138	0.174**
	(0.0904)	(0.0865)	(0.0965)	(0.122)	(0.0842)
41~50 岁(含)	0.0405	0.242***	0.134	0.0578	0.147*
	(0.0927)	(0.0886)	(0.0993)	(0.125)	(0.0866)
51 岁以上	0.0958	0.289**	0.205*	0.0206	0.220**
	(0.118)	(0.113)	(0.114)	(0.144)	(0.107)
住房拥有状况	0.0511	0.0478	0.0794***	0.0479	0.0673**
	(0.0321)	(0.0307)	(0.0302)	(0.0381)	(0.0266)
子女抚养压力	-0.0127	-0.0199	0.00169	-0.00951	-0.00772
	(0.0262)	(0.0251)	(0.0241)	(0.0305)	(0.0219)
老人赡养压力	0.00446	0.00650	-0.00283	-0.00134	0.00872
	(0.0106)	(0.0101)	(0.00971)	(0.0123)	(0.00877)
对照组: 组织/人事调动					
竞聘/应聘	-0.0191	-0.0109	-0.0593	0.0499	-0.00362

变量	（1） 信任政党	（2） 信任群团组织	（3） 信任法院	（4） 信任警察	（5） 政治信任
	（0.0438）	（0.0419）	（0.0402）	（0.0508）	（0.0376）
职业机构介绍	0.0756	0.0837	0.139**	0.189**	0.0961*
	（0.0640）	（0.0612）	（0.0613）	（0.0774）	（0.0555）
熟人介绍	-0.0670	-0.0702	0.00402	0.103	-0.0275
	（0.0541）	（0.0517）	（0.0510）	（0.0644）	（0.0462）
年收入	-0.0474	-0.0348	0.0312	-0.0242	-0.0342
	（0.0702）	（0.0671）	（0.0638）	（0.0806）	（0.0583）
社会网络	-0.00435	-0.00619	-0.00230	-0.0464	-0.00102
	（0.0253）	（0.0242）	（0.0237）	（0.0300）	（0.0213）
住房困难	-0.0181	-0.0222	-0.0390	-0.0255	-0.0310
	（0.0259）	（0.0248）	（0.0241）	（0.0304）	（0.0215）
医疗困难	0.0206	-0.000306	0.0180	-0.0471	0.000249
	（0.0274）	（0.0262）	（0.0257）	（0.0325）	（0.0231）
就业困难	0.0307	0.0484	0.0311	-0.0429	0.0377
	（0.0320）	（0.0306）	（0.0308）	（0.0389）	（0.0275）
落户困难	-0.0171	-0.0161	-0.0252	-0.0698**	-0.0207
	（0.0286）	（0.0274）	（0.0266）	（0.0336）	（0.0241）
子女教育困难	-0.0220	-0.0348	-0.0268	0.0167	-0.0351
	（0.0289）	（0.0277）	（0.0272）	（0.0344）	（0.0246）
老人赡养困难	0.0323	0.00223	0.000240	0.0843	0.0160
	（0.0292）	（0.0279）	（0.0280）	（0.0354）	（0.0247）
同工不同酬	0.100**	0.0559	0.0255	-0.0578	0.0247
	（0.0417）	（0.0399）	（0.0392）	（0.0495）	（0.0354）
职位晋升困难	-0.0729**	-0.0214	-0.0396	-0.0343	-0.0347
	（0.0343）	（0.0328）	（0.0309）	（0.0390）	（0.0279）
择偶困难	0.0607	0.0612	0.00812	0.00631	0.0695*
	（0.0419）	（0.0401）	（0.0400）	（0.0505）	（0.0357）
与上海人交往困难	-0.0507	-0.0844*	-0.0616	-0.0998*	-0.0709*
	（0.0522）	（0.0499）	（0.0469）	（0.0593）	（0.0421）
常量	0.521***	0.494***	0.430***	0.610***	0.506***
	（0.122）	（0.117）	（0.122）	（0.153）	（0.107）
样本量	317	317	309	309	293
R 平方	0.182	0.185	0.172	0.152	0.207

*** p<0.01, ** p<0.05, * p<0.1

控制变量：政治面貌、受教育程度、婚姻状态、职业。

来沪务工女性政治参与现状调查

具体来说,年龄因素对受访人的政治信任情况影响较为显著,总体上呈现出伴随年龄增加,其政治信任程度逐渐增加的趋势。但值得注意的是,这一递增趋势并非是线性的,而是呈波浪形的发展轨迹。图 2-46 至图 2-49 分别呈现了政治信任四要素受到年龄的影响变化趋势,虽然年龄对警察信任和政党信任的影响并不具有统计意义的显著性,但它们的变化趋势依然值得数据研究方面的重视。如图 2-46 所示,虽然相对于 20 岁以下的人口来说,20 岁以上人群对政党的信任普遍有所增加,但 41~50 岁群体总体上呈现出次低的信任值。这一发展轨迹与其对法院的信任程度较为类似,在图 2-48 中课题组清晰地发现,法院信任的次低值同样集中在 41~50 岁的群体中。与此同时,和图 2-46 至 2-48 的波浪形变化趋势相比,图 2-49 的变化趋势显得较为与众不同,金字塔型的结构使得受访人对警察信任的峰值出现在 31~40 岁这一年龄群体中。同样的,相比之下,51 岁以上的群体似乎对警察的信任并不如其对政党、群团组织和法院的信任那么强烈,次低值出现在 51 岁以上的群体中,呈现出中老年群体对警察的不满和抵触情绪。

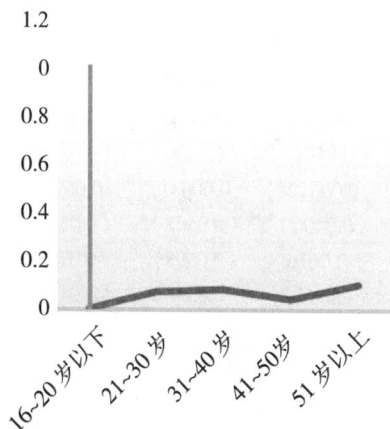

图 2-46 政党信任

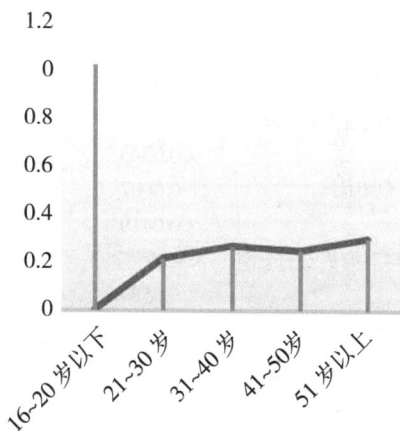

图 2-47 群团组织信任

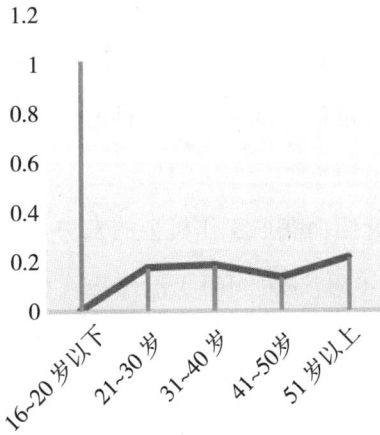

图 2-48　法院信任

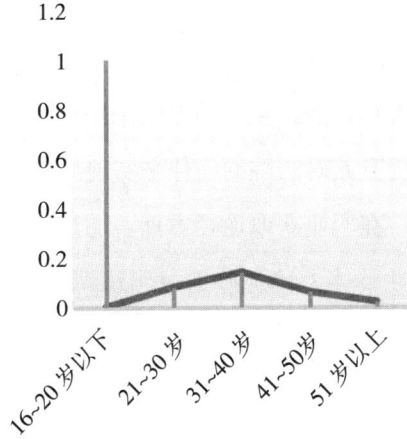

图 2-49　警察信任

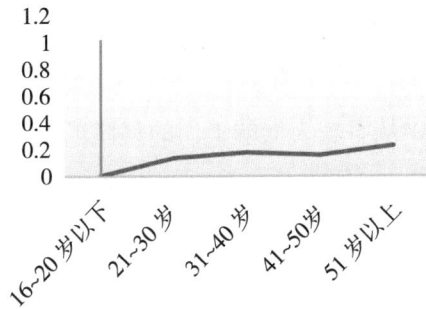

图 2-50　政治信任

上图描绘了政治信任的总体变化趋势。在控制了受访人社会生活和工作基本情况的要素基础上，年龄本身依旧对政治信任产生着不可忽视的正向影响。而且，即便41~50岁群体的政治信任程度较31~40岁群体有所降低，但总体上依然呈现出伴随着年龄的上升，政治信任逐渐增强的发展轨迹。相较于20岁以下的受访群体而言，51岁以上的中老年人群的政治信任程度上升了22%，且具有统计意义上的显著性。可见，中老年人群依旧是我国政体的坚定支持者。

住房与职业获得途径。从表2-47中的模型（3）中可以看出，相对于没有获得上海本市住房的来沪务工女性来说，那些已经拥有自己产权房的外来女性对法院的信任度提升近8%，且具有统计意义的显著性。也就是说，住房状态可以非常明显地改变来沪务工女性的政治信任水平，而这种改变是通过提升其对法院的信任来实现的。

在职业获取途径方面，通过职业机构介绍而获取工作机会的来沪务工女性整体上比那些通过组织调动来沪工作的女性更倾向于信任法院和警察，而且这一数据具有统计意义上的显著性。这在很大程度上因为相对于通过组织部门调动和竞聘上岗的女性来说，通过职业机构途径获得工作机会的女性更加倾向于对"公家人"的信赖，而在她们眼中，警察和法院为代表的基层组织更接近于她们对"公家人"的想象，进而获取信任。

生活困难。同工不同酬和职位晋升困难是影响政党信任的两个关键性要素，而这两个要素也同时对应着不同的群体。通常来说，餐饮、家政、零售等服务业，特别是其中从事较为低端工作的具体工作往往存在着同工不同酬的现象，而对于这些群体来说，她们的主要矛盾焦点集中在与企业主之间，其对通常不在企业中扮演决定性角色的党组织给予很大程度上的信任。与之相对应的是，职位晋升困难的遭遇者通常是已经在所在单位获得较为稳定的立足点的中层管理人员，她们相对于从事较为低端工作群体对同工不同酬的矛盾问题更加提升了某种"自我实现"的需求，这种需求与现实条件的限制共同导致了她们对自我职位晋升的困境，同时也让她们对党组织有了更多的期待，这种期待一旦落空，将会严重地影响她们对党组织的信任。

落户难和与上海人交往难这两个因素制约了来沪务工女性对警察的信任。那些面临落户问题的来沪务工女性，相对于未曾遇到此问题的女性来说，她们对警察的信任将下降近7%。导致这一现象的原因较为容易理解，来沪务工女性在落户问题中通常需要多次往返派出所户籍科，其对警察的基本态度也会受到落户困难而出现负面情绪。来沪务工女性与上海本地人交往的难易程度体现了她们对上海的融入程度，那些普遍在这一方面遇到困难的来沪务工女性，其自身在对上海的融入度方面还有很大的提升空间，而相对于党组织、群团组织和法院来说，警察恐怕是她们最经常接触的"公家人"，其对上海的疏离感也将最直接地表现在她们对警察的负面态度方面，而她们对政府的信任也不可避免地受到直接影响。

第三章　来沪务工女性政治参与行为调查

在本章中，课题组将讨论来沪务工女性的制度性和非制度性政治参与行为。在本次调查问卷中，制度性政治参与行为包括受访人曾经参加过人大代表选举、村／居委会选举、业委会选举和职工代表大会等官方组织的政治参与活动。非制度性政治参与行为包括受访人在其合法权益受到侵害或者尝试维护自身利益时，所采取的维权方式。在本章节中，来沪务工女性的非制度政治参与行为包括其向群团组织求援、自组织维权活动和媒介抗争行为等。

第一节　来沪务工女性政治参与行为概况

一、制度性政治参与行为

推进外来务工人员依法稳定有序地进行制度性政治参与，是现代化城市基层民主治理的重要内容。本课题中所考察的来沪务工女性的制度性政治参与行为主要包括以下四项内容:人大代表选举、村／居委会选举、业委会选举、参加职工代表大会。

如图 3-1 所示,调查结果呈现两个特点:第一,来沪务工女性的制度性政治参与度普遍不高,各项制度化参与行为均未能达到 50% 以上。对比各项制度化参与行为,受访群体对"职工代表大会"的参与率最高,比例占三成左右(30.02%),其余行为的参与比例由高到低依次为:村／居委会选举(27.7%)、人大代表选举(20.68%)、业委会选举(19.4%)。第二,各类参与行为的参与比例差距不明显,四项调查的比例均集中在两至三成。从整体上看,来沪务工女性对制度性政治参与行为的整体参与水平仍处于较低状态,且相对偏好参加职工代表大会、村／居委会选举这两项行为。

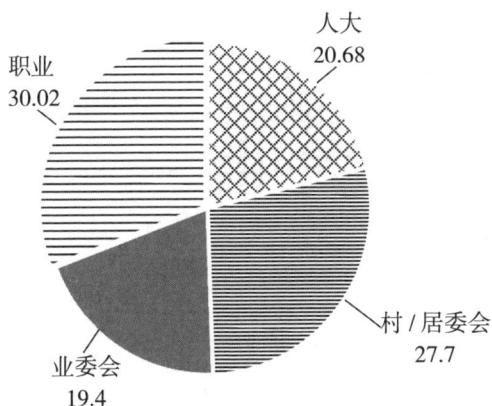

图 3-1 制度性政治参与行为基本情况(%)

接下来,课题组对受访者的人口学指标进行综合比对,揭示年龄段、政治面貌、受教育程度、从事的行业、年收入水平、婚姻状态、住房状态这七项内容对来沪务工女性的制度性政治参与行为所产生的不同影响。

（一）年龄段与不同的制度性政治参与行为

从年龄段与人大代表选举分析,可以发现 51 岁以上女性群体参与人大代表选举的比例最高,超过三成,为 35.71%。其次年龄在 21~50 岁的女性群体参与人大代表选举的比例均超过二成,依次为:21~30 岁(20.21%)、31~40岁(20.99%)、41~50 岁(22.35%)。此外,年龄在 16~20 岁的女性参与人大代表选举的比例为 0%(图 3-2)。整体来看, 除了 20 岁以下和 51 岁以上年龄段,各年龄段女性群体参与人大代表选举的比例在年龄段上分布较为均匀,但是参与比例不算高。

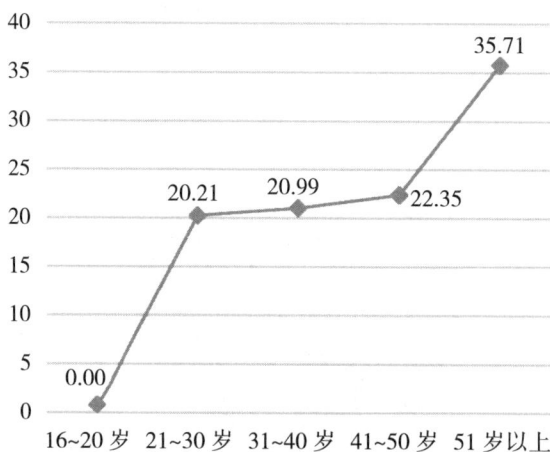

图 3-2　年龄段与人大代表选举(%)

从年龄段与村/居委会选举分析, 可以发现年龄在 31 岁及以上的女性群体参与村/居委会选举的比例较高,均在 30% 以上,其中 41~50 岁年龄段的女性群体参与选举的比例最高,达到 35.71%。年龄在 21~30 岁的女性群体参与选举的比例有所降低,占 21.43%;年龄在 16~20 岁的女性群体参与选举的比例为 0%(图 3-3)。可以发现,整体上而言,年龄是影响女性群体参与村/居委会选举的重要因素,随着年龄的增加,其参与意愿有着显著上升,虽然年龄在 51 岁及以上的女性群体参与选举的比例有所下降,但是也处在相对较高的比例上。

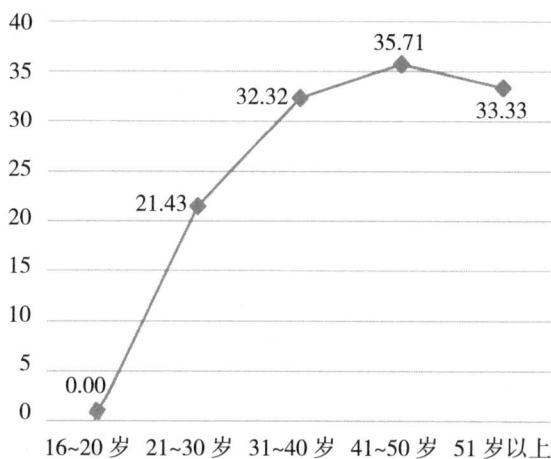

40

35.71

35

32.32

30

33.33

25

21.43

20

15

10

5

0.00

0

16~20 岁　21~30 岁　31~40 岁　41~50 岁　51 岁以上

图 3-3　年龄段与村/居委会选举(%)

　　从年龄段与业委会选举分析,整体上而言,年龄在 31 岁及以上的女性群体参与业委会的选举比例在二成以上,其中 51 岁以上的女性群体参与比例最高,达到 28.57%;年龄在 31~40 岁之间的女性参与比例次之,达到 27.44%。年龄在 21~30 岁之间的女性参与业委会选举的比例下降到 12.5%(图 3-4)。调研结果说明,业委会选举是中青年和中老年女性群体较为关心和参与的事务,青年群体对这一事务的参与兴趣不够高。

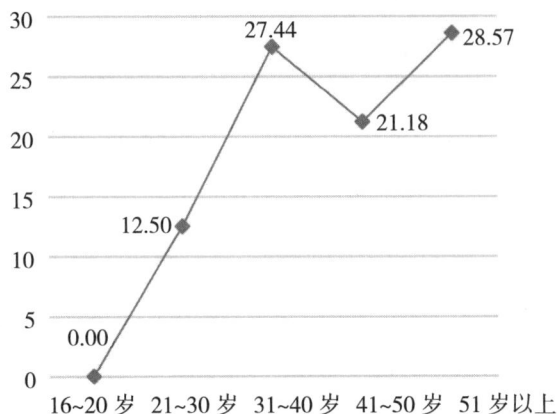

图 3-4　年龄段与业委会选举(%)

从年龄段与职工代表大会分析可以发现，年龄在 16~20 岁的女性参与职工代表大会的比例最低，不到一成，仅有 9.09%；随着年龄的增加，女性群体参与职工代表大会的比例逐渐增高，最高点出现在 41~50 岁这一年龄段，其参与职工代表大会的比例超过四成。其后，这一参与比例在 51 岁以上的女性群体中下降到 26.67%，下降了约 17%(图 3-5)。调研结果说明，年龄因素对女性群体参与职工代表大会的比例有着明显的影响，呈现出先缓慢上升，后快速下降的趋势。

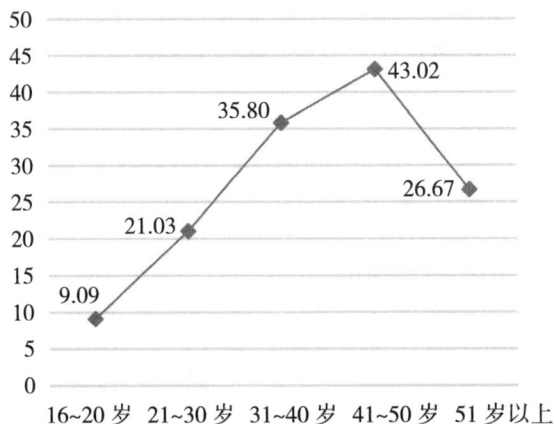

图 3-5　年龄段与职工代表大会(%)

（二）政治面貌与不同的制度性政治参与行为

由图3-6可知，从政治面貌与人大代表选举分析，政治面貌为中共党员的女性，其参与人大代表选举的比例最高，达到32.69%。其余参与比例依次为：民主党派（25%）、共青团员（19.8%）、群众（18.89%）。这从侧面表明，来沪务工女性参与人大代表选举的意愿与她们的政治面貌具有密切的关联，她们的政治面貌的党派性越强，参与人大代表的选举意愿也更为强烈。

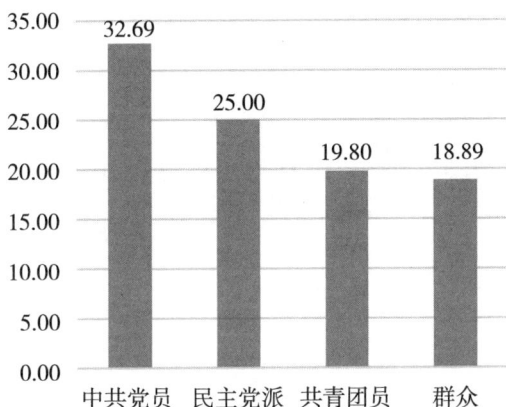

图3-6　政治面貌与人大代表选举（%）

由图3-7可知，从政治面貌与村/居委会选举分析，中共党员的参与比例明显较大，接近四成（38.46%），其余参与比例依次为：群众（28.06%）、共青团员（22.55%），民主党派参与比例为0%。从参与群体的政治面貌分布来看，当前村/居委会选举仍然是行政推动为主、群众自愿参与为辅的模式。

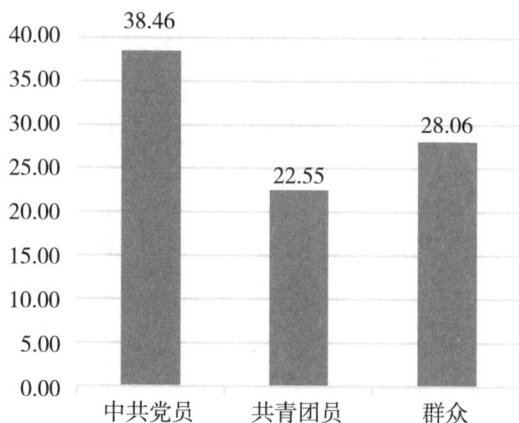

图 3-7　政治面貌与村/居委会选举(%)

由图 3-8 可知,从政治面貌与业委会选举分析,民主党派的参与比例较大,达到 25%。其余参与比例依次为:中共党员(23.08%)、群众(20.78%)、共青团员(13%)。整体而言,除共青团员身份之外,其他不同政治面貌的女性群体在参与业委会选举层面的差异较小。

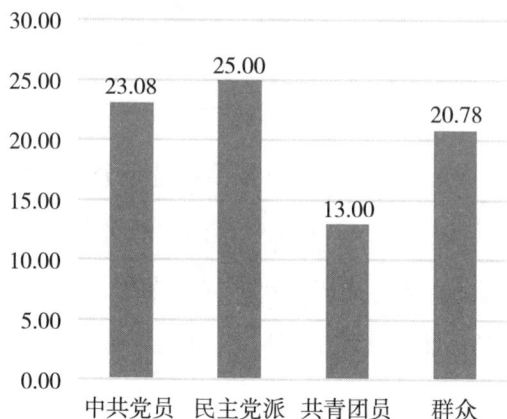

图 3-8　政治面貌与业委会选举(%)

由图 3-9 可知,从政治面貌与职工代表大会分析,民主党派的参与比例较大,达五成,其余参与比例依次为:中共党员(37.74%)、群众(31.83%)、共青团员(20%)。民主党派在参与职工代表大会层面的意愿明显高于其他政治面貌的群体,这可能与民主党派的文化素养和社会身份有着密切关联。民主党派人士普遍具有高学历、高技术水平且在社会地位较高的职位工作,这可能是她们参与职工代表大会比例较高的重要因素。

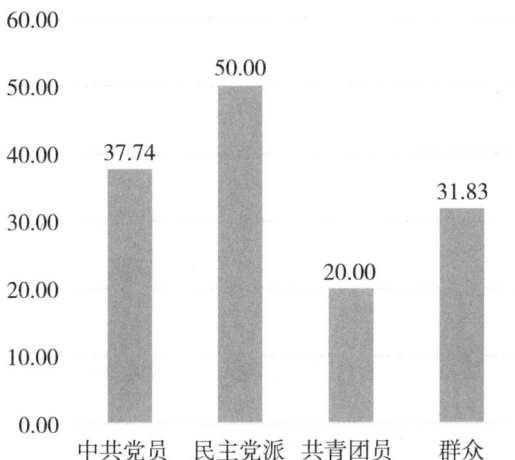

图 3-9　政治面貌与职工代表大会(%)

（三）受教育程度与不同的制度性政治参与行为

由图 3-10 可知,从受教育程度与人大代表选举分析,可以明显发现来沪务工女性的受教育程度与其参与人大代表选举行为之间存在明显的关联。整体而言,从小学到研究生的各个阶段,随着受教育程度的不断上升,来沪务工女性群体对人大代表选举的参与率不断上升。学历为研究生的女性参与比例最高(30.43%),其余比例依次为:大学本科(28.85%)、大学专科(23.23%)、高中/中专(17.05%)、初中(14.29%),小学及未受过教育的女性为 0%。这从侧面说明,来沪务工女性接受的教育为她们参与人大代表选举提供了重要的知识和能力支撑,而且受教育程度越高,这种支撑力越显著。

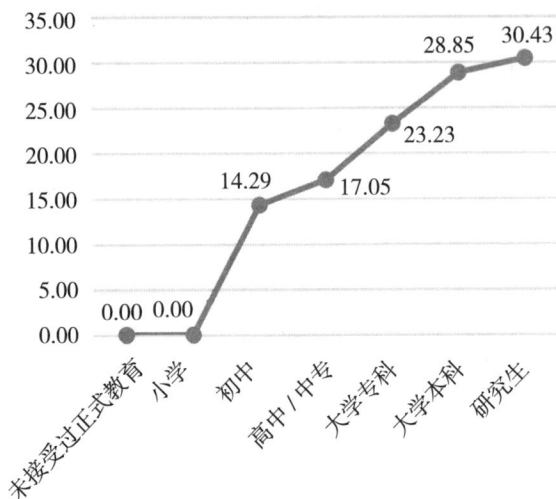

图 3-10   受教育程度与人大代表选举(%)

由图 3-11 可知,从受教育程度与村 / 居委会选举分析,学历为初中的女性参与比例最高(31.18%)、大学本科次之(30.77%),其余比例依次为:高中 / 中专(29.46%)、大学专科(25.74%)、研究生(17.39%),小学(6.25%),未受过教育的女性为 0%。尽管来沪务工女性群体的受教育程度与参与村 / 居委会选举的比例之间没有呈现明显的递增现象,但是依然可以看出,受教育程度在初中及以上的群体参与村 / 居委会选举的比例高达 93.75%。这说明受教育程度是影响来沪务工女性群体参与村 / 居委会选举的重要因素。

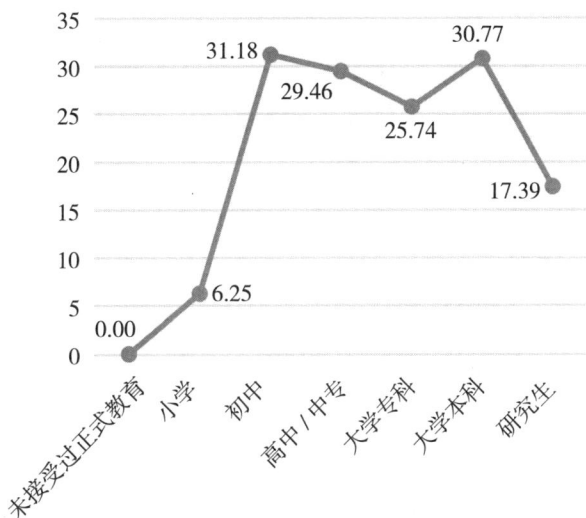

图 3-11　受教育程度与村 / 居委会选举(%)

由图 3-12 可知,从受教育程度与业委会选举分析,学历为大学专科的女性参与比例最高(23.23%),大学本科次之(22.64%),其余比例依次为:高中 / 中专(17.97%)、研究生(17.39%)、初中(16.67%)、小学(6.25%),未受过教育的女性为 0%。可以发现,相较于小学学历的女性群体,具有初中学历的女性群体参与业委会选举的比例上升了 10% 左右,充分说明了具有初中及其以上学历对来沪务工女性群体参与业委会选举意愿的推动作用。

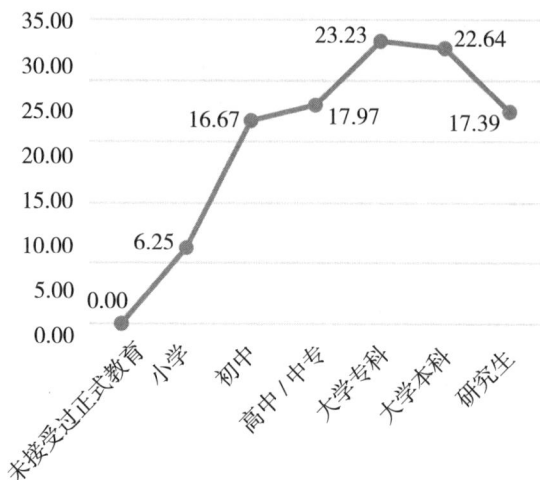

图 3-12　受教育程度与业委会选举(%)

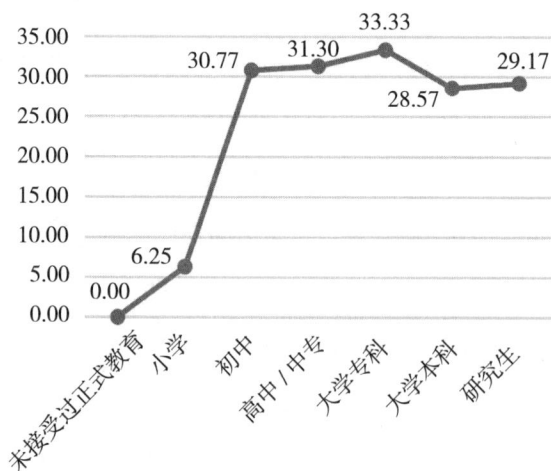

图 3-13　受教育程度与职工代表大会(%)

　　由图 3-13 可知,从受教育程度与职工代表大会的参与情况可以发现,整体而言,受教育程度为初中及以上的女性群体参与职工代表大会的比例普遍在 28% 以上,且各阶段差距不大。而受教育程度为小学的女性群体参与职工代表大会的比例仅为 6.25%,两者相差达到 20% 以上。这说明教育对推动来沪务工女性群体参与职工代表大会活动同样具有重要推动意义。

（四）所在行业与不同的制度性政治参与行为

由图 3-14 可知,在行业与人大代表选举方面,参与度较高的群体主要集中在从事咨询、互联网、家政、批发零售、运输以及其他服务业的女性,她们参与人大代表选举的比例均在 25% 及以上。其中,咨询业的比例最高,超过四成(44.44%),其余行业的参与程度由高到低依次为:金融业(17.65%)、医疗业(16.67%)、房地产业(16.13%)、餐饮业(14.63%)、制造业(14%)、农业(11.43%)。整体而言,以从事农业为代表的第一产业的女性群体参与人大代表选举的比例最低,仅有 11.43%;以从事运输业和制造业为代表的第二产业的女性群体参与人大代表选举的比例相较于第一产业有所上升, 参与选举的比例平均在 20% 左右;以咨询业、互联网、家政、餐饮等为代表的第三产业的女性群体参与人大代表选举的比例相较于第二产业有所上升, 参与选举的比例平均在 30% 左右。这说明来沪务工女性所从事的行业类型对其参与人大代表选举行为层面有着较为明显的影响。

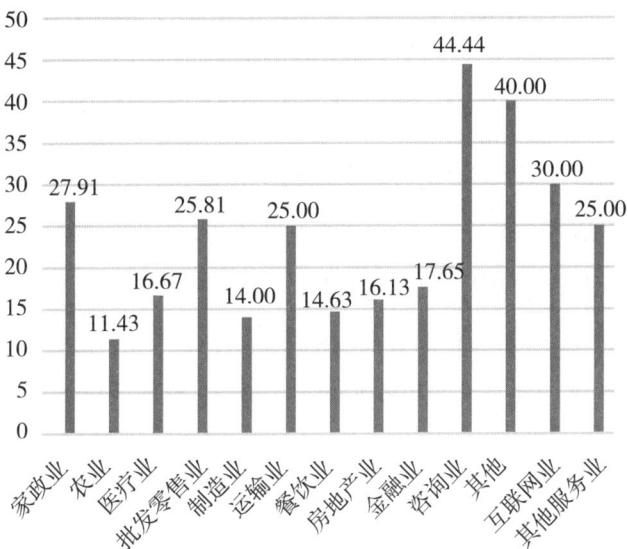

图 3-14　所在行业与人大代表选举(%)

由图 3-15 可知,在所在行业与村 / 居委会选举方面,从事运输业的女性参与选举的比例最高,达到六成上下;从事咨询行业的女性参与选举的比例次之,近四成(38.89%)。除此之外,其他各行业的参与比例差距不大,基本在 20%～30%。其余行业的参与比例由高到低依次为:其他服务业(31.25%)、互联网业(30%)、家政业(29.55%)、金融业(29.41%)、餐饮业和批发零售(29.03%)、房地产业(24.24%)、农业(20.59%)、制造业(20%)、医疗业(18.18%)。

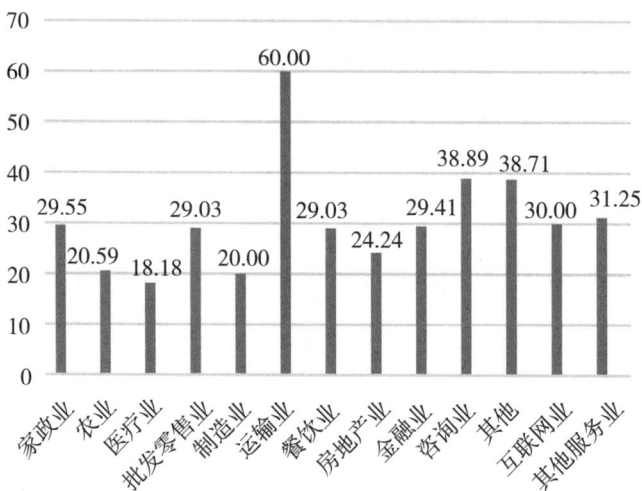

图 3-15 从事行业与村 / 居委会选举(%)

由图 3-16 可知,在行业与业委会选举方面,其中从事医疗业的女性群体的参与比例最高,超过三成(33.33%),咨询业(27.78%)和运输业(25%)次之。其余行业的参与程度由高到低依次为:餐饮业(22.13%)、家政业(21.95%)、批发零售业(20.97%)、其他服务业(18.75%)、房地产业(18.18%)。接着,参与业委会选举最低的四个行业为农业和金融业(11.76%)、制造业(6%)。

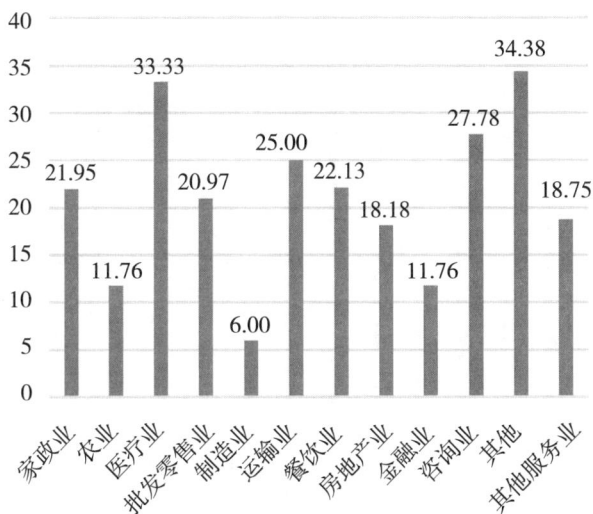

图 3-16 从事行业与业委会选举(%)

在行业与职工代表大会方面,分析发现,从事医疗业、运输业、咨询业这三个行业的女性群体参与职工代表大会的比例最高,均达到五成或以上,这说明她们的职业认同感和归属感最强,愿意参与职工代表大会来彰显自己的身份和地位。家政业、金融业、其他服务业、批发零售业、制造业参与的比例次之,均在30%以上。最后,参与职工代表大会比例最低的四个行业:餐饮业(23.58%)、农业(22.86%)、互联网业(20%)及房地产业(18.75%),参与比例在20%左右(图3-17)。

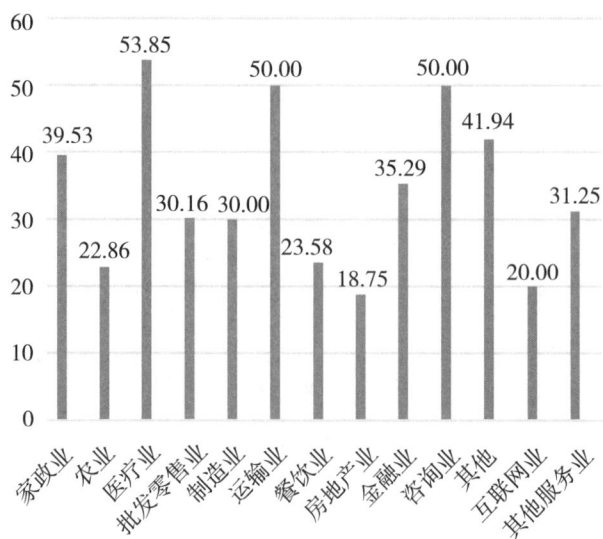

图3-17 从事行业与职工代表大会(%)

（五）住房状态与不同的制度性政治参与行为

从住房状态与人大代表选举来看，住房状态为自购房屋的女性参与人大代表选举的比例最高，达到35.80%；住房状态为合租的女性参与人大代表选举的比例次之，达到15.53%，相比于自购房屋的女性群体，其参与选举的比例下降了20%左右；住房状态为借宿和单独租房的女性参与人大代表选举的比例在12%左右；住房状态为群租的女性参与人大代表选举的比例下降到5.26%。结果表明，女性的住房状态与人大代表选举有显著相关。整体而言，从群租到自购房屋，随着住房状态的稳定，她们参与人大代表选举的比例也相应提升(图3-18)。

借宿 12.00

群租 5.26

合租 15.53

单独租房 11.54

自购房屋 35.80

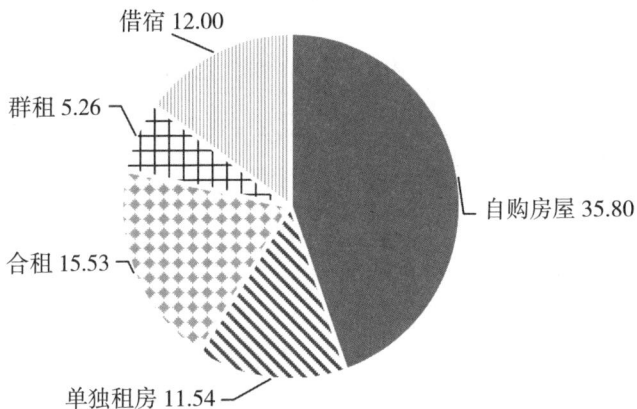

图 3-18　住房状态与人大代表选举(%)

从住房状态与村/居委会选举来看,住房状态为自购房屋的女性,其参与村/居委会选举的比例接近五成,为46.91%。住房状态为群租与合租的女性群体参与村/居委会选举的比例均在两成左右, 分别为26.32%、20.00%。住房状态为单独租房与借宿的女性群体参与村/居委会选举的比例较低,分别为15.29%、15.38%。结果表明,女性的住房状态与村/居委会选举有显著相关,随着住房状态的稳定,她们参与村/居委会选举的比例也会有所提升(图3-19)。

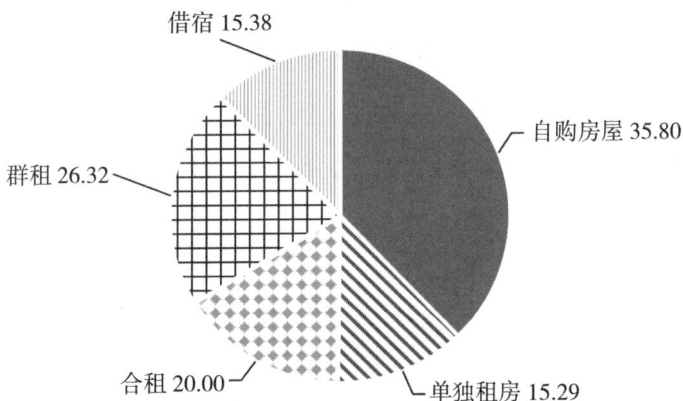

借宿 15.38

群租 26.32

自购房屋 35.80

合租 20.00

单独租房 15.29

图 3-19　居住状态与村/居委会选举(%)

　　从住房状态与业委会选举来看，住房状态为自购房屋的女性参与业委会选举的比例超过四成，为40.12%；而合租、借宿、单独租房的女性参与业委会选举的比例均在一成左右；住房状态为群租的女性参与业委会选举的比例为0%。结果表明，住房状态为自购房屋的女性，其参与业委会选举的比例相较于其他住房状态提升了30%左右（图3-20）。

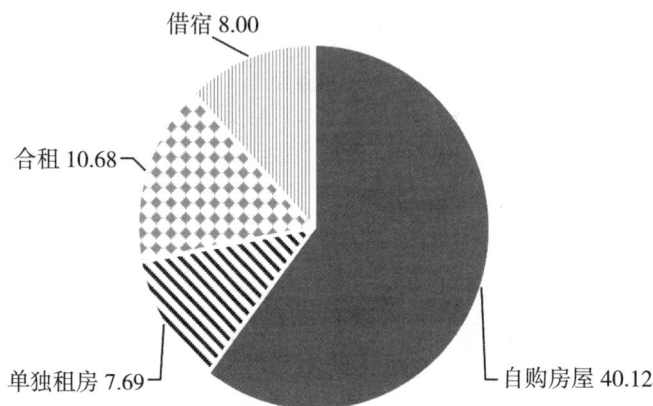

图3-20　住房状态与业委会选举(%)

　　从住房状态与职工代表大会来看，住房状态为自购房屋的女性参与职工代表大会的比例最高，达到五成（51.85%）。住房状态为群租、单独租房、借宿的女性参与职工代表大会的比例为二成左右，分别为群租（21.05%）、单独租房（20.25%）、借宿（20%）。住房状态为合租的女性参与职工代表大会的比例较低，仅有一成多，为14.42%。结果表明，住房状态同样是影响女性群体参与职工代表大会的重要因素，随着外来务工女性住房状态的稳定，参与职工代表大会的比例也相应提升（图3-21）。

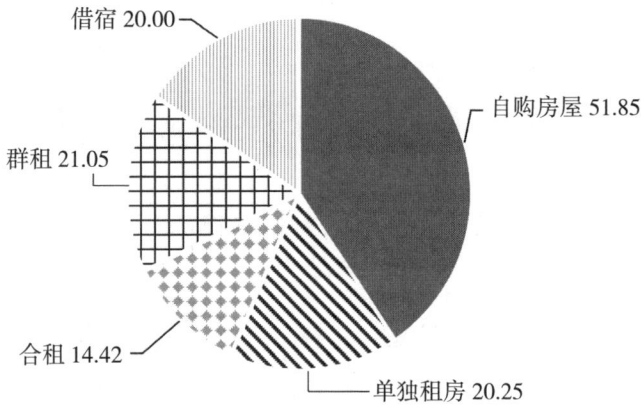

图 3-21　住房状态与职工代表大会(%)

（六）年收入与各项制度性政治参与行为

从年收入与人大代表选举的角度来看,年收入在 25 万以上的女性群体参与人大代表选举的比例最高,将近四成,为 37.5%;年收入在 3 万~15 万之间的女性参与人大代表选举的比例平均在二成左右,其比例依次为:3 万~5 万（19.82%）、5 万~10 万（24.22%）、10 万~15 万（23.29%）。年收入在 1.5 万~3 万、15 万~20 万及 20 万~25 万的女性,其参与人大代表选举比例较低,分别为 5.41%、5% 和 0%。这在某种程度上表明,女性群体的年收入与其参与人大代表选举的比例整体上呈现出先缓慢上升,再迅速下降,而后又迅速上升的趋势（图 3-22）。

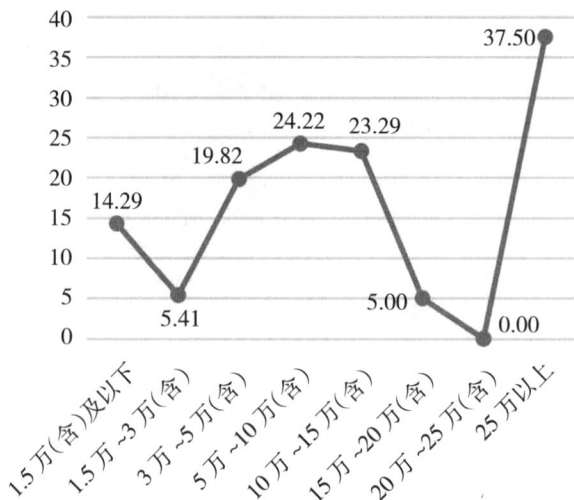

图 3-22　年收入与人大代表选举(%)

　　从年收入与村/居委会选举的角度来看,调研结果表明年收入与其参与村/居委会选举的比例呈现出 W 型变化的趋势。具体来看,年收入在 1.5 万元及以下的女性参与村/居委会选举的比例为 28.57%,随着年收入增加到 3万,这一比例下降 10% 左右,而后年收入在 3 万~5 万的女性群体参与选举的比例又上升到最高点,比例为 34.51%,之后这一比例随着年收入的增加呈现出下降趋势,当年收入在 20 万~25 万时,这一比例降为 0%,再后来随着年收入增加到 25 万及以上,参与比例上升到 18.75%(图 3-23)。

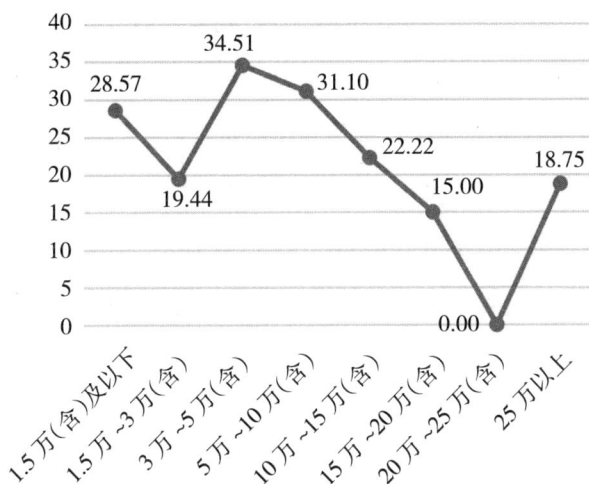

图 3-23　年收入与村/居委会选举(%)

从年收入与业委会选举的角度看,年收入在 10 万~15 万的女性参与业委会选举的比例最高,接近三成(28.38%);年收入在 25 万以上的女性参与选举的比例次之,为 25%;而年收入在 20 万~25 万的女性参与业委会选举的比例最低。其余年收入比例为:1.5 万及以下(14.81%)、1.5 万~3 万(8.33%)、3 万~5 万(21.62%)、5 万~10 万(17.39%)、15 万~20 万(10%)(图 3-24)。

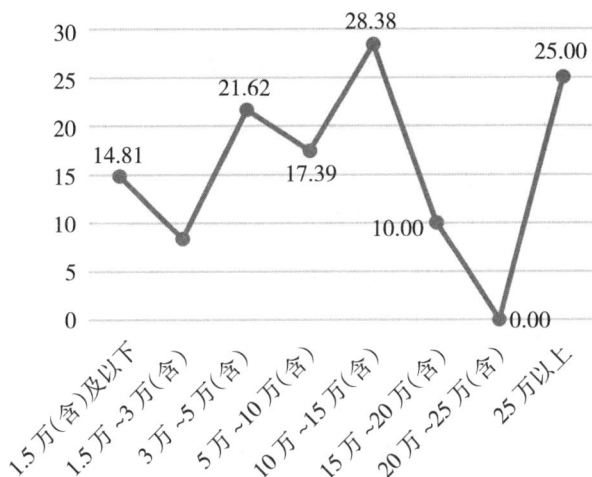

图 3-24　年收入与业委会选举(%)

从年收入与职工代表大会的角度来看,随着年收入的上升,女性参与职工代表大会的比例也由 21.43% 上升到 35% 左右。而后随着年收入的增加出现平缓的下降,当年收入达到 15 万~20 万元之后,女性参与职工代表大会的比例开始明显下降到 10%。之后,随着年收入增加到 25 万以上,其参与职工代表大会的比例显著上升到最高点 43.75%(图 3-25)。结果说明,年收入对女性群体参与职工代表大会的行为有着重要影响,随着年收入的增加,其参与职工代表大会的比例呈现出先升后降再升的趋势。

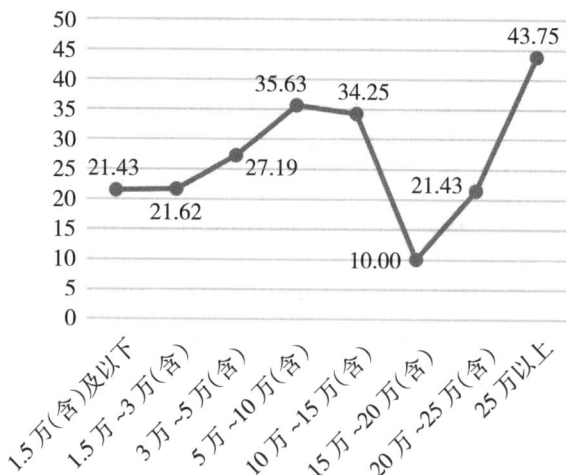

图 3-25　年收入与职工代表大会(%)

(七)婚姻状态与各项制度性政治参与行为

从婚姻状态与人大代表选举来看,不同的婚姻状态对其参与人大代表选举行为存在明显影响。具体来看,婚姻状态为已婚、丧偶、未婚的女性,其参与人大代表选举的比例平均都在二成左右;其中,已婚女性参与人大代表选举的比例最高,为 23.15%。此外,婚姻状态为离异的女性,其参与人大代表选举的比例最低,为 0%。这项结果表明,婚姻状态对女性参与人大代表选举行为有很大影响,当女性已婚时,其参与程度略高于未婚、丧偶的女性(图

3-26）。

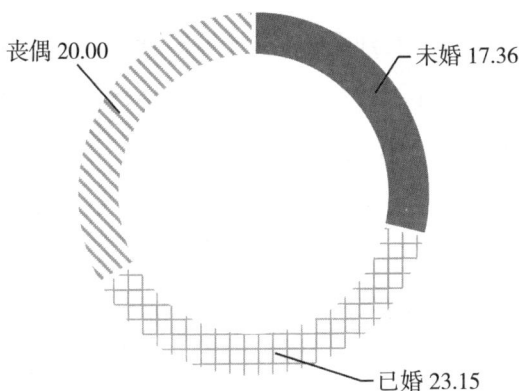

图 3-26　婚姻状态与人大代表选举(%)

　　从婚姻状态与村/居委会选举来看,婚姻状态为丧偶的女性,其参与村/居委会选举的比例最高,为40%左右;已婚女性参与村/居委会选举的比例次之,为31.71%;未婚女性参与选举的比例再次之,为19.83%。婚姻状态为离异的女性,其参与村/居委会选举的比例最低,不到一成,仅有7.14%。这项结果表明,婚姻状态对村/居委会选举行为有着一定程度的影响,当来沪务工女性处于一种相对稳定的婚姻状态时,其参与村/居委会选举的程度也往往相应上升(图3-27)。

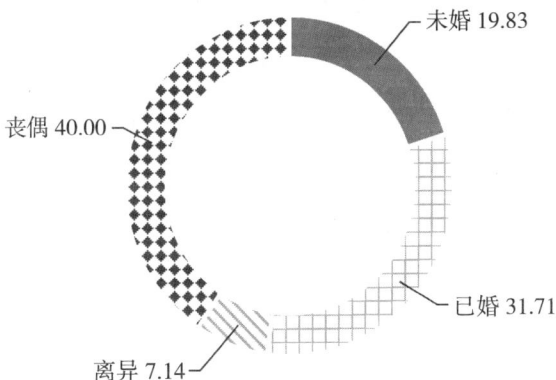

图 3-27　婚姻状态与村/居委会选举(%)

从婚姻状态与业委会选举来看,当女性婚姻状态为已婚时,其参与业委会选举的比例最高,为 23.69%;婚姻状态为丧偶的次之,为 20.00%;未婚女性参与业委会选举的比例最低,尚不足 10%。这项结果表明,婚姻状态对业委会选举行为有很大影响,当女性处于一种相对稳定的婚姻关系中时,其参与业委会选举的意愿也会增加(图 3-28)。

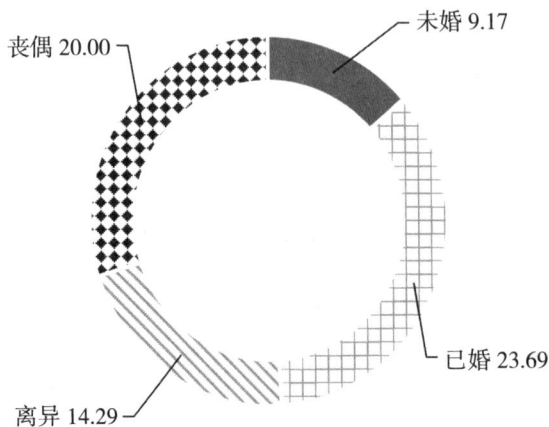

图 3-28　婚姻状态与业委会选举(%)

从婚姻状态与职工代表大会来看,婚姻状态为丧偶的女性,其参与职工代表大会的比例最高,为 66.67%,比已婚女性参与职工代表大会的比例(36.2%)高了三成。未婚女性参与职工代表大会的比例为 15.57%,离异女性参与职工代表大会的比例为 0%(图 3-29)。

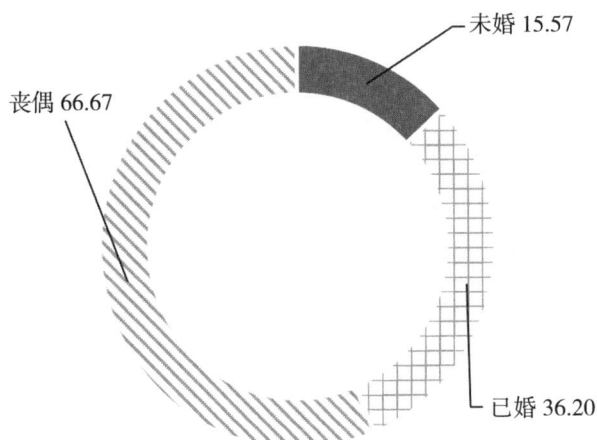

图 3-29　婚姻状态与职工代表大会(%)

二、非制度性政治参与行为

　　课题组对来沪务工女性的非制度性政治参与行为的调查集中于其合法权益受到侵害时所采取的维权行为,具体包括找政府部门、找法院、找妇联、找工会、私下解决、找共青团、找新闻媒体、游行示威等 11 项内容。课题组对调查样本在各种维权行为中的分布比例呈现如下(图 3-30)。

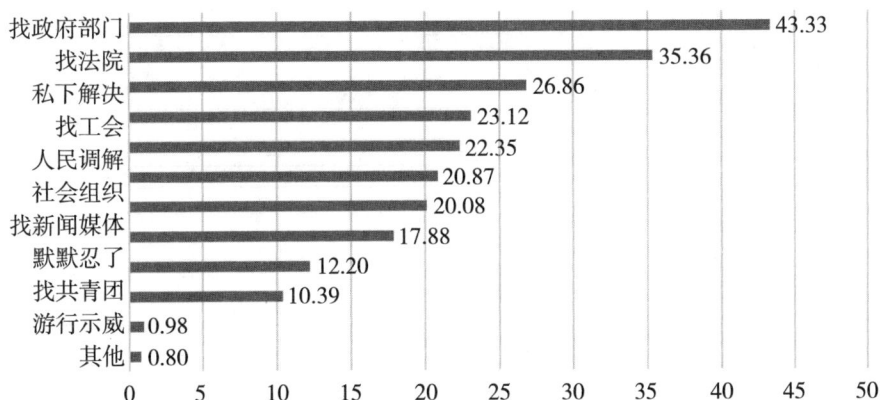

图 3-30　非制度性政治参与行为基本情况(%)

调查结果呈现以下五个特点：第一，当来沪务工女性的合法权益受到侵犯时，首先选择的维权途径通常是寻求政府部门的帮助，占比超过四成（43.33%），这说明来沪务工女性对政府部门的认同和信任程度普遍较高。第二，寻求法院的帮助成为来沪务工女性维权的第二优选的渠道，占比超过三成（35.36%），说明调查样本群体中的来沪务工女性具备一定的法律常识，依法维权的意识较强。第三，寻求妇联、工会、人民调解、社会组织等渠道维护自身合法权益也成为来沪务工女性维权的重要渠道，占比均在二成以上。这说明，群团组织在来沪务工女性中仍然具有很大的影响力。第四，通过私下解决这一途径来维护自身合法权益的比例也在二成左右（23.12%），同时，通过新闻媒体进行维权的比例也将近二成（17.88%），这种通过非正式渠道进行维权的行为也值得高度关注。第五，当自身合法权益受到侵犯时，选择默默忍受的占比较低，在一成左右（12.20%），选择游行示威途径维权的极低，仅有0.98%（图3-30）。这说明，整体上来沪务工女性的维权意识较高，很少选择忍气吞声、逆来顺受，而且维权途径很少选择极端途径，维权行为较为理性。接下来，课题组将通过描述性分析展示来沪务工女性的人口学特征与其非制度性政治参与行为的联系。

（一）年龄段与各项非制度性政治参与行为

从年龄段与"默默忍了"这一行为来看，整体上各年龄段的忍受行为较低，不到二成，且呈现出V型分布状态，即忍受行为呈现出先下降后上升的状态。具体来看，年龄在16~20岁的女性，对侵权行为默默忍受的占比最高，但也仅有16.67%，此后，随着年龄的增长，对侵权行为默默忍受的比例显著下降，年龄段在31~40岁的女性，对侵权行为选择默默忍受的比例最低，仅为8.63%。此后随着年龄的上升，选择对侵权行为默默忍受的比例又逐渐上升到15.79%（图3-31）。

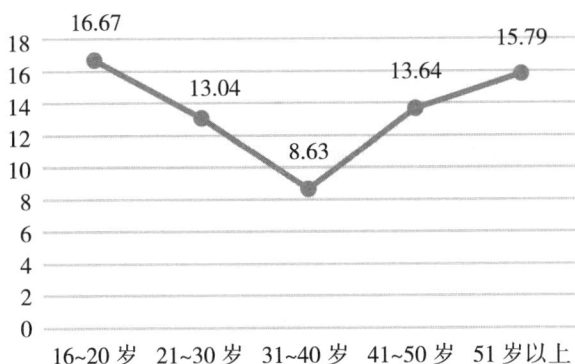

图 3-31　年龄段与"默默忍了"(%)

从年龄段与"私下解决"这一行为来看,16~20 岁的女性群体中选择私下解决这一行为的比例为 18.18%,年龄在 21~30 岁的女性选择私下解决的行为占比最高,将近三成,为 27.75%。之后,随着年龄的增加,女性群体选择私下解决的占比逐渐降低(图 3-32)。整体上而言,女性年龄越大,她们越不愿意选择通过私下解决这一方式来维护自己的合法权益。

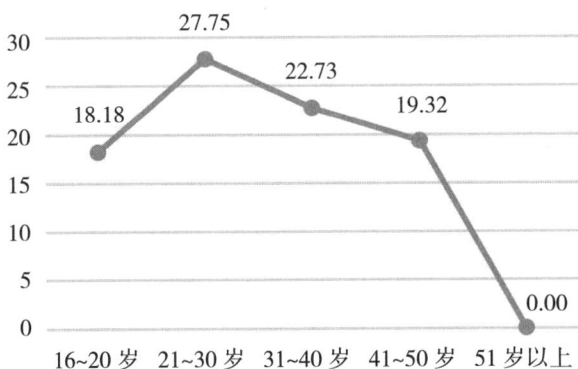

图 3-32　年龄段与"私下解决"(%)

从年龄段与"找社会组织"的行为来看,整体而言,来沪务工女性通过社会组织来维护自己合法权益的比例均在两成左右。具体来看,16~20 岁的女性通过社会组织维权的比例最低,为 16.67%,通过社会组织维权占比最高的为 31~40 岁的女性群体(图 3-33)。调研结果在某种程度上表明,随着年龄的增加,女性群体通过社会组织维权的意愿也会有所提升(图3-33)。

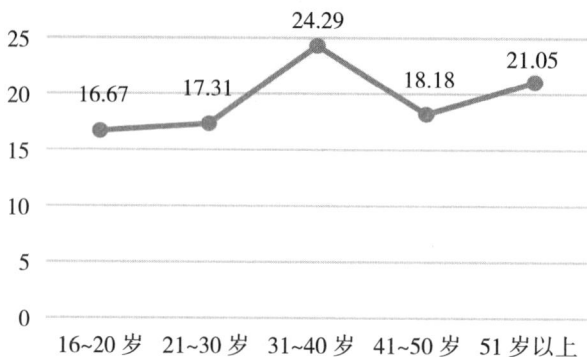

图 3-33　年龄段与"找社会组织"(%)

从年龄段与"找法院"的行为来看,50岁以上的女性通过法院维权的比例最高,超过四成,为42.11%;31~40岁的女性占比次之,为40.68%。21~30岁的女性通过法院维权的比例最低,为10.97%。调研结果整体上表明,随着年龄的增加,女性群体寻求法院途径进行维权的意愿也在波动上升(图3-34)。

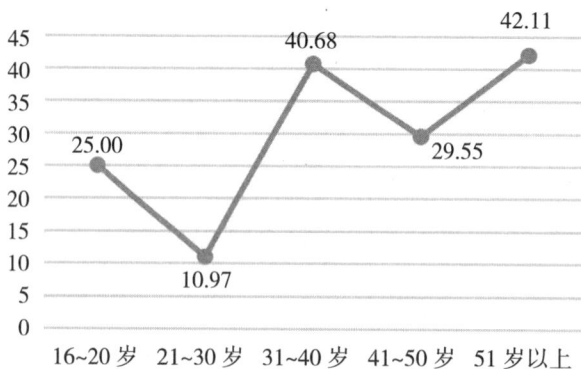

图 3-34　年龄段与"找法院"(%)

从年龄段与"找妇联"的行为来看,50岁以上的女性通过找妇联来维护其合法权益的占比最高,超过四成,为42.11%;年龄在31~40岁的女性通过妇联来维护其合法权益的占比次之,为30.34%。年龄在41~50岁的女性通过妇联来维护其合法权益的意愿最低,占比为20.45%。调研结果表明,整体上来说,来沪务工女性通过妇联寻求权益维护的意愿在年龄分布上差异不是特别大,基本在二至三成,这说明妇联成为女性群体普遍关注的维权渠道(图3-35)。

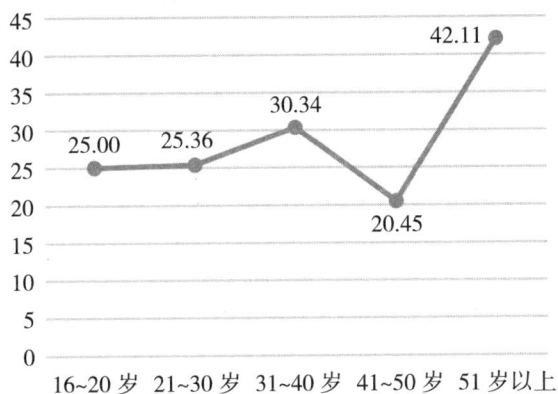

图 3-35 年龄段与"找妇联"(%)

从年龄段与"找工会"的行为来看,51岁以上的女性群体通过工会维权的占比为15.79%,除此之外,年龄在16~50岁的女性群体中,随着年龄的增加,其寻求工会维权的意愿占比也缓慢提升,其中41~50岁的女性群体通过工会维权的比例最高,为26.14%,16~20岁的女性群体通过工会维权的比例最低,不到一成,为8.33%(图3-36)。

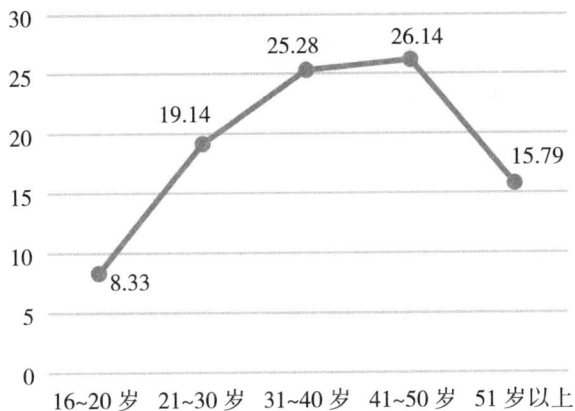

图 3-36 年龄段与"找工会"(%)

从年龄段与"找共青团"的行为来看,整体上,各个年龄段的女性通过共青团来维权的占比均较低,不足一成。具体来看,年龄在 16~20 岁、31~40 岁、41~50 岁的女性群体通过共青团维权的比例较高,在 8%左右;年龄在 21~30 岁和 51 岁以上的女性通过共青团来维护自身合法权益的比例最低,分别为 1.71%、0.00%。调研结果表明,共青团对于女性群体维护自身合法权益的途径并没有被充分利用(图 3-37)。

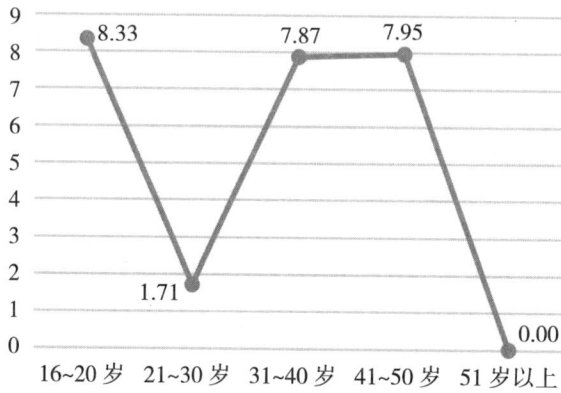

图 3-37 年龄段与"找共青团"(%)

从年龄段与"找政府"的行为来看,女性群体通过寻求政府的帮助来维护自身合法权益的途径被女性群体广泛采用,其参与比例基本上在四成左右。具体来看,51 岁以上的女性群体通过诉诸政府来维护权益的意愿最高,占比超过五成,为 52.63%;31~40 岁的女性群体占比次之,为 50.56%;年龄在 21~30 岁的女性群体诉诸政府渠道来维护自身权益的意愿最低,但也接近四成,为 37.32%(图 3-38)。

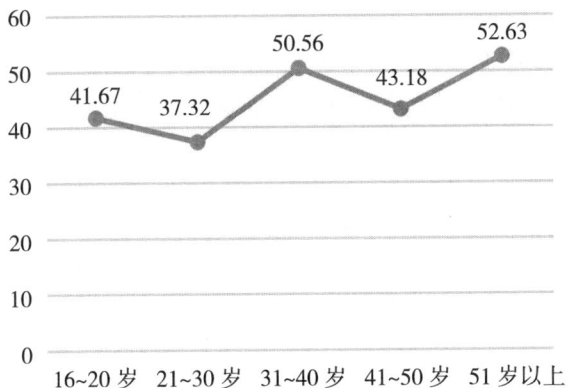

图 3-38　年龄段与"找政府"（%）

从年龄段与找新闻媒体的行为来看，随着年龄的增加，女性群体通过新闻媒体维权的意愿呈现先上升后缓慢下降的趋势，整体上女性群体通过新闻媒体维权的意愿较低。具体来看，年龄在 21~30 岁的女性通过新闻媒体维权的意愿最高，达到两成左右，为 20.57%；之后随着年龄的增加，女性群体通过新闻媒体维权的意愿逐渐降低，年龄在 51 岁以上的女性群体的意愿最低，仅为 10.53%（图 3-39）。调研结果说明，年龄是影响来沪务工女性群体通过新闻媒体维护自身合法权益的重要因素。

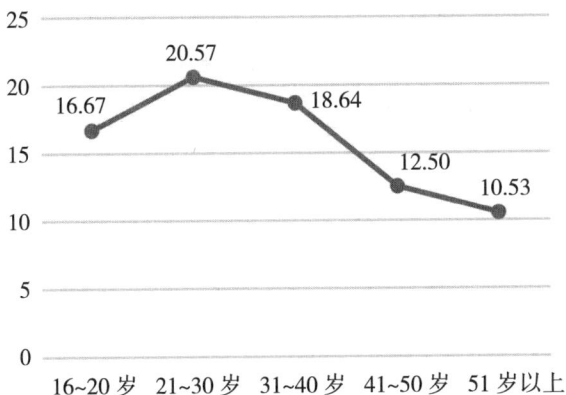

图 3-39　年龄段与"新闻媒体"（%）

从年龄段与"人民调解"的行为来看,随着年龄的增加,女性群体通过人民调解维护自身合法权益的意愿呈现出先缓慢上升后缓慢下降的趋势。具体来看,16~20岁的女性通过人民调解维护自身合法权益的比例为8.33%,之后随着年龄增加,这一占比在31~40岁女性群体中上升到最高点,为24.86%。之后随着年龄的增加,这一比例在51岁以上的女性群体中下降到最低点,为11.11%(图3-40)。

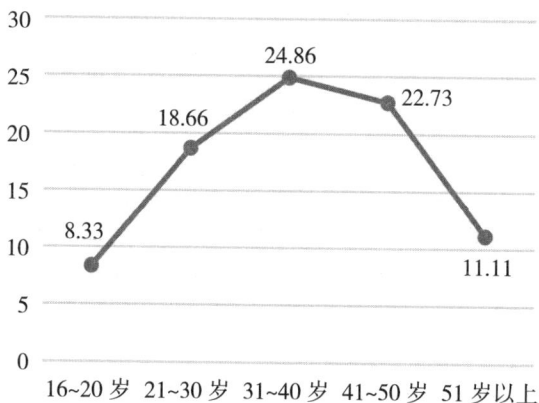

图3-40　年龄段与"人民调解"(%)

从年龄段与"游行示威"的行为来看,整体上来沪务工女性通过游行示威这一方式维权的意愿很低,在16~20岁的青年群体中,其游行示威意愿也不到一成,仅为8.33%。调研结果说明,来沪务工女性群体在维权意识层面较为理性,极少人愿意采用游行示威这种方式进行暴力维权(图3-41)。

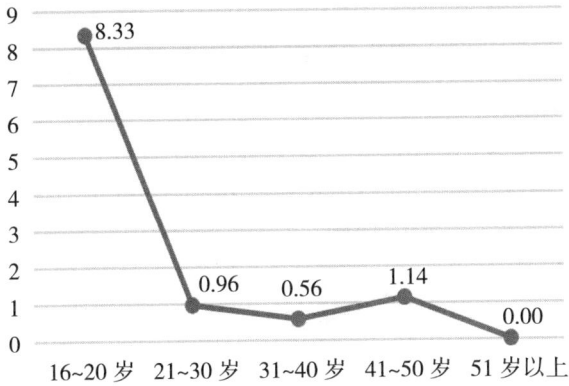

图 3-41 年龄段与"游行示威"(%)

从年龄段与游行示威的行为来看，可以看出来沪务工女性群体除了上述所分析的各种维权的途径来看，通过其他不便分类的途径渠道进行维权的意愿极低，不到 1.5%（图 3-42）。

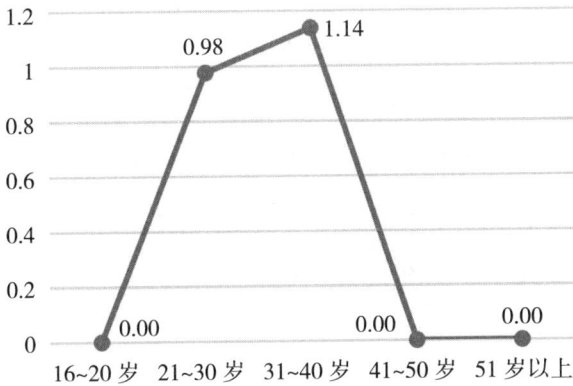

图 3-42 年龄段与"其他"(%)

(二)政治面貌与各项非制度性政治参与行为

从政治面貌与"默默忍了"的行为来看,可以发现民主党派人士在个人合法权益受到侵犯时选择默默忍受行为的意愿最高,占比达到六成;而中共党员在个人权益受到侵犯时选择默默忍受意愿的占比最低，仅有9.62%，但是这一占比和共青团员与群众选择默默忍受侵权行为的占比差异不大（图3-43）。

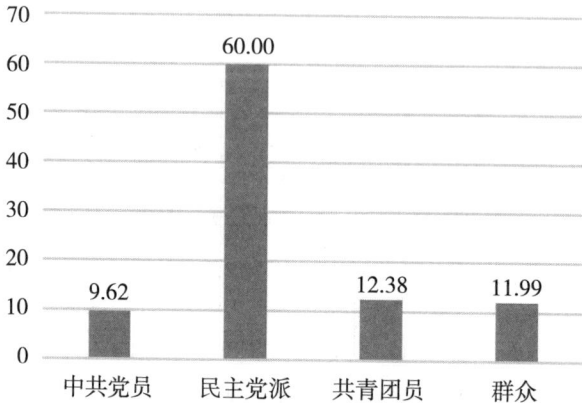

图3-43 政治面貌与"默默忍了"（%）

从政治面貌与"私下解决"的行为来看，民主党派女性群体在自己的合法权益受到侵犯时最愿意选择私下解决，占比高达七成，为75%；中共党员女性群体选择私下解决的意愿最低，为19.23%。政治面貌为共青团员和群众的女性群体选择私下解决的占比为23%左右，略高于政治面貌为中共党员的女性群体。数据说明，不同的政治面貌对来沪务工女性通过"私下解决"这一途径维权的行为有较大影响（图3-44）。

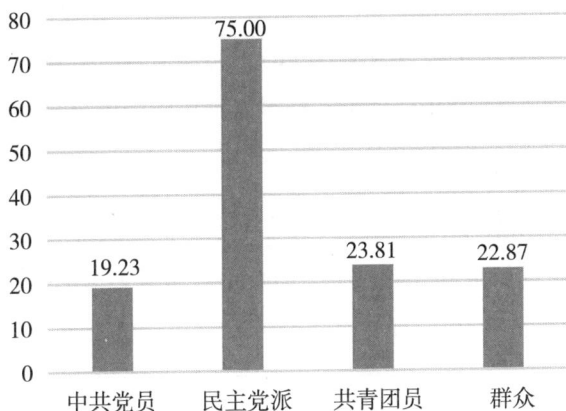

图3-44 政治面貌与"私下解决"(%)

从政治面貌与"社会组织"的行为来看,可以发现政治面貌为中共党员的女性群体通过社会组织维权的意愿最高,超过二成,为26.92%;共青团员通过社会组织维权的意愿次之,为25.71%;民主党派女性通过社会组织维权的意愿也在二成;而群众通过社会组织维权的意愿最低,不到二成,仅有17.25%。调研结果表明,不同的政治面貌是影响来沪务工女性通过社会组织维权的重要因素,相较于群众,中共党员、民主党派、共青团这三类群体更愿意通过社会组织来维护自身合法权益(图3-45)。

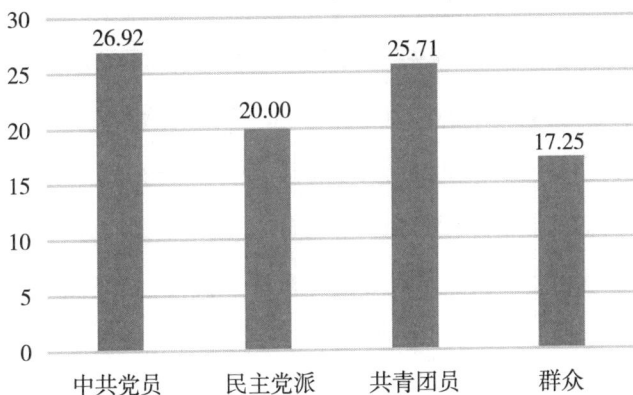

图3-45 政治面貌与"社会组织"(%)

从政治面貌与"找法院"的行为来看,可以发现政治面貌为共青团员、和民主党派的女性在维护自身合法权益时更愿意通过法院来寻求帮助, 占比高达四成,分别为40.95%、40.00%;群众通过找法院来维护自身合法权益的占比略低,为35.28%。值得注意的是,中共党员女性群体通过找法院来维护自身合法权益的意愿最低,仅为25.00%。可能的解释是,相较于其他政治面貌的群体,中共党员更愿意通过工会和政府等渠道来维护自身权益,因为她们更有机会接触这些部门(图3–46)。

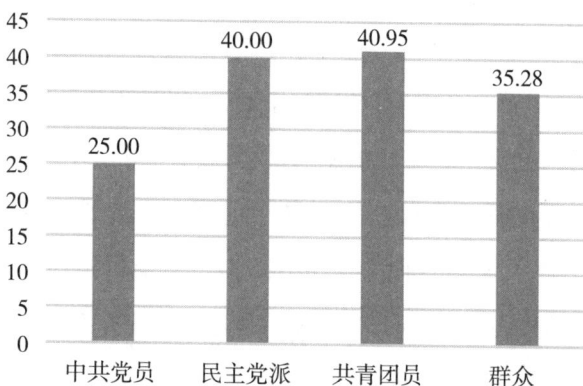

图3–46　政治面貌与"找法院"(%)

从政治面貌与"找妇联"的行为来看,政治面貌为中共党员的女性最愿意通过妇联来寻求自身合法权益的维护,比例达到34.62%;共青团员通过妇联来维护自身合法权益的意愿次之,为28.57%。群众通过妇联来维护自身合法权益的比例也不低,为25.58%。值得注意的是,民主党派人士通过妇联来维护自身合法权益的意愿最低,占比为0%。正如前文所分析的,这可能跟她们更愿意通过私下协商和法院等途径来维护自身合法权益的意愿有关(图3–47)。

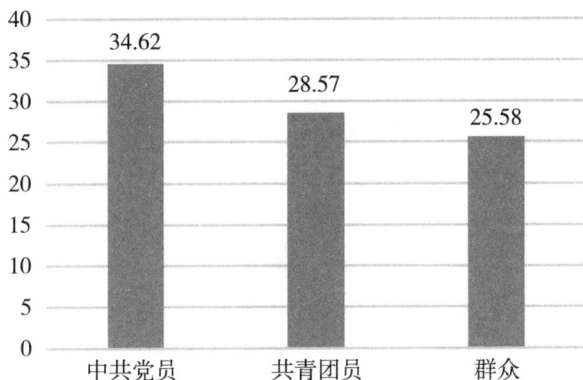

图 3-47　政治面貌与"找妇联"（%）

从政治面貌与"找工会"的行为来看,政治面貌为中共党员的女性通过工会来维护自身合法权益的意愿最高,接近三成,为 28.85%;群众和共青团员通过工会来维护自身合法权益的比例也占二成左右,分别为 22.97%、19.05%。而民主党派人士通过工会寻求合法权益维护的意愿最低,比例为0%(图 3-48)。

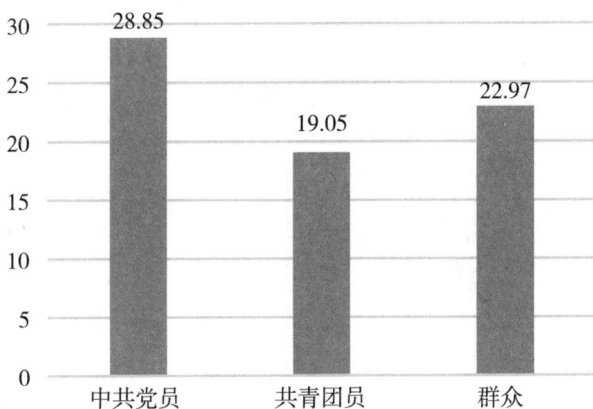

图 3-48　政治面貌与"找工会"（%）

从政治面貌与"找共青团"的行为来看,政治面貌为共青团员的女性通过寻找共青团来维护自身合法权益的意愿最高,占比为 15.24%;政治面貌为中共党员和群众的女性通过寻找共青团来维护自身合法权益的意愿较低,为 9%~10%之间;民主党派人士通过共青团来维护自身合法权益的意愿最低,占比为 0%。调研数据说明,来沪务工女性整体上通过共青团来维护自身合法权益的意愿较低(图 3-49)。

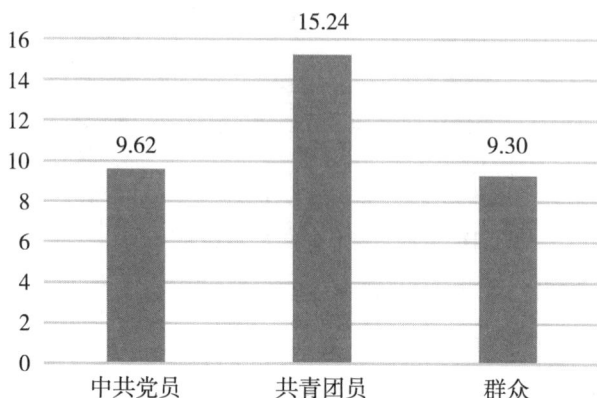

图 3-49 政治面貌与"找共青团"(%)

从政治面貌与"政府部门"的行为来看,政治面貌为民主党派的女性通过政府部门来维护自身合法权益的意愿最低,为二成;除此之外,政治面貌为中共党员、共青团员、群众的女性通过政府部门来维护自身合法权益的意愿均超过四成,其中中共党员女性通过政府部门来维护自身合法权益的意愿最高,占比高达 46.15%(图 3-50)。

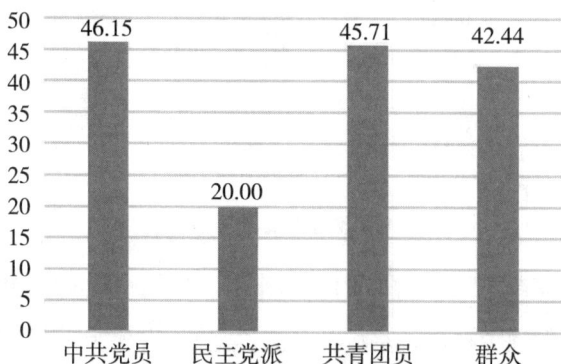

图 3-50 政治面貌与"政府部门"(%)

从政治面貌与"新闻媒体"的行为来看,政治面貌为民主党派的女性通过新闻媒体来维护自身合法权益的意愿最高,占比高达四成;除此之外,政治面貌为中共党员、共青团员、群众的女性通过新闻媒体这一渠道来维护自身合法权益的意愿较低,均在二成左右,其中政治面貌为群众的女性通过新闻媒体来维护自身合法权益的意愿最低,仅为16.57%。调研数据说明,不同政治面貌的女性对诉诸新闻媒体来维护自身合法权益的意愿存在显著差异,整体来看民主党派女性更愿意通过这一渠道来维护自身合法权益(图3-51)。

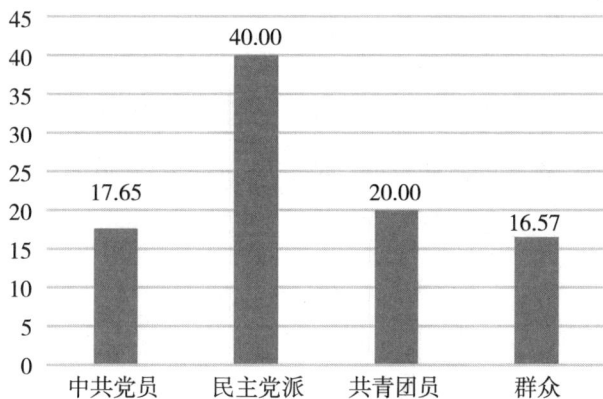

图 3-51　政治面貌与"新闻媒体"(%)

从政治面貌与"人民调解"的行为来看,整体而言,不同的政治面貌对来沪务工的女性群体采取人民调解这一途径来维护自身合法权益的意愿差异不是特别明显,占比均在二成左右。其中,共青团员通过人民调解来维护自身合法权益的意愿最高,为25.71%,群众通过人民调解这一渠道来维护自身合法权益的意愿最低,为19.30%(图3-52)。

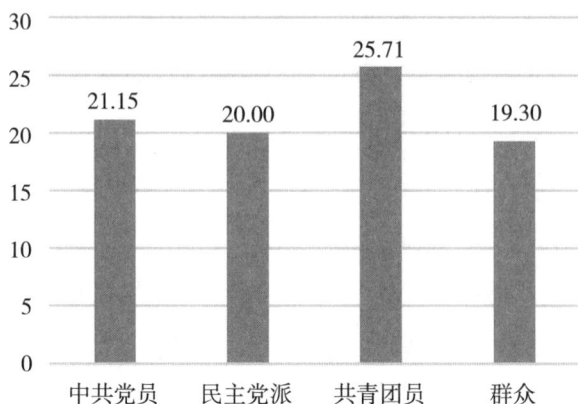

图 3-52　政治面貌与"人民调解"(%)

从政治面貌与"游行示威"的行为来看,整体来看,来沪务工女性通过游行示威这一途径维权的意愿极低,不到 2%,且中共党员和民主党派人士采取这一途径的意愿为 0%(图 3-53)。

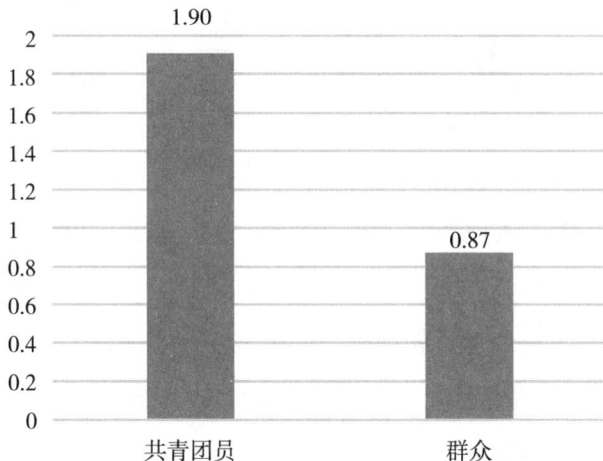

图 3-53　政治面貌与"游行示威"(%)

从政治面貌与"其他"的行为来看,整体来看,来沪务工女性除了采用上文所述的几种维权途径之外,选择其他难以分类的维权途径的意愿极低,不到 2%。数据说明,既有的维权途径能够较好地满足来沪务工女性的维权需求(图 3-54)。

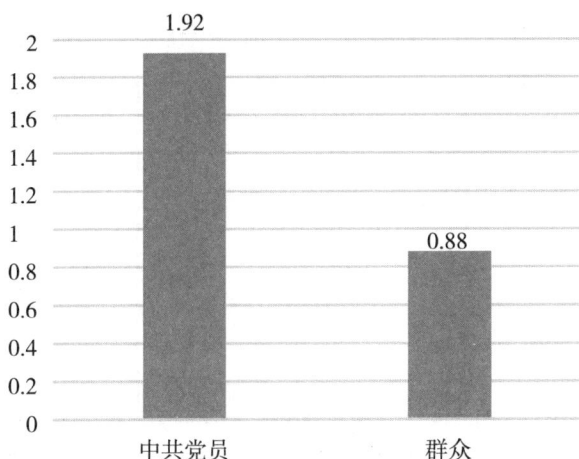

图 3-54　政治面貌与"其他"(%)

(三)受教育程度与各项非制度性政治参与行为

从受教育程度与"默默忍了"的行为来看,整体上而言,随着受教育程度的提高,来沪务工女性选择默默忍了的意愿呈现出先升后降的趋势,但是占比较低,均在一成左右。具体来看,未接受过正式教育的女性对侵权行为默默忍了的意愿最低,为 0%;受教育程度为大学本科的女性对自身合法权益受到侵犯时选择默默忍了的比例最高,为 16.04%。随着受教育程度的提高,研究生群体对侵权行为默默忍了的意愿降低到 12.50%(图 3-55)。

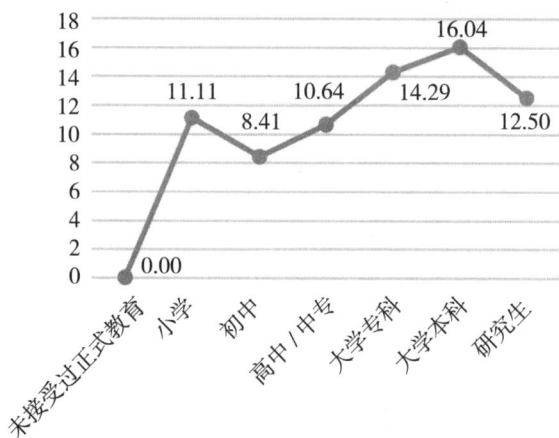

图 3-55 受教育程度与"默默忍了"(%)

从受教育程度与"私下解决"的行为来看,可以发现随着受教育程度的提高,女性群体通过私下解决来维权的意愿呈现出先下降后上升的趋势。具体来看,除了受教育程度为小学和初中阶段的女性通过私下解决来维护自身合法权益的意愿较低外,分别为 16.67%、17.59%,其他受教育阶段的女性通过私下解决来维权的意愿占比均在二成左右,其中最高点出现在高中/中专阶段,其采用私下解决途径来维护自身合法权益的意愿为 25.9%(图3-56)。

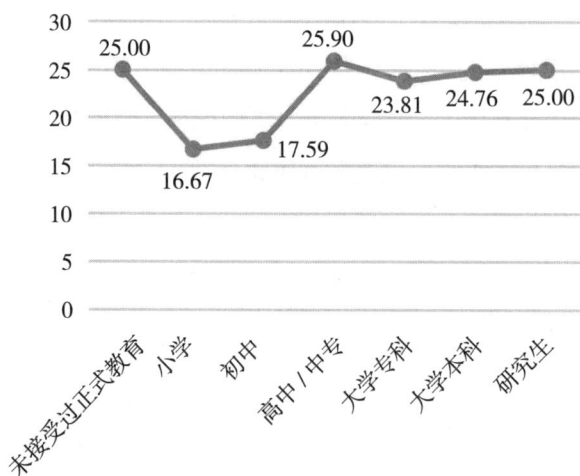

图 3-56 受教育程度与"私下解决"(%)

从受教育程度与"找社会组织"的行为来看,整体上随着受教育水平的提升,来沪务工女性通过社会组织来维护自身合法权益的意愿呈现出先升后降的趋势。具体来看,未接受过正式教育到初中教育的女性通过社会组织来维护自身合法权益的意愿逐渐提升,在接受过大学本科教育的女性群体中,这一意愿达到最高点,超过两成,为24.53%;之后,随着受教育水平的提升,通过社会组织来维护自身合法权益的意愿略有下降,在研究生群体中,这一意愿降低到16.67%(图3-57)。

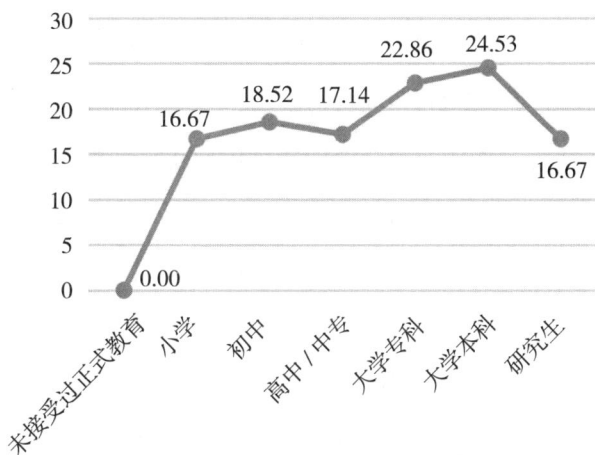

图3-57　受教育程度与"找社会组织"(%)

从受教育程度与"找法院"的行为来看,整体来看,随着受教育水平的提升,来沪务工女性通过诉诸法院来维护自身合法权益的意愿呈现出先升后降的趋势。具体来看,未接受过正式教育的女性通过找法院来维护自身合法权益的意愿最低,为0%;随着受教育水平的逐渐提升,找法院来维护自身合法权益的意愿占比从小学阶段的27.78%,逐渐提升到大学专科阶段的42.86%;之后随着受教育水平的继续提升,这一意愿逐渐降低,在大学本科阶段降低到37.74%,在研究生阶段进一步降低到33.33%(图3-58)。

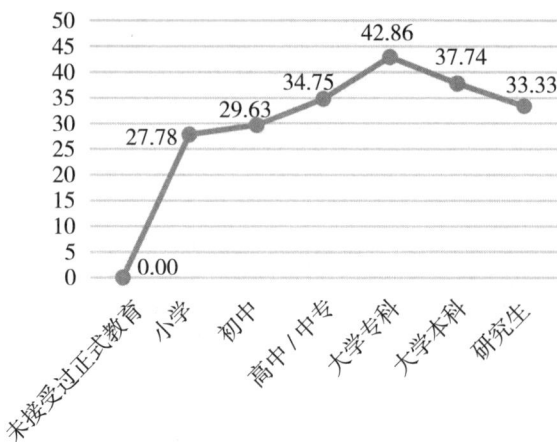

图 3-58 受教育程度与"找法院"(%)

从受教育程度与"找妇联"的行为来看,整体上呈现出先升后降的趋势。具体来看,未接受过正式教育的女性通过找妇联来维护自身合法权益的意愿意外地达到 25%,仅仅比最高点低了约 10%。受教育程度为小学的女性群体通过找妇联来维护自身合法权益的意愿最低,仅有 11.11%,随着受教育水平的提升,在大学专科阶段,这一占比达到最高点,超过三成,为 35.24%。之后,伴随受教育水平的继续提升,这一占比从大学本科的 24.53%下降到研究生的 20.83%,与最高点相比,下降了约 15%(图 3-59)。

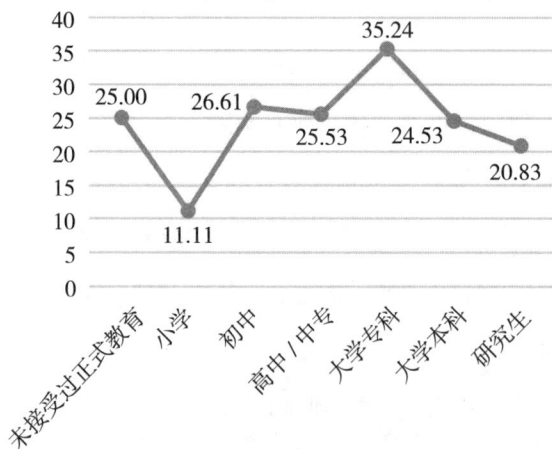

图 3-59 受教育程度与"找妇联"(%)

从受教育程度与"找工会"的行为来看,整体而言,未受过正式教育的女性通过找工会来维护自身合法权益的意愿最低。受教育程度为初中的女性通过工会来维护自身合法权益的意愿占比为 24.77%,达到最高水平;之后随着受教育程度的提升,来沪务工女性通过工会来维护自身合法权益的意愿占比略有降低,受教育程度为研究生的女性通过找工会来维护自身合法权益的意愿最低,为 20.83%。调研数据表明,初中文化程度之后,受教育程度在影响女性群体是否寻求工会来维护自身合法权益方面所发挥的作用有限(图 3-60)。

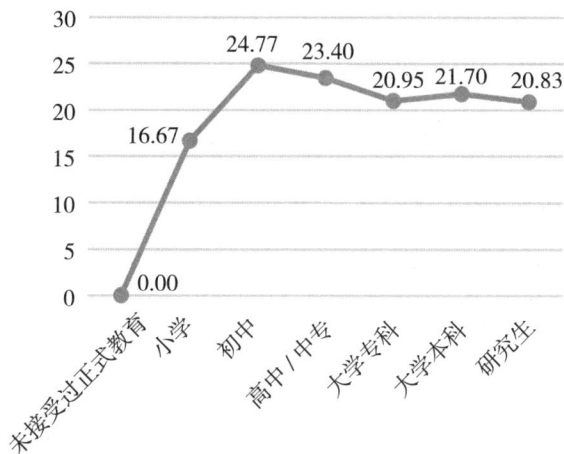

图 3-60　受教育程度与"找工会"(%)

从受教育程度与"找共青团"的行为来看,未接受过正式教育的女性群体通过共青团来维护自身合法权益的意愿最低,为 0%;受过小学至受过大学专科教育之间的女性通过共青团来维护自身合法权益的意愿整体上在一成左右,最高点出现在受教育程度为初中阶段的女性群体中,为 12.84%。之后随着受教育程度的提升,这一意愿占比从大学本科的 7.55% 下降到研究生的 4.17%,相比最高点下降了约 8 个百分点。调研数据说明,受教育程度在影响女性群体找共青团来维护自身合法权益方面所发挥的作用呈现波动式变化,当受教育程度达到大学本科以后,寻求通过共青团来维护自身合法权益的意愿开始迅速下降(图 3-61)。

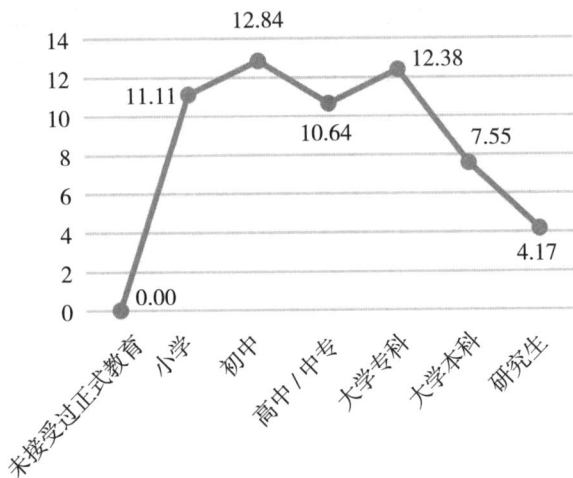

图 3-61　受教育程度与"找共青团"(%)

从受教育程度与"找政府部门"的行为来看,整体上来看,受教育程度与来沪务工女性通过政府部门来维护自身合法权益的意愿占比呈现出先降后缓慢上升再下降的趋势。具体来看,未接受过正式教育的女性通过政府部门来维护自身合法权益的意愿最高,占比达到五成;受教育程度为小学的女性通过政府部门来维护自身合法权益的意愿降低到三成左右,为33.33%;之后随着受教育程度的提升,这一意愿波动上升,在受教育程度为大学本科的女性群体中达到最大值,为48.11%;之后随着受教育程度的继续提升,这一意愿在受教育程度为研究生的女性群体中下降约10%,为37.5%(图3-62)。总体而言,不同受教育程度在影响来沪务工女性是否寻求政府部门帮助等方面所发挥的作用有限。

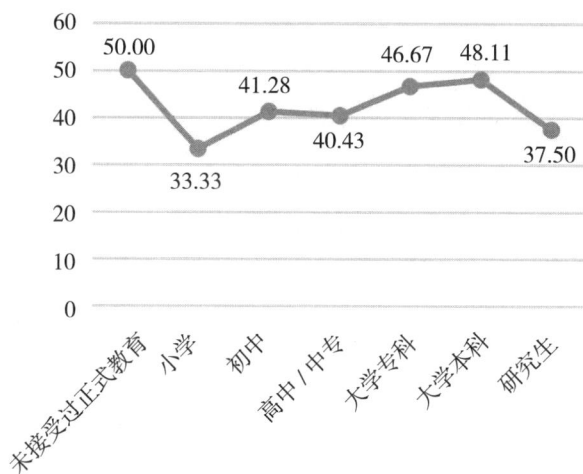

图 3-62　受教育程度与"找政府部门"(%)

　　从受教育程度与"找新闻媒体"的行为来看,整体而言,受教育程度与来沪务工女性通过新闻媒体来维护自身合法权益的意愿占比呈现同比上升的趋势。受教育程度为小学的女性通过新闻媒体来维护自身合法权益的意愿最低,占比为0%;之后随着受教育程度的提升,通过新闻媒体来维护自身合法权益的意愿呈现出波动上升的趋势,受教育程度为研究生的女性通过新闻媒体来维护自身合法权益的意愿最高,占比超过四成,达到41.67%,比受过大学本科教育的女性通过新闻媒体来维权的意愿占比高了近20%。调研数据说明,受教育程度是影响来沪务工女性通过新闻媒体来维护自身合法权益不可忽视的因素(图3-63)。

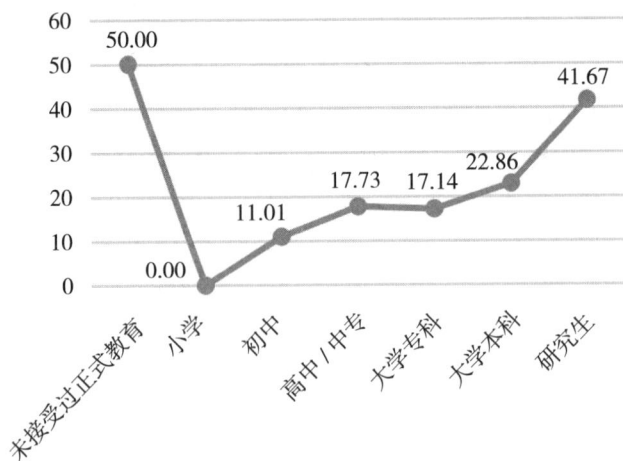

图 3-63　受教育程度与"找新闻媒体"(%)

　　从受教育程度与"人民调解"的行为来看,未接受过正式教育的女性通过人民调解这一渠道来维护自身合法权益的意愿最低,占比为0%;受教育程度为小学的女性通过人民调解来维护自身合法权益的意愿占比为17.65%,之后随着受教育水平的增加,这一意愿波动上升到最高点,为大学本科阶段的24.53%;之后随着受教育程度的继续提升,这一意愿占比下降约8%,为研究生阶段的16.67%。调研数据说明,相比于大学本科及以下受教育水平来说,受教育程度对女性群体通过人民调解来维护自身合法权益的驱动影响在研究生层面略有不同(图3-64)。

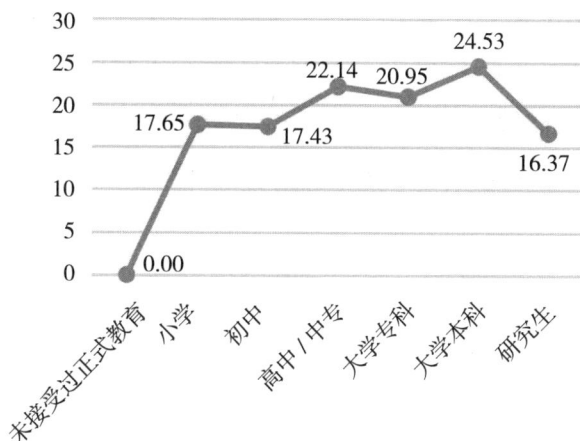

图 3-64 受教育程度与"人民调解"(%)

从受教育程度与"游行示威"的行为来看,整体上来看,来沪务工女性通过游行示威这一途径进行合法权益维护的意愿比较低。具体来看,受教育程度为初中的女性群体通过游行示威来维护自身合法权益的占比为最高,但也仅有 2.75%;其他受教育程度的女性通过游行示威来维护自身合法权益的意愿不足 1%(图 3-65)。

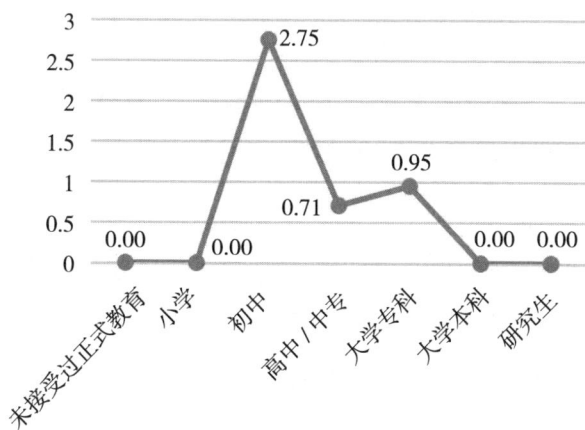

图 3-65 受教育程度与"游行示威"(%)

从受教育程度与"其他"的行为来看，整体上来看，受教育程度对来沪务工女性通过其他不便分类的方式来维护自身合法权益的影响方面不存在明显的关联。就受教育程度为高中／中专、大学专科、大学本科这三个受教育阶段来看，其通过其他方式来维权的意愿占比都极小（图 3-66）。

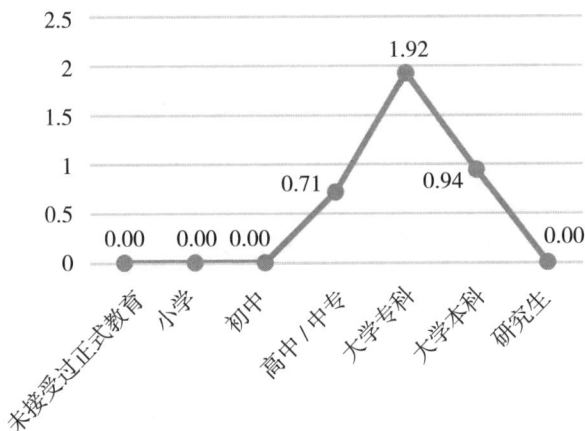

图 3-66　受教育程度与"其他"（％）

（四）所在行业与各项非制度性政治参与行为

从所在行业与"默默忍了"的行为来看，从事房地产业的女性当自己的合法权益受到侵犯时选择"默默忍了"的意愿占比最高，超过二成，为26.47%；从事互联网业的女性选择"默默忍了"的意愿次之，为 20.00%；从事咨询业和医疗业的女性选择"默默忍了"的意愿占比也在 15%左右；从事金融业和制造业这两个行业的女性选择"默默忍了"的意愿占比最低，不到一成，分别为5.88%、8%。调研数据说明了行业特征在一定程度上会影响到来沪务工女性在受到不公平对待时所采取的应对方式，相对于其他行业而言，房地产业、互联网、咨询和医疗业从业女性更倾向于以息事宁人的方式处理不公平对待等问题（图 3-67）。

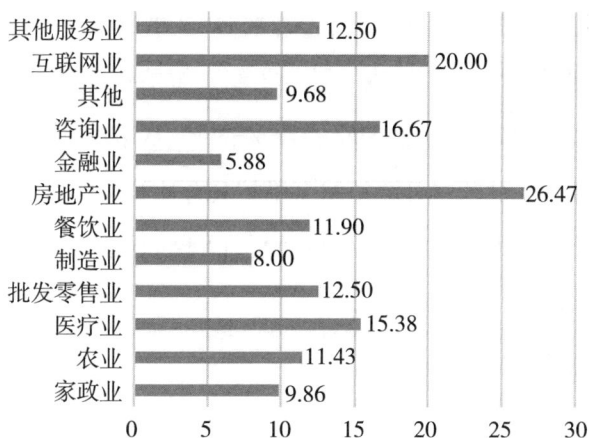

图 3-67　所在行业与"默默忍了"(%)

从所在行业与"私下解决"的行为来看,当自己合法权益受到侵犯时最愿意选择私下解决的四个行业依次为建筑业(50%)、医疗业(38.46%)、房地产(35.29%)和制造业(32%),占比均超过三成,且建筑业的占比远高于其他三个行业约 10%。当自己合法权益受到侵犯时最不愿意选择私下解决的四个行业依次为互联网业(10%)、家政业(15.28%)、农业(17.65%)、其他服务业(18.75%),其占比均低于 20%(图 3-68)。

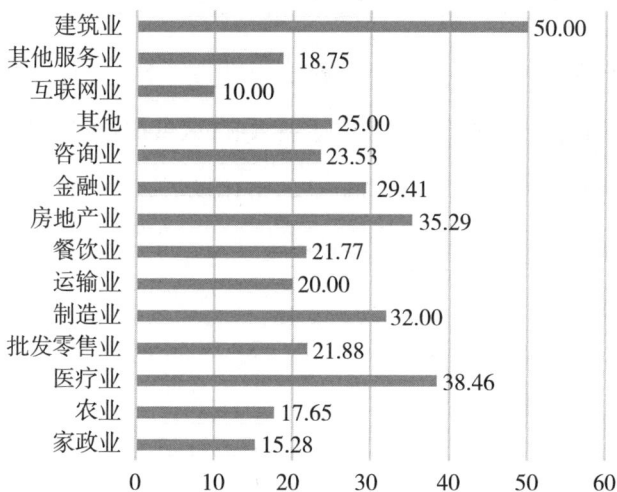

图 3-68　所在行业与"私下解决"(%)

从所在行业与"找社会组织"的行为来看,从事运输业、咨询业、其他服务业以及制造业的女性更愿意通过社会组织来维护自身合法权益,占比均在三成及以上,分别为40%、38.89%、37.5%、30%;从事房地产业、互联网业、金融业、餐饮业的女性通过社会组织来维护其合法权益的意愿整体较低,在一成左右,占比分别为8.82%、10%、11.76%、14.4%(图3-69)。

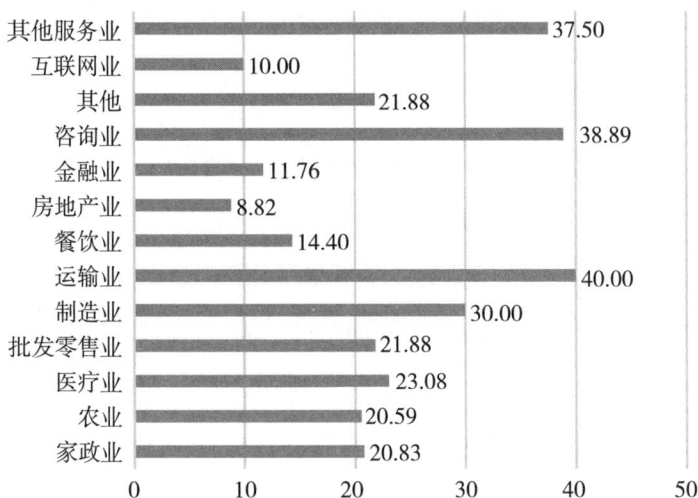

图3-69　所在行业与"找社会组织"(%)

从所在行业与"找法院"的行为来看,从事互联网业的女性通过法院来维护自身合法权益的意愿最高,占比达到六成;从事批发零售业的女性通过找法院来维护自己合法权益的意愿次之,占比接近五成,为48.44%;从事运输业、其他服务业的女性通过找法院来维护自身合法权益的意愿占比较低,在二成左右(图3-70)。

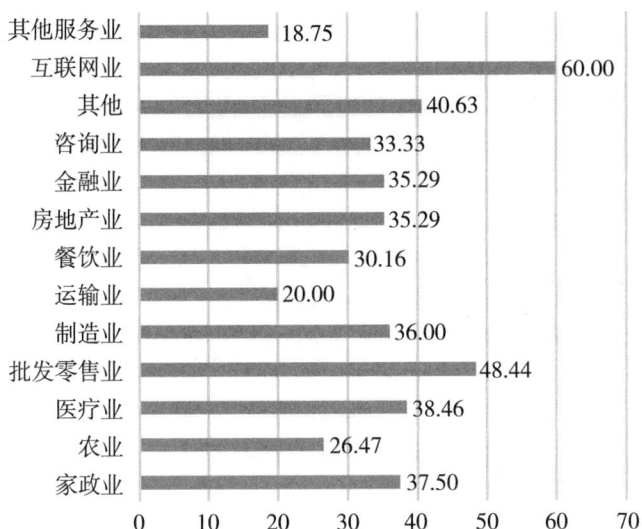

图 3-70　所在行业与"找法院"(%)

从所在行业与"找妇联"的行为来看,在社会组织中工作的女性通过找妇联来维护自身合法权益的意愿最高,占比高达五成;从事互联网业、运输业的女性通过找妇联来维护自身合法权益的意愿次之,占比均为四成;从事批发零售业、房地产业、餐饮业、咨询业、制造业的女性通过妇联来维护自身合法权益的意愿占比均高于二成。值得注意的是,从事农业的女性通过妇联来维护自身合法权益的意愿最低,占比为 14.71%。调研数据说明,妇联组织在农业领域和农村地区的影响力和认同度需要进一步提升(图 3-71)。

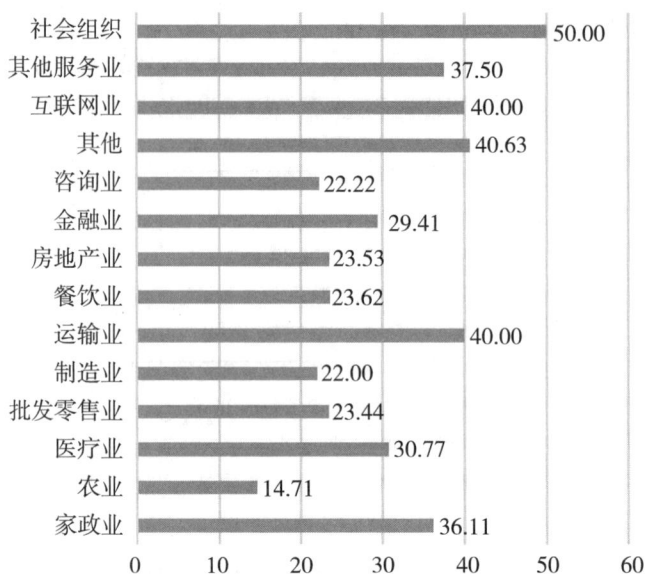

图 3-71　所在行业与"找妇联"（%）

从所在行业与"找工会"的行为来看，从事建筑业的女性通过找工会来维护自身合法权益的意愿最高，占比达到五成；从事金融业、运输业的女性通过找工会来维护自身合法权益的意愿次之，占比达到四成左右。值得注意的是，从事医疗业、房地产业的女性通过找工会来维护自身合法权益的意愿较低，占比不到一成（图 3-72）。

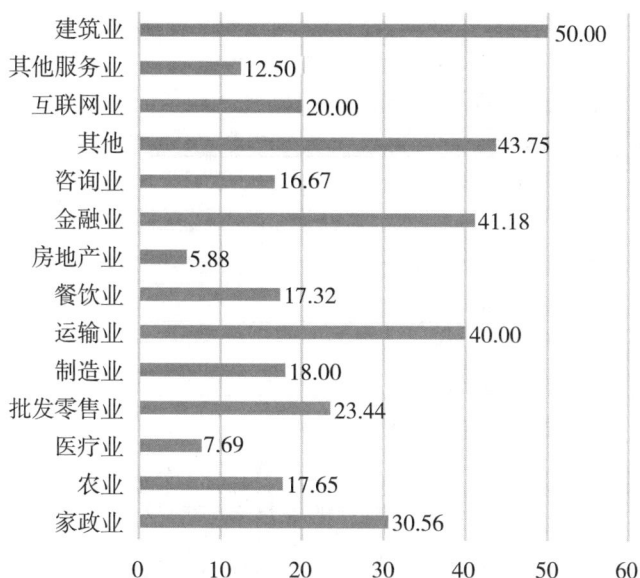

图 3-72　所在行业与"找工会"(％)

　　从所在行业与"找共青团"的行为来看,在社会组织工作的女性通过找共青团的途径来维护自身合法权益的意愿最高,占比高达五成;从事互联网业的女性通过找共青团的途径来维护自身合法权益的意愿相对次之。而从事餐饮业、其他服务业、批发零售业、房地产业的女性通过找共青团的途径来维护自身合法权益的意愿较低,占比不到一成。调研数据说明,除了从事社会组织工作、互联网业、家政业的女性外,从事其他行业的女性通过找共青团来维护自身合法权益的意愿相对较低(图 3-73)。

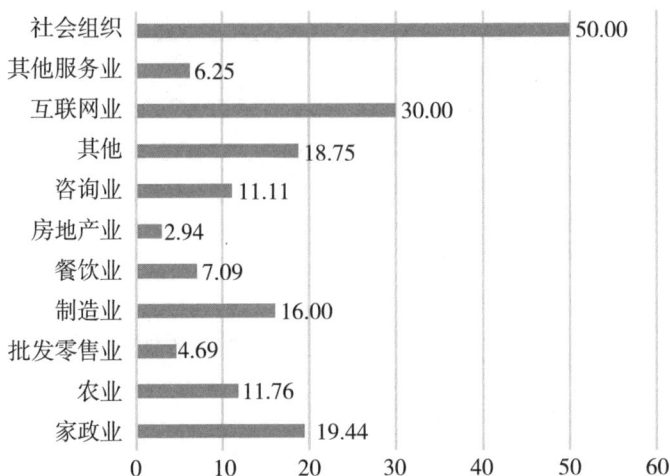

图 3-73 所在行业与"找共青团"（%）

从所在行业与"找政府部门"的行为来看，从事社会组织工作、建筑业的女性通过政府部门的途径来维护自身合法权益的意愿最高，占比高达100%；从事互联网业的占比次之，但也达到了90%；从事咨询业、批发零售业、农业、教育、家政业的女性通过政府部门的途径来维护自身合法权益的意愿也达到了五成左右。值得注意的是，从事运输业的女性通过政府部门的途径来维护自身合法权益的意愿最低，仅有二成。调研数据说明，除了运输业、房地产业、餐饮业等少数几个行业外，从事其他行业的女性通过找政府部门来维护自身合法权益的意愿相对较高，可见政府部门在来沪务工女性眼中，是较为主要的解决不公平对待等难题的途径（图 3-74）。

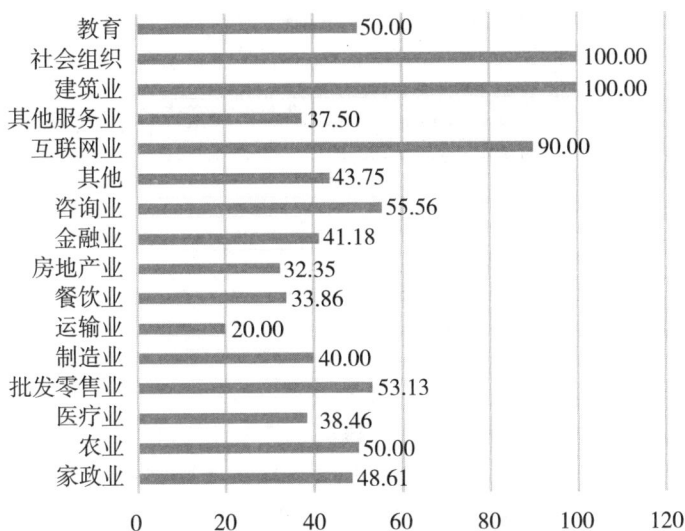

图 3-74　所在行业与"找政府部门"(%)

从所在行业与"找新闻媒体"的行为来看,从事教育行业的女性通过新闻媒体来维护自身合法权益的意愿最高,占比达到五成;从事互联网业的女性通过新闻媒体来维护自身合法权益的意愿次之,占比达到三成;从事餐饮业、金融业的女性通过新闻媒体来维护自身合法权益的意愿较低,仅占一成多。调研数据说明,除从事教育、互联网业的女性通过新闻媒体来维护自身合法权益的意愿较高外,从事其他行业的女性通过新闻媒体来维护自身合法权益的意愿差异不大,基本在二成左右,可以看出新闻媒体作为应对不公正对待的解决途径并没有在来沪务工女性群体中得到普遍认同(图 3-75)。

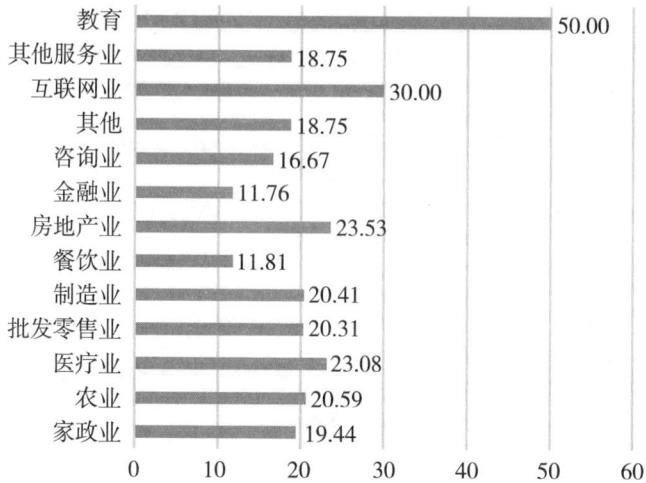

教育 50.00
其他服务业 18.75
互联网业 30.00
其他 18.75
咨询业 16.67
金融业 11.76
房地产业 23.53
餐饮业 11.81
制造业 20.41
批发零售业 20.31
医疗业 23.08
农业 20.59
家政业 19.44

图 3-75　所在行业与"找新闻媒体"(%)

从所在行业与"人民调解"的行为来看,从事咨询业、医疗业、互联网业的女性通过人民调解这一途径来维护自身合法权益的意愿最高, 在三成左右;从事金融业、批发零售业、其他服务业、房地产业的女性通过人民调解这一途径来维护自身合法权益的意愿相对较低,在一二成之间(图 3-76)。

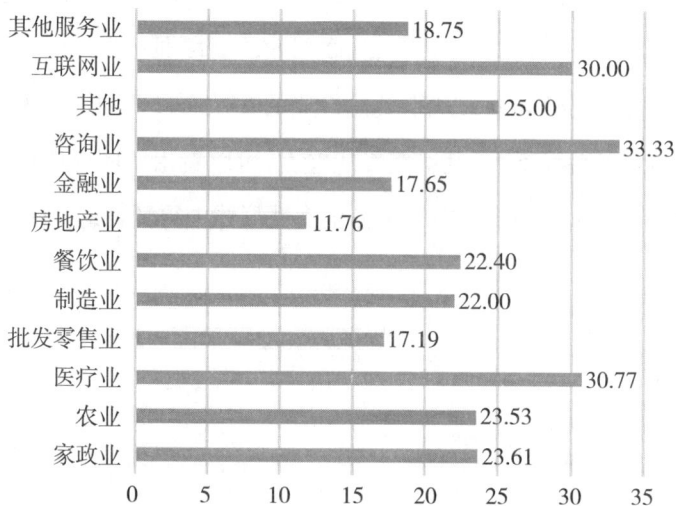

其他服务业 18.75
互联网业 30.00
其他 25.00
咨询业 33.33
金融业 17.65
房地产业 11.76
餐饮业 22.40
制造业 22.00
批发零售业 17.19
医疗业 30.77
农业 23.53
家政业 23.61

图 3-76　所在行业与"人民调解"(%)

从所在行业与"游行示威"的行为来看,来沪务工女性所从事的行业与其通过游行示威的方式来维护自身合法权益的影响并不明显。仅就调研数据来说,从事餐饮业、农业、家政业的女性通过游行示威这一方式维权的意愿都极低,最高的占比也不足 5%,难以说明所从事的行业与其采用游行示威这一方式维权的密切关联(图 3-77)。

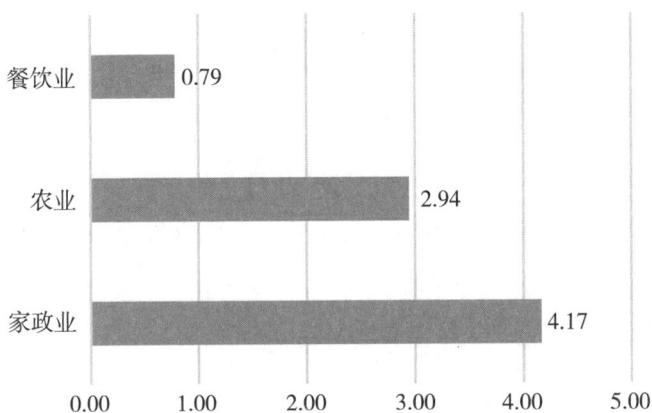

图 3-77 所在行业与"游行示威"(%)

(五)住房状态与各项非制度性政治参与行为

从住房状态与"默默忍了"态度来看,群租的女性选择"默默忍了"这一态度占比最高,达到 25%。其次依次为借宿、自购房屋、合租,最后,占比最小的是单独租房状态(图 3-79)。调研数据在某种程度上说明,来沪务工女性的居住环境越有保障,其越不愿意默默忍受自己的合法权益被侵犯。

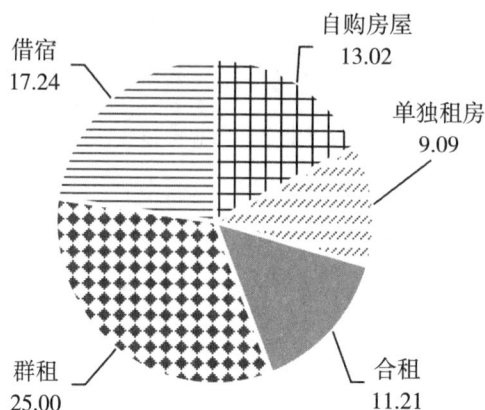

图3-79　住房状态与"默默忍了"(%)

　　从住房状态与"私下解决"来看,单独租房的女性选择"私下解决"方法占比最高,为24.70%。调研数据说明,五种住房状态的女性选择这一方法的占比相差不大,占比最小为合租女性群体,为20.18%(图3-80)。

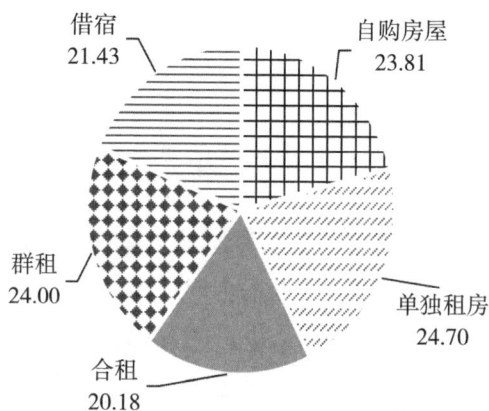

图3-80　住房状态与"私下解决"(%)

　　从住房状态与"找社会组织"解决来看,单独租房的来沪务工女性占比最高,达到24.70%。其次依次为自购房屋、合租、群租状态,占比最小的为借宿状态来沪务工女性,仅为10.71%(图3-81)。

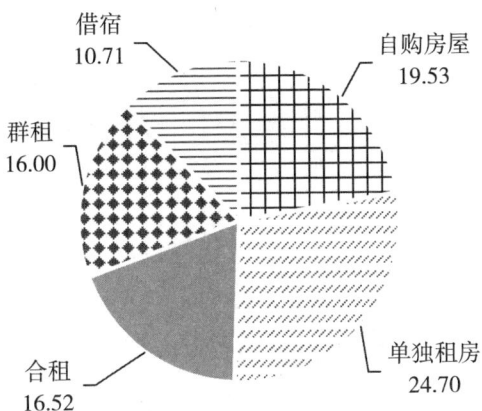

图 3-81　住房状态与"找社会组织"(%)

　　从住房状态与"找法院"解决来看,自购住房与单独租房的来沪务工女性选择此方式应对其所遭受的不公正待遇的比例最大。其中自购房屋的女性寻找此途径占比最高,达到了 42.60%;单独租房的女性寻找法院解决问题的比例为 34.94%(图 3-82)。

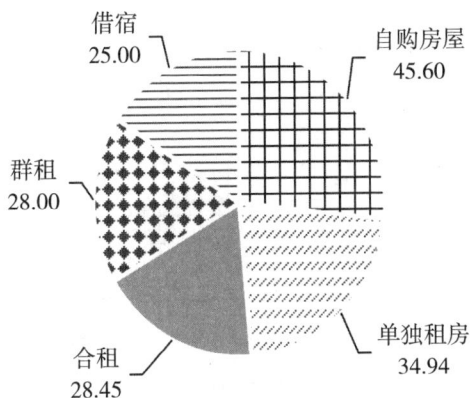

图 3-82　住房状态与"找法院"(%)

　　从住房状态与"找妇联"解决来看,借宿状态的来沪务工女性占比最高,为 32.14%。接下来,住房状态依次为群租、自购房屋、单独租房和合租。调研数据说明,整体而言,不同住房状态对来沪务工女性通过找妇联来维护其自身合法权益的影响并不显著(图 3-83)。

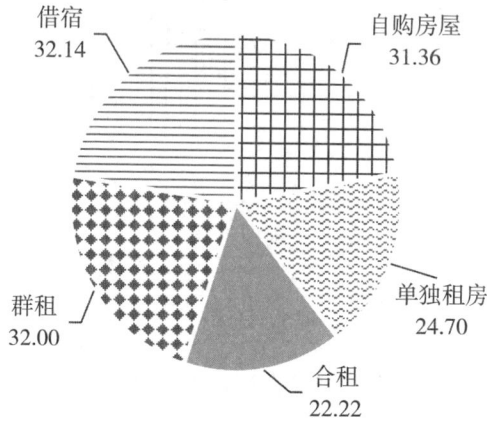

图 3-83　住房状态与"找妇联"(%)

从住房状态与"找工会"来看,占比较高的群体为自购房屋和群租来沪务工女性,比例分别为 28.99%和 28%。根据上一章所提及的,自购住房和群租状态的来沪务工女性相对于其他住房状态的女性来说显示出更高的政治兴趣,因此她们会有更高的意愿来寻求工会的帮助。其次依次为借宿(25%)、单独租房(18.67%)以及合租(16.24%)(图 3-84)。

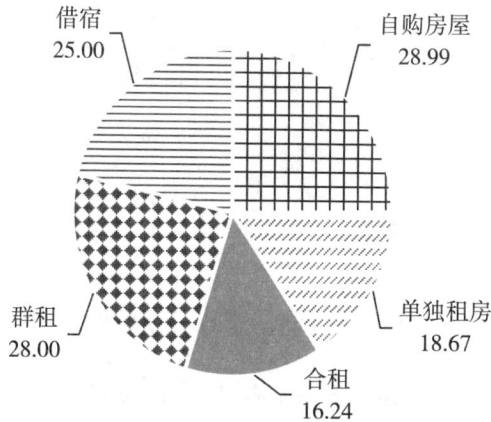

图 3-84　住房状态与"找工会"(%)

从住房状态与"找共青团"来看,参与的女性主要以群租为主(40%),其次为合租(13.68%)、借宿(10.71%)以及单独租房(8.43%),自购房屋比例最小,仅为5.92%(图3-85)。

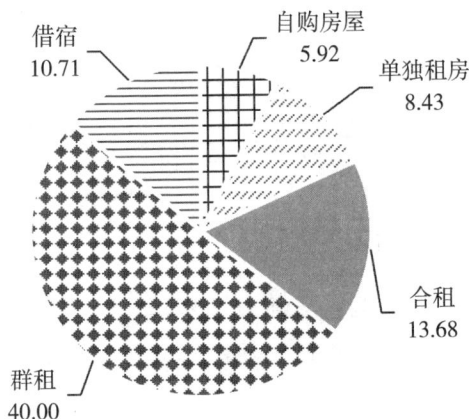

图3-85　住房状态与"找共青团"(%)

从住房状态与"找政府部门"来看,参与的女性主要以借宿(53.57%)和自购房屋(50.30%)为主,其次为单独租房,比例为39.76%,合租的比例为39.32%,占比最小的为群租女性群体,仅为36%。调研数据表明,总体而言,政府部门在来沪务工女性的心中是解决自身遭遇不公正对待的主要渠道(图3-86)。

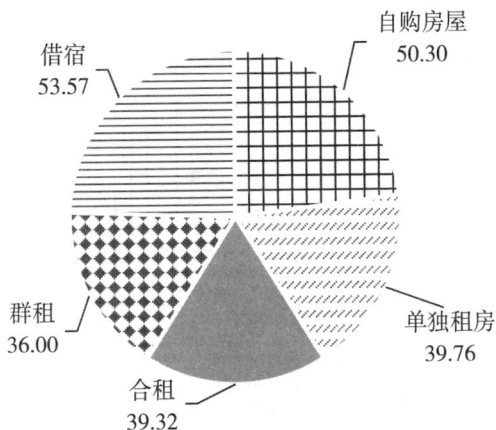

图3-86　住房状态与"找政府部门"(%)

从住房状态与"找新闻媒体"来看,参与的女性主要以群租(24%)为主,但不同住房状态的占比相差不大,由于大众传媒的普及和社交媒介的发展,方便了来沪务工女性的政治参与,差值幅度仅在5.07%~6.91%之间(图3-87)。

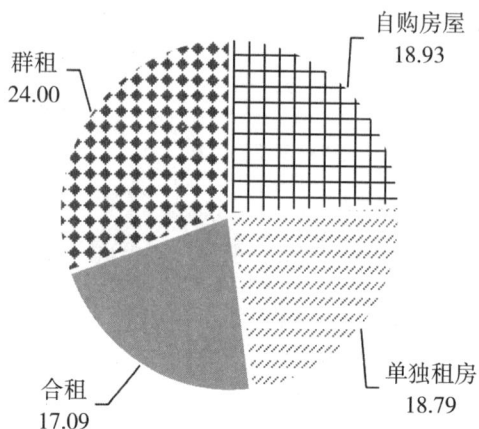

图3-87 住房状态与"找新闻媒体"(%)

从住房状态与"人民调解"来看,参与的女性主要以自购房屋为主,比例为27.22%。接下来,依次为群租(24%)、合租(18.10%),以及单独租房(16.97%)。最后,占比最小的是借宿女性,仅为10.71%。总体来看,通过人民调解的方式解决自身所遭受的不公正对待,并没有在来沪务工女性群体中得到广泛认同(图3-88)。

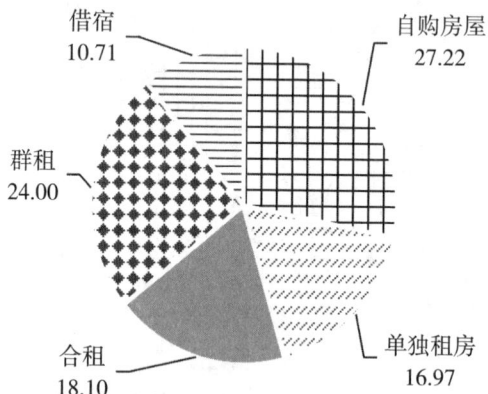

图3-88 住房状态与"人民调解"(%)

从住房状态与"游行示威"来看,参与的女性主要以群租为主,占比为12%。单独租房为0.6%,合租为0.85%,其余为0%。调研数据某种程度上说明,保障来沪务工女性的居住环境维持在合理的标准,是消减其采用游行示威等方式来维权的重要因素(图3-89)。

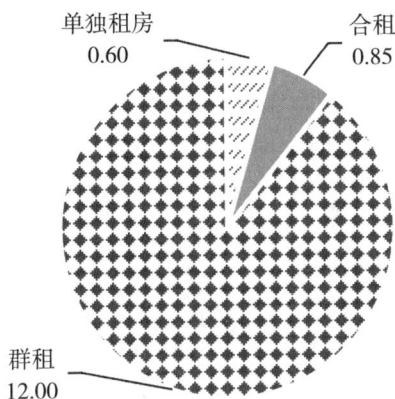

图 3-89 住房状态与"游行示威"(%)

(六)年收入与各项非制度性政治参与行为

从年收入与"默默忍了"的行为来看,年收入在 3 万~5 万和 20 万~25 万之间的来沪务工女性群体,总体上呈现出收入水平越高,其在面对不公正待遇时选择默默忍受的比例越大。这一收入区间的女性涵盖了整体来沪女性在此选项中的最低点和最高点:其中最低点出现在 3 万~5 万收入群体中,有近 10%的女性更倾向于默默忍受;最高点出现在 20 万~25 万收入群体中,有约 27%的来沪务工女性倾向于默默忍受不公正待遇(图3-91)。

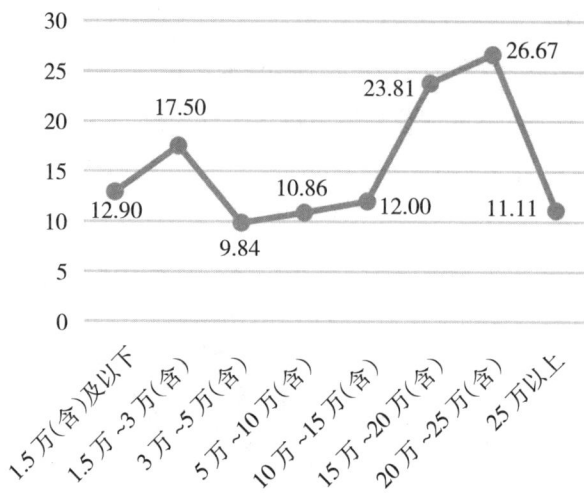

图 3-91　年收入与"默默忍了"(%)

从年收入与"私下解决"的行为来看,整体而言,伴随着年收入水平的提高,来沪务工女性在遇到不公平待遇中选择"私下解决"的比例呈现波动式上升。其中峰值出现在 15 万~20 万年收入群体中, 其后伴随收入进一步提升,来沪务工女性选择"私下解决"的占比反而逐渐降低。不过即便如此,高收入人群对"私下解决"的倾向性仍旧高于中低收入群体,"私下解决"选项的最低值(17.21%)出现在年收入在 3 万~5 万的来沪务工女性群体中(图3-92)。

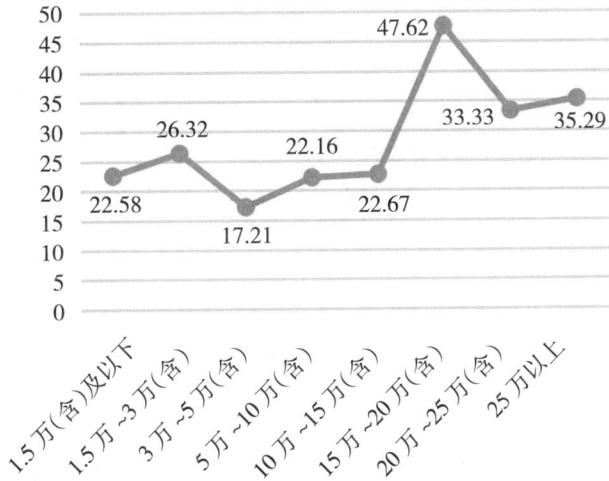

图 3-92　年收入与"私下解决"(%)

从年收入与找"找社会组织"的行为来看,年收入在 20 万~25 万的来沪务工女性有此意愿的比例最大,为 26.67%,年收入在 1.5 万及以下的群体占比次之,为 25.81%。也就是说,倾向于寻求社会组织帮助的群体分别分布在低收入群体和高收入群体中,而中等收入群体对此选项的倾向性则并不明显。总体来看,年收入对来沪务工女性是否寻求社会组织的帮助等行为所发挥的作用有限(图 3-93)。

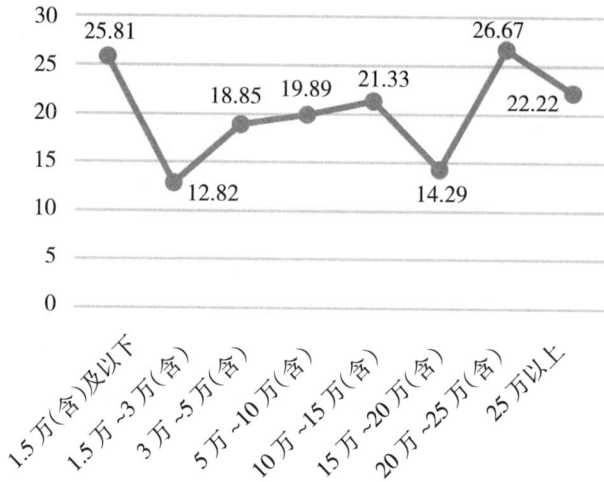

图 3-93　年收入与"找社会组织"（%）

从年收入与"找法院"的行为整体来看，伴随着年收入的增加，来沪务工女性在遭受不公正待遇时寻求法院帮助的占比也同比上升。尽管在 25 万以上的高收入人群，占比有所下降，约 39%，但仍然比最低值 25% 高近 14%（图3-94）。

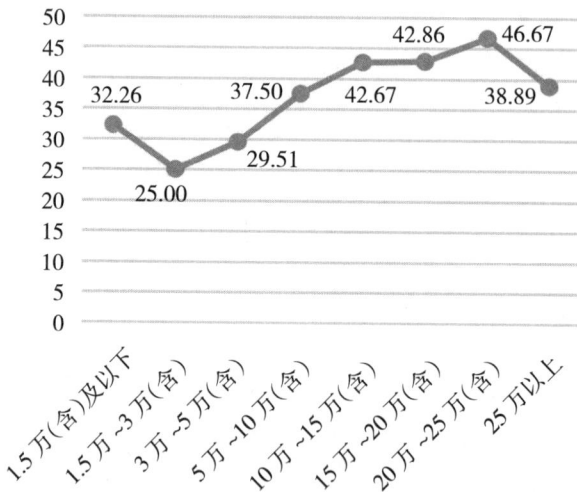

图 3-94　年收入与"找法院"（%）

从年收入与"找妇联"的行为来看,年收入在 1.5 万及以下的占比最高,为 35.48%;其后在年收入 1.5 万~3 万收入群体中下降到最低值 12.5%。不过至此之后,总体而言,来沪务工女性在遇到不公正待遇时,寻求妇联帮助的意愿伴随着年收入的提升而呈现波动式上升。不过总体占比不高,仅为三成上下(图 3-95)。

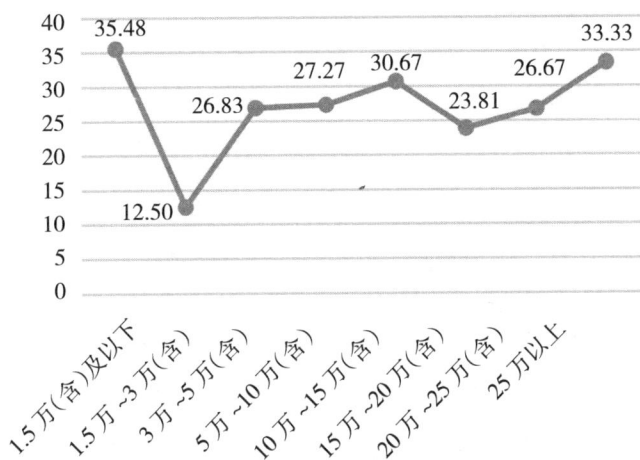

图 3-95　年收入与"找妇联"(%)

从年收入与"找工会"的行为来看,低收入群体(年收入 3 万及以下)在寻求工会帮助等方面意愿普遍较低,年收入在 3 万~5 万的群体在寻求工会帮助方面占比出现一个小的峰值。其后,伴随着收入水平的上升,来沪女性对工会的倾向性逐渐降低,在年收入 15 万~20 万群体中形成一个较低值 19.05%,不过其仍旧高于 1.5 万~3 万收入群体的意愿比 15% 约 4%。年收入在 20 万以上的来沪务工女性相较于其他收入阶层来说,似乎更倾向于通过工会来维护自身的合法权益。不过,值得注意的是,即便如此,来沪务工女性对工会在维护自身权益方面的认同度仍旧不足三成(图3-96)。

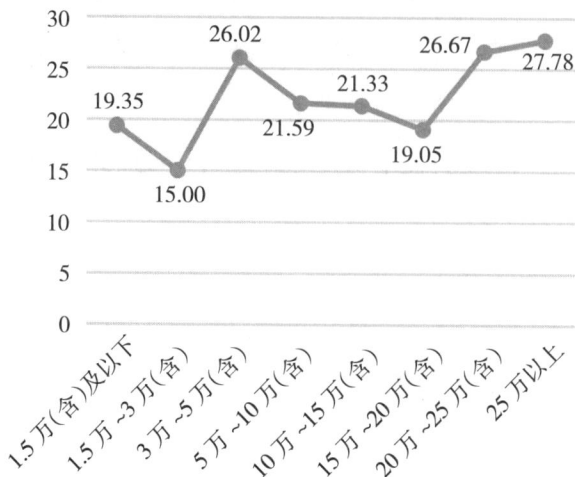

图 3-96　年收入与"找工会"(%)

从年收入与"找共青团"的行为来看,整体而言,来沪务工女性在遭遇不公平待遇时寻求共青团组织帮助的意愿不高,除年收入 1.5 万及以下的来沪务工女性之外,其他收入阶层的女性找共青团维护自身权益的比例不足15%。虽然在 1.5 万~3 万年收入群体到 15 万~20 万收入群体之间,"找共青团"的占比有着缓慢提升,但增幅仅为 9%上下,并不十分明显。而在高收入群体中,数据呈现出占比逐步下降的趋势。总体来说,共青团组织在来沪务工女性群体中的认同度仍然有待提升(图 3-97)。

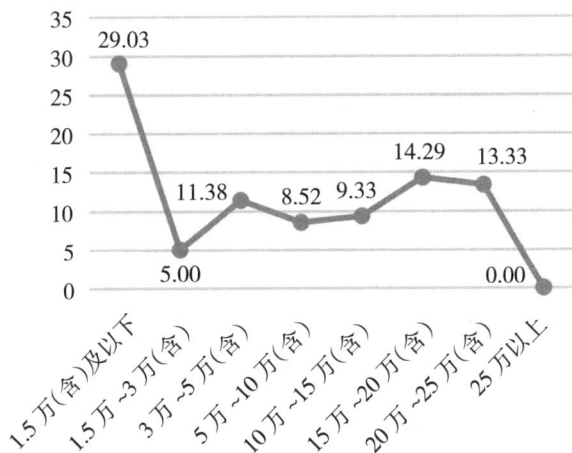

图 3-97　年收入与"找共青团"(%)

从年收入与"找政府部门"的行为来看,来沪务工女性遭遇不公平待遇时选择找政府部门维权总体占比较高,最高点超过半数以上,其他占比额度总体上达到30%上下。其中年收入5万~15万的中等收入群体的占比达到最高点,分别为52%和53%左右。年收入15万以上的高收入群体总体占比较低,最低值出现在15万~20万年收入群体中(约24%)。数据分析可以得知,年收入在15万为分水岭,在15万及以下时,从整体趋势可以得知随着年收入的增加,寻找政府部门也呈现上升的趋势;而15万之后,找政府维权的女性群体占比则迅速下降(图3-98)。

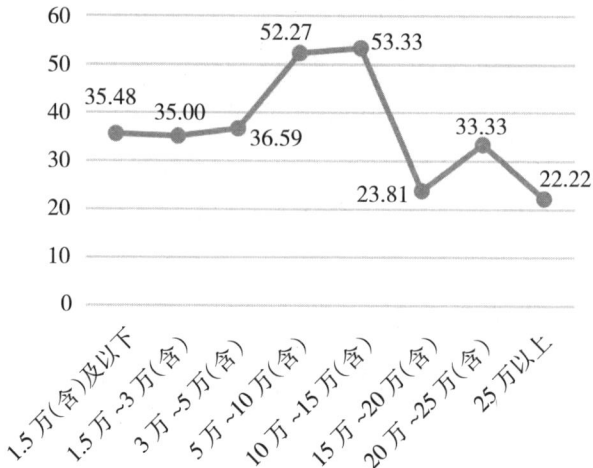

图 3-98　年收入与"找政府部门"（%）

由图 3-99 可知,从年收入与"找新闻媒体"的行为来看,来沪务工女性在通过新闻媒体来维护自身权益的选项上总体数据占比起伏不大。在年收入 15 万~20 万群体对新闻媒体维权意愿占比跌入最低值（10%）之后,年收入 20 万~25 万群体在该选项上的总体意愿出现了大幅度上升,达到 46.67%,随后占比虽有所下降（27.78%）,但仍旧高于年收入 15 万以下群体在该意愿上的最高水平（25.81%）。

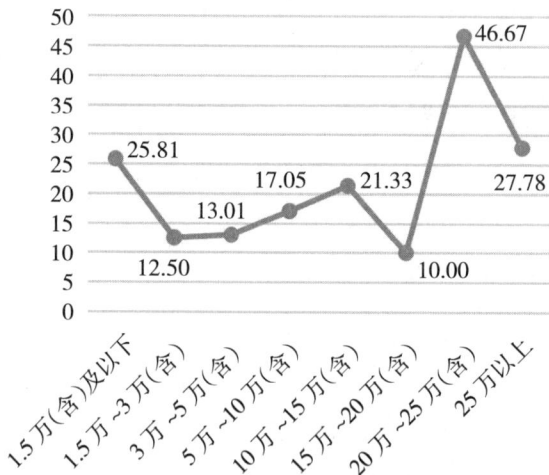

图 3-99　年收入与"找新闻媒体"（%）

从年收入与找"人民调解"的行为来看,来沪务工女性通过人民调解维护自身权益的意愿占比总体上呈现波动性变化,即伴随着年收入的增加,通过人民调解解决问题的群体比例逐渐降低,虽然在年收入 10 万~15 万和 20 万~25 万两个收入阶段之间呈现出短期反弹,但仍然不能扭转来沪务工女性伴随收入增加其对人民调解的认同度逐渐降低的总体趋势(图 3–100)。

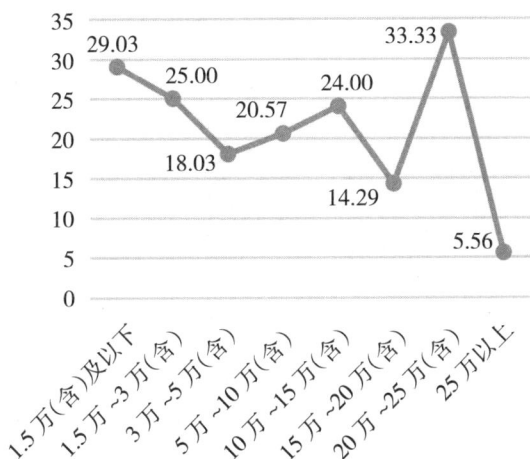

图 3–100　年收入与"人民调解"(%)

从年收入与"游行示威"的行为来看,总体上来沪务工女性较少愿意采取此种暴力形式去维护自身权益,虽然年收入在 1.5 万及以下的群体中有 6.45%对游行示威有一定的认同度,但总体占比不足一成。调研数据说明,整体而言,不同收入群体的女性通过游行示威来维权的意愿极低。而切实保障并提升来沪务工女性的物质生活水平,可以有效消解其参与暴力维权行动的主观意愿(图 3–101)。

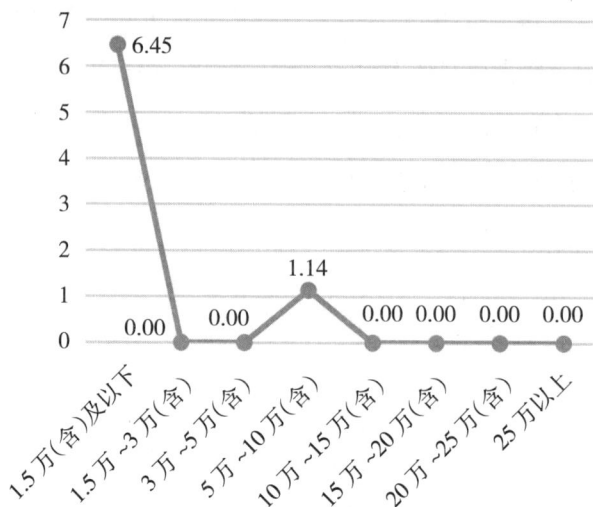

图 3-101　年收入与"游行示威"(%)

从年收入与"其他"的行为来看,年收入在 3 万~5 万的比重为 1.67%。年收入在 5 万~10 万的比例为 1.15%,其他收入人群的比例都为 0%。整体上而言,不同收入水平的女性通过其他不便分类的方式来维权的意愿极低,占比不到 2%(图 3-102)。

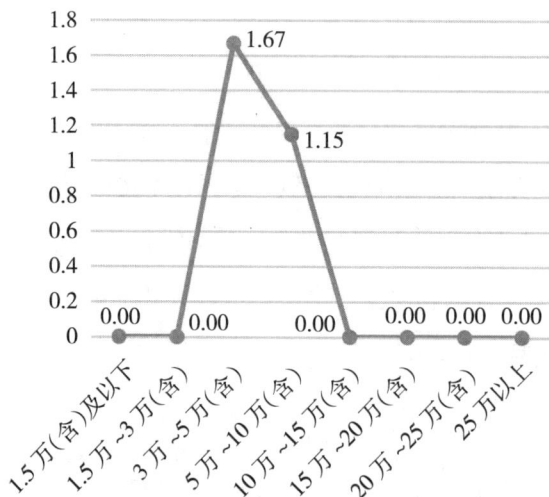

图 3-102　年收入与"其他"(%)

（七）婚姻状态与各项非制度性政治参与行为

从婚姻状态与"默默忍了"的行为来看，离异女性比例最大，占比为44%。未婚和已婚的占比均为28%，相比于离异女性降低了16%（图3-103）。

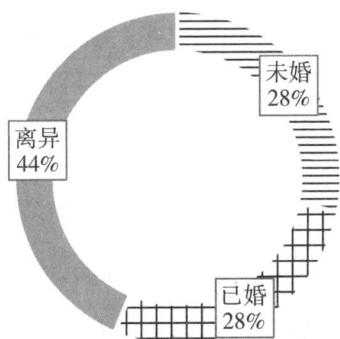

图3-103　婚姻状态与"默默忍了"（%）

从婚姻状态与"私下解决"的行为来看，未婚女性比例最大，占比为45%，其次为已婚女性，比例为34%，离异女性比例最少，为21%（图3-104）。

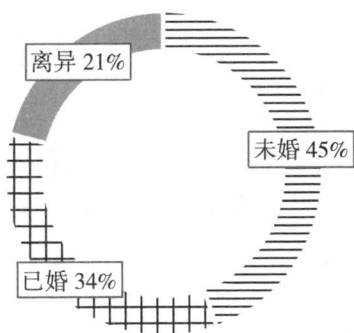

图3-104　婚姻状态与"私下解决"（%）

从婚姻状态与"找社会组织"的行为来看，离异女性比例最大，为44%，其次为已婚女性，比例为20%，丧偶女性占比最少，为17%。根据图表，可以得知，离异女性对社会组织的信任度相对较高，会寻求其帮助并进行一定程度的非制度性政治参与(图 3-105)。

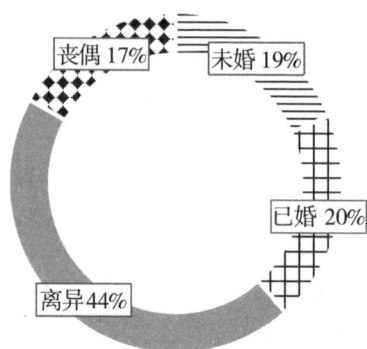

图 3-105 婚姻状态与"找社会组织"(%)

从婚姻状态与"找法院"的行为来看,已婚女性占比最大,为35%,未婚女性占比与已婚女性占比差别不大,仅降低了 3 个百分点。离异女性与丧偶女性占比相对较小,均不足五分之一(图 3-106)。

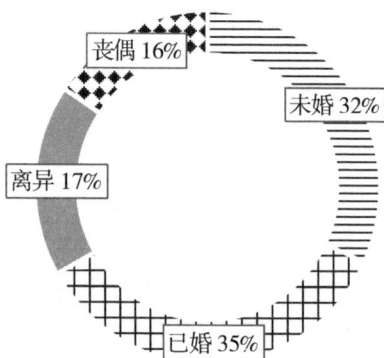

图 3-106 婚姻状态与"找法院"(%)

从婚姻状态与"找妇联"的行为来看,已婚女性比例最大,占比为 39%,可以看出,已婚女性对于妇联组织较为信任,并会参与其中。

离异女性占比为 32%,未婚女性占比为 29%。整体而言,婚姻状态对来沪务工女性通过妇联来寻求合法权益维护的意愿差异并不是十分显著(图3-107)。

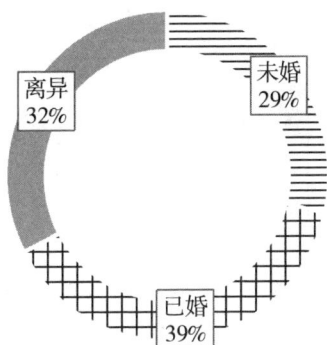

图 3-107 婚姻状态与"找妇联"(％)

从婚姻状态与"找工会"的行为来看,丧偶女性比例最高,达到44%,离异女性与已婚女性的占比相同为22%,未婚女性占比最小,占比为12%。丧偶女性虽然相对于其他群体来说更愿意寻求工会来维护个人合法权益,但总体而言,我们还需要结合其他因素共同去分析其意愿表达的影响因素(图3-108)。

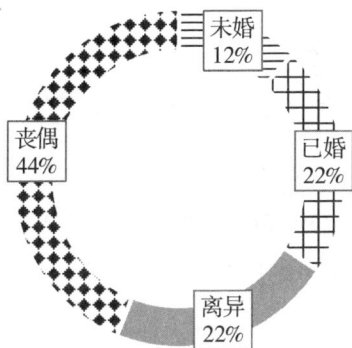

图 3-108 婚姻状态与"找工会"(％)

从婚姻状态与"找共青团"的行为来看,未婚女性比例最大,比例为47%,其次为已婚女性占比为32%,离异女性占比最小为21%。未婚女性整体上较为年轻,这可能是导致她们愿意通过共青团来维护自己合法权益的重要驱动力(图3-109)。

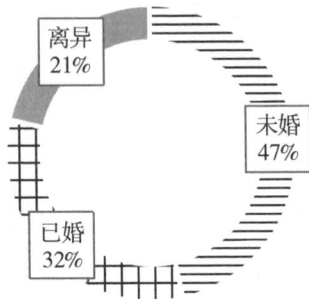

图 3-109　婚姻状态与"找共青团"(%)

从婚姻状态与"找政府部门"的行为来看,五种状态的占比相差不大,占比均在二至三成。具体来看,分别为已婚 31%、未婚 29%、丧偶 23%,以及离异 17%。整体看来,处于不同婚姻状态的女性对于政府部门都有一定的信任度,会寻求政府部门的帮助或参与其中(图 3-110)。

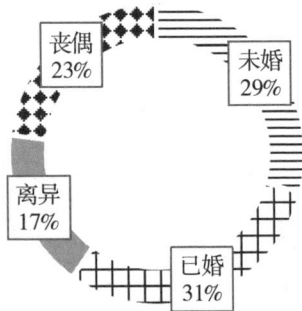

图 3-110　婚姻状态与"找政府部门"(%)

从婚姻状态与"找新闻媒体"的行为来看,未婚女性比例最大,占比为 40%,已婚女性占比为 35%,离异女性占比为 25%。调研数据表明,未婚女性整体上较为年轻,且有更多的时间和精力去接触网络社交生活,这可能是造成其更愿意通过新闻媒体来维护自身合法权益的重要因素(图 3-111)。

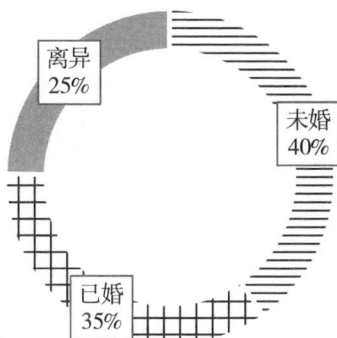

图 3-111　婚姻状态与"找新闻媒体"(%)

从婚姻状态与"人民调解"的行为来看,四种婚姻状态的占比相差无几,分别是已婚 27%、未婚 27%、离异 24%,以及丧偶 22%。仅就该项调研数据的结果来看,来沪务工女性的婚姻状态对其通过人民调解这一渠道来维护自身合法权益的影响并不存在显著的差异(图 3-112)。

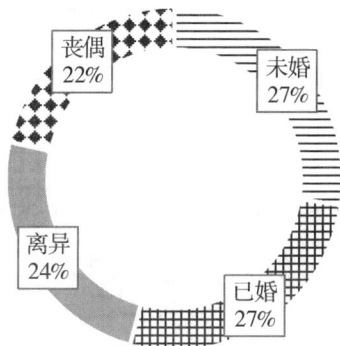

图 3-112　婚姻状态与"人民调解"(%)

从婚姻状态与"游行示威"的行为来看,已婚女性占据六成,未婚占比为四成。由于通过游行示威这一方式来维护自身合法权益的样本量比较少,婚姻状态与游行示威之间的关联还需要更多研究成果来解释(图 3-113)。

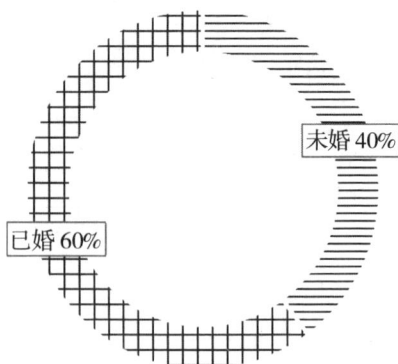

图 3-113 婚姻状态与"游行示威"(%)

从婚姻状态与"其他"的方式来看,只有已婚女性选择,其余状态的女性都为0%。调研数据说明,相较于未婚女性,已婚女性在维护自身合法权益层面可能会有一些其他不便分类的非正式渠道(图 3-114)。

图 3-114 婚姻状态与"其他"(%)

三、小结

整体而言,从上述描述性统计分析可知,来沪务工女性进行非制度性政治参与的数量和意愿略低于其进行制度性政治参与的数量和意愿,但非制度性政治参与所占的较大比重仍然值得关注和研究。从调研数据具体层面的差异性剖析结果来看：在制度性政治参与行为中，年龄、政治面貌、住房状态、婚姻状态等因素对来沪务工女性制度性政治参与的作用效果较为显著；在非制度性政治参与行为中，政治面貌、婚姻状态、所在行业等因素对来沪务工女性非制度性政治参与的作用更为明显。

值得注意的是，年龄、政治面貌、受教育程度、所从事的行业、住房状态和婚姻状况等人口学变量都在不同程度上影响着来沪务工女性的政治参与行为和意愿，但其具体的作用机理仍然需要我们进行深入挖掘。也就是说，当所有的条件同时作用于来沪务工女性的政治参与行为时，哪些因素将发挥更为显著的作用，则需要我们通过回归模型予以进一步研讨和论证，进而揭示其内在行动的机制和原理。

第二节　来沪务工女性政治参与行为的影响因素

随着时代的发展，女性政治参与的关注度逐步上升，引起了世界各国的重视。随着我国工业化和城市化步伐的加快，进城务工女性成为逐步扩大的重要群体。其政治参与行为是体现民主政治建设成效的重要指标。不仅如此，这一群体的政治参与也在社会和经济的发展中发挥着重要作用。因此，本章密切关注来沪务工女性的政治参与行为，探讨人口因素对来沪务工女性政治参与行为的影响。

一、来沪务工女性制度性政治参与的影响因素

政治参与是指公民通过各种途径和方式参加政治生活，试图向政府施加影响的行动。政治参与不仅存在合作形式，也有冲突形式。"只是在冲突形

式中,有些参与是政府所制定的规则中为公民保留的,有些参与则是公民违反规则而进行的。"①为此,课题组将政治参与分为制度性和非制度性两类。

制度性政治参与是依据法治原则,规则确定的方式与程序,公民参与政治生活的行动,有政治选举参与、社团参与(包括通过党派团体的政治参与、通过群团组织的政治参与)等。为综合反映来沪务工女性制度性政治参与的情况,课题组选取"是否参加过人大代表选举""是否参加过村/居委会选举""是否参加过业委会选举""是否参加过职工代表大会"等作为测量指标。对这四个问题,受访人可从"是、否、没听说过"中进行选择,课题组将受访人回答"否"和"没听说过"赋值为0,将回答为"是"赋值为1。赋值后,所有制度性政治参与行为变量均转换为值域为(0,1)的二分类变量,即所有制度性政治参与行为均转化为"是"或"否"两个选项。

(一)人口因素与来沪务工女性的制度性政治参与行为的回归分析

通过对来沪务工女性的制度性政治参与行为进行多元线性(LOGIT)回归分析,课题组尝试发现影响来沪务工女性制度性政治参与行为的基本要素。在表3-1中,课题组首先能够影响来沪务工女性制度性政治参与行为的个体基本属性变量。如表3-1所示,受教育程度、来沪时长、住房状态,养老负担,收入和职业均在不同程度上制约着来沪务工女性的政治参与行为。

具体来说,在对人大代表选举的参与情况中,如表3-1中的模型(1),受教育程度、来沪时长、住房状态和职业等变量均对来沪务工女性的制度性政治参与行为产生了显著的影响。其中,受教育程度、住房状态在其中发挥了明显的促进作用。相对于初中及以下受教育程度的群体来说,那些拥有大学本科及以上学历的来沪务工女性有更大的比例去参加人大代表选举, 这一

---

① 孔德元:《政治社会学导论》,人民出版社,2001年,第181页。

比例是初中及以下受教育水平的来沪务工女性的 2.5 倍左右。而在上海居住
条件的差异,也显著影响着来沪务工女性参与到大人代表选举的条件和机会。
另一方面,来沪时长对来沪务工女性参与人大代表选举有显著地阻碍作用。
也就是说,那些来上海已经很久的务工女性,她们参加人大代表选举的比例
反而越小。而在职业类型上,相对于家政服务业来说,从事制造业、餐饮业、
房地产业和金融业的来沪务工女性,她们参加人大代表选举的比例更低。

表 3-1　来沪务工女性制度性政治参与的 LOGIT 回归分析

变量	（1）参加人大代表选举	（2）参加村/居委会选举	（3）参加业委会选举	（4）参加职工代表大会
参照组：初中及以下				
高中/中专	0.0899	-0.409	-0.475	0.156
	（0.509）	（0.392）	（0.501）	（0.389）
大学专科	0.757	-0.473	0.461	0.254
	（0.519）	（0.442）	（0.514）	（0.430）
大学本科及以上	0.985*	-0.383	0.234	-0.823
	（0.575）	（0.495）	（0.587）	（0.511）
来沪时长	-1.139*	0.701	-0.557	0.344
	（0.684）	（0.610）	（0.680）	（0.612）
居住情况	1.729***	1.558***	2.279***	1.689***
	（0.400）	（0.348）	（0.422）	（0.337）
育幼压力	-0.367	-0.310	-0.00429	0.0364
	（0.296）	（0.255）	（0.309）	（0.246）
养老负担	0.0564	0.0177	0.0860	0.185*
	（0.117）	（0.108）	（0.129）	（0.109）
对照组：家政业				
医疗业	-1.466	-0.300	0.361	1.841**
	（1.012）	（0.984）	（1.021）	（0.871）
制造业	-1.977***	-0.537	-3.638***	-0.465
	（0.695）	（0.605）	（1.174）	（0.573）
餐饮业	-1.090**	-0.0849	-0.202	-0.502
	（0.512）	（0.454）	（0.539）	（0.458）
房地产业	-2.029***	-0.0909	-0.972	-0.912
	（0.774）	（0.661）	（0.800）	（0.720）

变量	（1） 参加人大代表 选举	（2） 参加村/居委会 选举	（3） 参加业委会 选举	（4） 参加职工 代表大会
金融业	−2.112**	−0.105	−2.206*	−0.290
	（0.932）	（0.794）	（1.210）	（0.766）
收入	−0.0741	−3.059***	−0.780	−0.508
	（0.841）	（0.824）	（0.984）	（0.801）
常量	−12.18	−14.10	−15.51	−14.17
	（490.1）	（1,504）	（1,280）	（801.2）
样本量	397	401	389	401

*** $p<0.01$，** $p<0.05$，* $p<0.1$
控制变量：年龄、政治面貌、婚姻状况。

在表3-1模型（2），即参与村/居委会选举活动中，居住条件和收入水平则是相对显著的影响因素，不同职业差别不大。首先，居住条件对来沪务工女性参与村/居委会选举发挥了积极的促进作用。那些居住条件越好的来沪务工女性，她们更会去参加村/居委会选举。但是收入则相反，越是收入高的来沪务工女性，她们在村/居委会选举中的参与度越低，其比例近1倍。

在表3-1模型（3）中，住房状态和职业类型均发挥着重要的影响。其中，居住条件越好的来沪务工女性，她们的业委会选举参与度越高。不难理解，在我们的问卷设计中，居住条件最好的来沪务工女性群体就是意味着其在上海已经独立购房，而独立住房的拥有权帮助了她们参加业委会选举的可行性。而在职业类型方面，相对于从事家政行业的来沪务工女性，从事制造业和金融业的来沪务工女性具有更低的可能性去参加业委会的选举活动。一方面，制造业和金融业的工作相对而言工作时间比较固定，职业压力也相对较大，导致她们在参加业委会活动方面参与度普遍不高。

在表3-1模型（4）中，住房状态和职业同样对来沪务工女性参加职工代表大会发挥着显著的影响，这种影响都是积极的。首先，在上海拥有住房的女性其参与职工代表大会的程度远高于在上海居无定所的来沪务工女性。

其次,医疗业相对于家政业来说,更倾向于参加职工代表大会。这也在一定程度上表明了,由于医疗业的职业特殊性,从事此项工作所要求的学历和专业性较为趋同,所以在特定群体中,参与职工代表大会的比例会相对较高。同时,在模型(4)中,我们发现养老负担较大的来沪务工女性,其在参与职工代表大会方面也较为积极。虽然上升幅度不高,约1/5,但这一发现也值得我们关注。

(二)多变量影响下的制度性政治参与综合因素

课题组随后将参加人大代表选举、参加村/居委会选举、参加业委会选举和参加职工代表大会四个变量,通过因子分析的方式提取公因子。我们发现,四个变量提取公因子特征值约为2.37,显示四个变量可以提取一个公因子,即制度性政治参与行为。随后,课题组将新的复合变量"制度性政治参与"转化为(0-1)变量,最大值为1,最小值是0。随后,我们将人口统计学要素整体带入到制度性政治参与的OLS回归模型中。

如表3-2所示,我们发现,年龄、住房状态、职业类型、年收入和落户难,共同成为制约来沪务工女性进行制度性政治参与活动的因素。而且与政治态度的关键性影响因素不同,养老育幼负担并没有成为来沪务工女性制度性政治参与的显著性影响因素,同时社会网络也没有对她们的制度性政治参与行为发挥具有统计意义的显著作用。接下来,我们将分别对以上变量的作用方式予以描述。

表 3-2 来沪务工女性制度性政治参与的 OLS 回归分析

变量	（1） 制度性政治参与	（2） 制度性政治参与
对照组：20 岁（含）以下		
21~30 岁（含）	0.140	0.195*
	（0.108）	（0.117）
31~40 岁（含）	0.200*	0.254**
	（0.115）	（0.126）
41~50 岁（含）	0.181	0.263**
	（0.118）	（0.130）
51 岁（含）以上	0.167	0.219
	（0.143）	（0.162）
居住情况	0.292***	0.290***
	（0.0409）	（0.0496）
对照组：家政业		
制造业	−0.169**	−0.168**
	（0.0689）	（0.0791）
年收入	−0.155*	−0.182*
	（0.0905）	（0.104）
落户难		−0.105**
		（0.0412）
常量	0.249	0.303*
	（0.154）	（0.178）
样本量	392	301
R 平方	0.249	0.330

*** p<0.01, ** p<0.05, * p<0.1
控制变量：政治面貌、受教育程度、来沪时长、婚姻状况、职业获取渠道。

一是年龄。图 3-115 根据 OLS 回归模型系数描绘出来沪务工女性年龄与其制度性政治参与行为之间的数值关系。从图中可以看出,在控制其他相关变量的前提下,年龄与制度性政治参与行为之间并非是线性的递增或递减的关系,二者关系呈现抛物线的发展趋势。年龄与制度性政治参与的正向递进作用峰值出现在 41~50 岁年龄组,过了 51 岁以后,来沪务工女性的制度性政治参与行为也同比减少。但总体上依然高于 30 岁以下人群的平均水平。

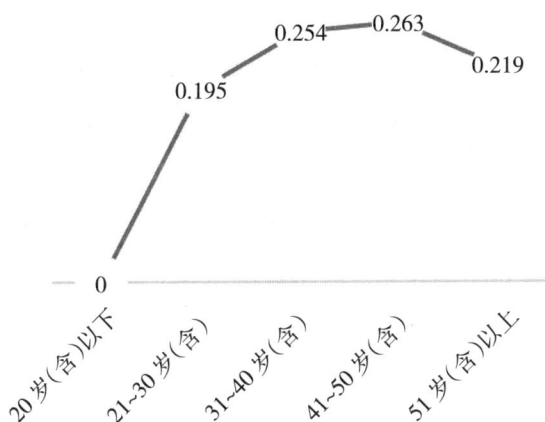

图 3-115　来沪务工女性制度性政治参与

二是收入与职业。从表 3-2 中我们可以看到,收入的提升并不会相应促进来沪务工女性的制度性政治参与行为,且二者的负相关情况在模型(1)和模型(2)中具有相对的稳定性。与此同时,相对于家政行业来说,从事制造业的来沪务工女性更不会去参与制度性的政治参与行为。

三是住房状态和落户问题。目前,我国社会主要矛盾已经转化为人民日益增长的美好生活需要和不平衡不充分的发展之间的矛盾,实现住有所居是化解这一社会主要矛盾不可或缺的一环。

统计分析发现,住房状态这一因素在制度性政治参与中也呈现出显著的影响。来沪务工女性居住状况越好,制度性政治参与的可能性越大。同时,自购房屋对来沪务工女性参与政治选举等活动有促进作用,拥有房屋产权的业主,相较于租房者,制度性政治参与意识更强,政治参与行为更积极。加藤节曾在《政治与人》一书中分析了现代社会公民对政治生活表现冷淡的原因——生存所迫,以自己的消费欲望为行动目的,没有精神上、时间上的可能性来发挥自己的想象力,以判断个人生活与政治之间的关联,更难以通过组建或参与某些社会组织对政治活动施加积极影响。[①]因此,个人物质利益的满足是现代社会公民政治参与的必要物质基础。而来沪务工女性的诸多压力源于日常生活,生活压力使一部分人无暇顾及更多的政治参与。理论上,在上海拥有自购房屋的务工女性,经济基础相对更好,个人社会经济地位更高,通常也会带来更高水平的政治参与。对中国城市社会的住房私有化与城市基层社区民主的相关研究也发现,"在由围墙和保安系统保卫的、国家行政力量较少渗入和控制的社区环境中,享有较高社会经济地位的业主们为维护其住房产权免受可能发生的各种侵蚀而积极参与到基层社区政治活动中去,以实现自己的利益诉求"[②]。可见,若来沪务工女性居住条件与环境改善,则更有可能将其纳入政治参与的进程中来。

然而改善来沪务工女性居住状况受到多种因素的限制,尽管政府也采取了各种措施,切实稳定住房价格,构建住房保障体系,对外来人口的居住问题也给予了重视。但配套政策并不完善,如保障性住房覆盖范围过窄、廉租房制度限制条件过多,等等,都在一定程度上制约了来沪务工女性住房获得的途径与结果。政府应进一步强化在城市住房保障中的职能职责,完善住房政策,针对来沪务工群体制定购房支持政策,同时规范租房市场,使租房者在城市生活中体验到安定感和归属感。

二、来沪务工女性非制度性政治参与的影响因素

非制度性政治参与"是突破现存制度规范的政治参与行为,也是社会正

---

① 〔日〕加藤节:《政治与人》,唐士其译,北京大学出版社,2003年,第8页。
② 李骏:《住房产权与政治参与:中国城市的基层社区民主》,《社会学研究》2009年第5期。

常参与渠道之外发生的活动"[1],包括游行示威、抗议、上访、人情交往、已有
的报复性维权举动和其他发泄内心不公平感的行为。将"合法权益受到侵害
时,会选择何种方式维护权益"这一问题的 7 个选项"私下解决""社会组织"
"找妇联""找工会""找共青团""找新闻媒体""游行示威"作为测量指标(每
个选项被访者都有两个选择:1= 是;0= 否),并进行因子分析。如表 3-3 可
见,根据各要素对因子的贡献可以将第一因子命名为"向群团组织求援",包
括以下指标:"找妇联""找工会""找共青团";将第二因子命名为"自组织维
权行为",包括以下指标:"私下解决""找社会组织""游行示威";将第三因子
命名为"媒介抗争行为",包括"找新闻媒体"指标。

表 3-3　来沪务工女性非制度性政治参与行为因子分析

变量	向群团组织求援	自组织维权行为	媒介抗争行为
私下解决	-0.3983	0.5939	-0.3994
找社会组织	0.1748	0.6581	-0.0431
找妇联	0.7575	0.0345	0.1188
找工会	0.8102	0.0497	-0.1094
找共青团	0.6808	0.3075	0.1581
找新闻媒体	-0.0169	0.0670	0.9160
游行示威	-0.0596	0.7021	0.1544

所以来沪务工女性的非制度性政治参与行为可以被归纳为在她们的权
益受到侵害之后,她们主要采用向群团组织求援、自组织维权行为和媒介抗
争行为等三种表现方式。接下来,课题组对这三个变量进行数据处理,将其
转换为 0~100 的值域,通过对受访人在这三项变量上的得分情况来描述来
沪务工女性非制度政治参与的基本情况。

---

[1]　方江山:《非制度政治参与——以转型期中国农民为对象分析》,人民出版社,2000 年,第38页。

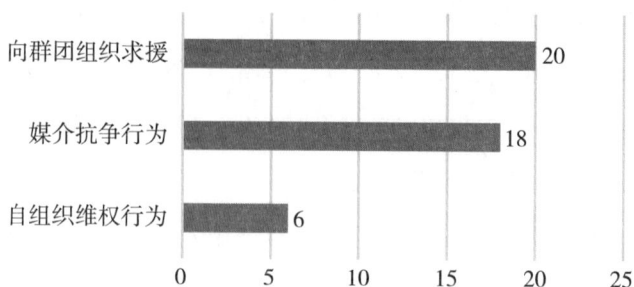

图 3-116　来沪务工女性非制度政治参与行为得分（总 100 分）

从图 3-116 中可以看出,在三项非制度性政治参与行为中,向群团组织求援的得分最高,媒介抗争行为相对较低,但之比前者低 2 分。得分最低的是包括"私下解决""找社会组织"和"游行示威"在内的自组织维权行为,得分仅为 6 分。可见,来沪务工女性整体上偏重群团组织和媒体在个体维权方面的积极作用,较少会去采取如游行示威等较为激进的维权行为。

（一）人口因素与来沪务工女性的非制度性政治参与行为的回归分析

在表 3-4 中,课题组将所有相关人口统计学变量带入回归模型中,我们发现年龄、来沪时长、收入水平、养老育幼负担,以及职业获取途径等均不能对来沪务工女性的非制度性政治参与行为发生显著的影响。而受教育程度、住房状态、职业类型这三个变量则在不同程度上影响着来沪务工女性的非制度性政治参与行为。

表3-4　来沪务工女性非制度性政治参与回归模型(LOGIT)

变量	（1） 向群团组织求援	（2） 自组织维权	（3） 媒介抗争
对照组：初中及以下			
高中/中专	−0.355	0.273	0.679
	（0.306）	（0.318）	（0.449）
大学专科	−0.0738	−0.0167	0.797
	（0.350）	（0.360）	（0.502）
大学本科及以上	−1.081**	−0.146	1.630***
	（0.427）	（0.424）	（0.554）
住房状态	0.679**	−0.367	0.252
	（0.293）	（0.300）	（0.382）
对照组：家政业			
批发零售业	−0.545	0.372	−0.918*
	（0.412）	（0.426）	（0.532）
制造业	−0.349	1.171**	−0.533
	（0.455）	（0.463）	（0.564）
餐饮业	−0.590*	0.326	−1.037**
	（0.336）	（0.357）	（0.444）
房地产业	−1.228**	0.555	−0.874
	（0.556）	（0.514）	（0.626）
咨询业	−1.086	0.998	−1.394*
	（0.769）	（0.668）	（0.825）
常量	0.0883	−0.740	−2.583*
	（1.140）	（1.083）	（1.479）
样本量	430	425	424

*** $p<0.01$,** $p<0.05$,* $p<0.1$

1.受教育程度

具体来说,相对于初中及以下受教育水平的来沪务工女性来说,那些拥有大学本科及以上学历的来沪务工女性，遇到不公平的待遇更不会向群团组织求援,其向群团组织求援的比例显著地下降了近五分之四。相反,她们更愿意通过媒体的武器来表达自己的不满、维护自己的合法权益。她们通过媒介进行抗争的比例是拥有初中及以下学历来沪务工女性的5倍左右。

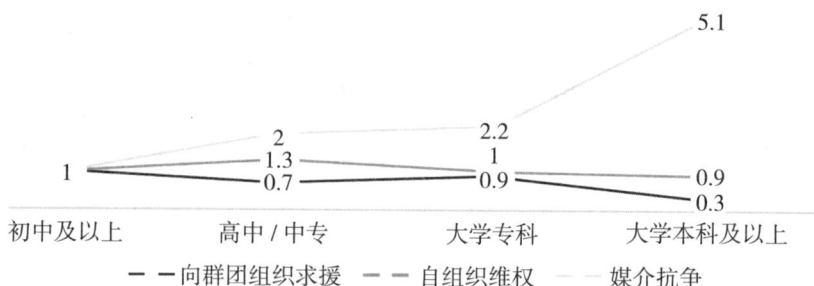

图 3-117　来沪务工女性的受教育程度与非制度性政治参与行为

图 3-117 通过来沪务工女性的非制度性政治参与的比例，绘制出她们伴随着受教育程度提升，其非制度性政治参与行为的发展趋势。将接受过初中及以下受教育程度的女性作为参照组，我们发现，向群团组织求援和自组织维权等非制度性政治参与行为，伴随着受教育程度的提升，其行为发生的比例均在不同程度上有所下降。但是媒介抗争行为的比例则相反，伴随着受教育程度的提升，那些接受过更高教育水平的来沪务工女性的媒介抗争行为比例呈现曲线上涨的趋势。这里的媒介抗争是指个体主动通过新闻媒体表达个人诉求，是一种非制度性政治参与方式。首先，它不是制度性政治参与方式如信访、行政仲裁和司法诉讼等；其次，它也不是制度性政治参与效力不足或范围过窄的情况下所采取的激烈的非制度性政治参与方式。在这种方式中，合法权益受到侵害的个体主动地、有意识地利用媒体的力量，制造新闻舆论焦点，以维护自身的权益。这种非制度性政治参与方式较为理性，参与主体凭借公开有效的诉求表达，促进问题快速解决。这充分说明，媒体在来沪务工女性群体中日益重要的地位，她们将其视为有效的维权工具，且伴随着受教育程度的提升，越来越多的来沪务工女性群体选择通过媒体来保护自身的合法权益。

2.住房状态

在表 3-4 的模型（1）中，我们发现，住房状态对"向群团组织求援"的影响也具有统计显著性。在上文中,我们已经知道,来沪务工女性的居住状况越好,其制度性政治参与的可能性越高。不仅如此,较好的居住状况还能够提高来沪务工女性通过群团组织来维护自身合法权益的比例。

有学者指出,在民众基层政治参与方面,在居委会或业委会的选举中,租住房屋的来沪务工女性可能"因为没有参加投票,这体现出现有制度对来沪务工女性政治参与的制约"。"而在那些制度不受限的方面,比如参与社区开展的一系列活动、向媒体反映社区问题等,这些女性也表现得不积极。"这体现了居住状况相对较差导致的消极对待制度性和非制度性政治活动。

未来,来沪务工女性日益增强的公共服务需求和相对滞后的政治参与如果持续存在,将会成为城市公共治理的一个重大挑战。因此,需积极推进外来务工人口居住状况的改善,提升其对所在社区的归属感,减少基层政治参与的制约,让个体的利益诉求更为通畅地表达,以实现社会的和谐稳定。

3.职业类型

通过与从事家政业女性的对比,课题组发现,从事批发零售业的来沪务工女性在遇到不公正待遇时,更明显地回避媒介抗争的形式进行维权。从事制造业的来沪务工女性,在受到不公正待遇时,更倾向于采用自组织维权行为的方式为自己维权。这一比例是从事家政业女性的3倍左右。从事餐饮业和房地产业来沪务工女性在遇到不公正待遇时,均呈现明显的抵制通过群团组织和媒介的方式进行维权的途径,她们与制造业女性群体相同,更倾向于通过自组织维权的方式保护自身权益。与此同时,从事咨询业的女性与餐饮业女性相同,均呈现出具有统计意义显著性的抵制媒介抗争维权的倾向。

总体而言,在个体基本属性的影响下,我们从回归模型中可以看到,从事各行各业的来沪务工女性的整体特征呈现为抵触向群团组织求援和通过媒介抗争的形式保护自身合法权益。尽管大多不具有统计意义的显著性,但她们整体倾向于"私下解决""找社会组织"和"游行示威"的自组织维权行为,还是需要引起相关部门的重视。

(二)多变量影响下的非制度性政治参与综合因素

个体属性与非制度性政治参与行为的相关关系集中体现在受教育程度、住房状态和职业类型三个方面。那么接下来我们将社会网络和来沪务工女性在工作生活中所遇到的困难等变量分别带入回归模型中,尝试发现可以影响来沪务工女性非制度性政治参与行为的工作生活层面的变量。

1.向群团组织求援的总和因素分析

养老育幼等压力在来沪务工女性的非制度政治参与行为中似乎并没有发挥我们最初预想的重要作用。而社会网络虽然在来沪务工女性的制度性政治参与行为中没有发挥显著作用,但是在非制度性政治参与行为中,却是十分关键的影响要素。在表3-5中我们可以看到,在控制了政治面貌、年龄、来沪时长、婚姻状况、职业获取途径和年收入等相关变量之后,教育、住房状态、职业类型、社会网络和生活困难均在不同程度上影响着来沪务工女性的非制度性政治参与行为。

表3-5　向群团组织求援的 LOGIT 回归分析

变量	(1) 向群团组织求援	(2) 向群团组织求援
对照组　初中及以下		
高中/中专	−0.355	−0.452
	(0.306)	(0.392)
大学专科	−0.0738	−0.105
	(0.350)	(0.455)
大学本科及以上	−1.081**	−1.404**
	(0.427)	(0.552)

变量	（1） 向群团组织求援	（2） 向群团组织求援
	（0.138）	（0.162）
住房状态	0.679**	0.602
	（0.293）	（0.368）
餐饮业	−0.590*	−0.486
	（0.336）	（0.429）
房地产业	−1.228**	−1.804***
	（0.556）	（0.673）
社会网络		0.817***
		（0.276）
医疗困难		0.521*
		（0.283）
子女教育困难		0.516*
		（0.306）
职业晋升困难		0.667*
		（0.371）
常量	0.0883	0.0686
	（1.140）	（1.323）
样本量	430	333

*** p<0.01, ** p<0.05, * p<0.1
控制变量：政治面貌、年龄、来沪时长、婚姻状况、职业获取途径、年收入。

从表 3-5 中可以看到，教育程度的提升对来沪务工女性是否向工青妇等群团组织求援发挥着稳定性的影响。从模型（1）到模型（2），即便增加了社会网络和所遇到困难等变量，拥有大学本科及以上学历的来沪务工女性向群团组织求援的比例仍旧下降了五分之一。而伴随着社会网络和所遇到困难等变量的加入，住房状态对来沪务工女性向群团组织求援行为的发生比例也逐渐不具有统计意义的显著性。但是在职业类型方面，从事房地产业的来沪务工女性向群团组织求援的行为发生概率始终保持在从事家政业女性的十分之一左右。

作为模型（2）新增加的变量，社会网络和来沪务工女性在上海工作生活所遭遇的困难等变量是值得关注的。一方面,社会网络越是紧密的来沪务工女性,她们通常拥有更大的可能性去向群团组织求援,且这一比例具有统计意义上的显著性。通过对表3-1中的相关系数进行比例转换,我们发现社会网络强的来沪务工女性遇到困难向群团组织求援的比例是社会网络弱的来沪务工女性的2.3倍。更简单地说,即社会网络越强,其向群团组织求助的行为比例越高。

在来沪务工女性所遭遇困难的变量分析上,我们发现,医疗困难、子女教育困难和职业晋升困难都可能促使来沪务工女性向群团组织求助。其中遭遇医疗困难和子女教育困难的来沪务工女性,其遇到权益受损的情况时,向群团组织求援的比例均呈现上涨的趋势,约为1.7倍。同时,职业晋升困难将会提升约1倍的可能性促使其向群团组织寻求帮助。

2.自组织维权行为的总和因素分析

在控制了政治面貌、年龄、受教育程度、来沪时长、婚姻状况、职业获取途径和年收入等相关变量基础上,课题组进一步检验养老育幼压力、社会网络和来沪务工女性所遭遇的生活工作困难等变量对她们自组织维权行为的影响作用。

表3-6　自组织维权行为的 LOGIT 回归分析

变量	（1） 自组织维权行为	（2） 自组织维权行为
对照组　家政业		
批发零售业	0.372	1.271**
	（0.426）	（0.544）
制造业	1.171**	1.872***
	（0.463）	（0.577）
房地产业	0.555	1.179*
	（0.514）	（0.632）
金融业	0.482	1.430**
	（0.611）	（0.709）

变量	（1） 自组织维权行为	（2） 自组织维权行为
咨询业	0.998	2.204***
	（0.668）	（0.835）
其他服务业	1.012	1.867**
	（0.623）	（0.779）
就业困难		0.835**
		（0.343）
	（0.0904）	（0.112）
常量	−0.740	−1.353
	（1.083）	（1.281）
样本量	425	330

*** p<0.01,** p<0.05,* p<0.1

控制变量:政治面貌、年龄、受教育程度、来沪时长、婚姻状况、职业获取途径、年收入等。

如表 3-6 所示,来沪务工女性的养老育幼负担和社会网络并没有对她们的自组织维权行为发挥具有统计意义的显著作用,而职业类型和具体生活中所遇到的困难成为促使来沪务工女性采用自组织维权行为保护自身合法权益的主要因素。具体而言,相对于从事家政业的来沪务工女性来说,从事批发零售业的女性进行自组织维权行为的比例是前者的 3.6 倍。与此同时,制造业(6.5 倍)、房地产业(3.2 倍)、金融业(4.2 倍)、咨询业(9.1 倍)和其他服务业(6.5 倍)进行自组织维权行为的比例均有不同程度的提升。

另外,在来沪务工女性所遭遇的困难处境中,就业难对她们选择自组织维权行为的促进作用最为显著。相对于没有遭遇就业难的女性,那些遭遇着就业难的来沪务工女性进行自组织维权行为的比例增加了五分之一。而其他难题对来沪务工女性是否参与自组织维权行为的作用并不具有统计意义的显著性。这个研究发现是符合我们的预期的。本次调研对象为来上海寻求更好工作机会的女性群体,如果她们遭遇了就业难,那无疑对其在上海的基本生计造成强烈的冲击。这也不难理解她们何以会以更大比例的比例去进行更为激烈化的自组织维权活动。

3.媒介抗争行为的总和因素分析

在控制了政治面貌、年龄、来沪时长、婚姻状况、职业获取途径和年收入之后，我们发现养老育幼负担和社会网络不构成影响来沪务工女性进行媒介抗争行为的显著性影响因素。通过表3-7模型（1）和模型（2）的数据检验得出，教育对于影响来沪务工女性在遇到侵权行为时选择媒介作为抗争工具具有十分显著且稳定的促进作用。这一比例的提升已经达到了近7倍。

表3-7 媒介抗争行为的 LOGIT 回归分析

变量	（1）媒介抗争行为	（2）媒介抗争行为
对照组 初中及以下		
高中/中专	0.679	0.807
	（0.449）	（0.593）
大学专科	0.797	0.984
	（0.502）	（0.664）
大学本科及以上	1.630***	1.926***
	（0.554）	（0.730）
对照组 家政业		
批发零售业	−0.918*	−0.767
	（0.532）	（0.644）
餐饮业	−1.037**	−0.705
	（0.444）	（0.574）
咨询业	−1.394*	−0.952
	（0.825）	（0.950）
就业困难		0.794*
		（0.407）
常量	−2.583*	−3.461**
	（1.479）	（1.639）
样本量	424	316

*** p<0.01, ** p<0.05, * p<0.1
控制变量：政治面貌、年龄、来沪时长、婚姻状况、职业获取途径、年收入。

除此之外，职业类型和在沪期间所遭遇的就业困难也是促使来沪务工女性采取媒介抗争行为的主要影响因素。具体来说，在模型（1）中我们可以看出，相对于从事家政业的来沪务工女性而言，从事批发零售业、餐饮业和咨询业的来沪务工女性，具有更低的比例去采取媒介抗争的方式维护自身权益。但是在模型(2)中，当课题组带入"就业困难"变量，批发零售业、餐饮业和咨询业与家政业来沪务工女性在媒介抗争比例的差别变得不再具有统计意义上的显著意义。取而代之的是，"就业困难"变量对来沪务工女性采取媒介抗争的方式维护自身权益行为的发生比例产生了非常显著的促进作用。即相对于没有经历过就业难压力的来沪务工女性来说，那些遭遇就业难的女性具有更大的可能性选择媒介抗争行为来维护自身权益，其行为发生的比例比前者提高 1.2 倍。

可见，无论是自组织维权行为还是媒介抗争行为，就业难题都将显著地推动来沪务工女性采取相对于"向群团组织求援"而言更为极端的维权抗争行为。而相对于自组织维权行为来说，那些普遍经历过更高教育经历的来沪务工女性，她们在遭遇就业难时更倾向于选择媒介抗争行为。总体而言，就业难作为制约不同类型来沪务工女性工作和生活的关键性难题，需要得到相关部门足够的重视。

第四章　来沪务工女性政治参与的"态度-行为"关系

在政治学和社会学领域，关于政治参与态度或者政治参与行为的单一议题研究较为多见，但对二者关系的讨论却是较为缺乏的。[①]一般来说，学者对公众政治态度进行研究，其潜在的认知基础为态度将在一定程度上引发行为的产生。同时，也有越来越多的心理学和社会学研究证明，行为将会对态度产生反作用。通过行为的持续进行，观念或态度将逐步发生改变，进而形成一种由内而外的观念认同。所以在本章中，课题组将尝试对来沪务工女性的政治参与态度和行为之间的关系进行初步探讨，以期深入了解来沪务工女性的政治参与现状。在变量的使用方面，课题组依然沿用已经在第二章和第三章中出现的政治态度和政治行为变量，并进一步讨论在控制了基本

[①]　当前中国关于公众政治态度与行为之间关系的讨论主要可参见：林嘉诚：《政治心理形成与政治参与行为》，台湾商务印书馆，1989 年；李春梅：《城镇居民公众参与认知、态度和行为关系的实证研究》，中国社会科学出版社，2017 年；宋蕾：《破解政府治理高碳的"效率困境"——基于"认知-态度-行为"模型的调研分析》，《理论探索》2012 年第 2 期；郭俊平、曲颂：《农民政治参与"态度-行为"关系：自治、混沌或背离》，《农林经济管理学报》2017 年第 4 期。

的人口学变量之后,二者将发生怎样的相互影响。

第一节　来沪务工女性政治参与态度对行为的影响

在本节中,课题组将讨论来沪务工女性政治参与态度对她们的政治行为所产生的影响,这一行为不仅包含制度性的政治参与行为,同时包含如向群团组织求援、自组织维权行为和媒介抗争等非制度性的政治参与行为。而政治态度则包括政治兴趣、政治效能感、政府满意度、人际信任和政治信任等。

一、来沪务工女性政治参与态度与制度性政治参与行为

在控制了受访人的政治面貌、年龄、受教育程度、来沪时长、婚姻状况、住房状态、养老育幼压力、职业、就业方式、工作时长和年收入等个人基本属性方面的变量之后,课题组发现这些政治态度在对包括参与人大代表选举、村/居委会选举、业委会选举和职工代表大会等政治参与行为的影响呈现出多样化的表现。

(一)政治参与态度与人大代表选举

如表 4-1 所示,在控制了个人基本属性的变量之后,受访人的外部效能感、人际信任、村/居委会满意度均可对来沪务工女性参与人大代表选举情况产生显著的促进作用。具体来说,那些外部效能感较高的来沪务工女性通常拥有更大的可能性去参与人大代表选举,且这些人参加人大代表选举的可能性整体提升 7.5 倍。同时,受访人对村/居委会的满意程度与其参与人

来沪务工女性政治参与现状调查

大代表选举活动也呈现出积极的促进作用，那些对其所在村或居委会比较满意的来沪务工女性与那些不满意的相比，其参加人大代表选举的可能性是后者的 3 倍还多。社会资本也在推动受访人参与人大代表选举方面起到了促进作用。那些具有更高社会信任水平的受访人，更愿意参与人大代表选举。

表 4-1　政治态度对来沪务工女性参与人大代表选举的影响（LOGIT 回归系数和标准差）

变量	（1）参与人大代表选举	（2）参与人大代表选举
政治兴趣	−0.0357	0.103
	（0.532）	（0.551）
内部效能感	−0.458	−0.624
	（0.769）	（0.850）
外部效能感	2.147***	2.083***
	（0.684）	（0.759）
人际信任	1.140**	0.749
	（0.532）	（0.557）
村/居委会满意度	1.166*	1.496**
	（0.605）	（0.656）
街/镇政府满意度	0.201	0.0342
	（0.898）	（0.991）
区政府满意度	−1.376	−2.124**
	（0.954）	（1.022）
市政府满意度	0.195	0.906
	（0.875）	（0.986）
中央政府满意度	−0.409	−0.462
	（0.521）	（0.586）
政治信任	0.715	−1.404
	（1.095）	（1.392）
血缘信任		3.894*
		（2.090）
邻居信任		−2.485**
		（1.235）
同事信任		1.512
		（1.404）

续表

变量	（1） 参与人大代表选举	（2） 参与人大代表选举
上海人信任		4.991***
		（1.411）
陌生人信任		－0.787
		（0.810）
常量	－2.466	－6.915**
	（1.602）	（2.685）
样本量	302	302

*** p<0.01,** p<0.05,* p<0.1
控制变量:政治面貌、年龄、受教育程度、来沪时长、婚姻状况、住房状态、养老育幼压力、职业、就业方式、工作时长、年收入。

为了更好地探索社会信任是如何对来沪务工女性的政治参与行为发挥作用的,课题组在模型(2)中依次添加了血缘信任、邻居信任、同事信任、上海人信任和陌生人信任等五个变量。如表4-1的模型(2),课题组发现,社会信任中的血缘信任、邻居信任和对上海人的信任更为显著地对受访人参与政治发挥着促进作用。其中值得关注的是,血缘信任帮助提升了来沪务工女性48倍的可能性去参与人大代表选举,而对上海人的信任把受访人参与人大代表选举活动的可能性提高了约146倍。与此同时,课题组发现,外部效能感和村/居委会满意度依然显著地对受访人是否参与人大代表选举产生着推动作用。同步发生的变化还要注意到受访人对区政府的满意度,从模型(1)到模型(2)中,这一影响因素从不显著到显著,且表明了一种阻碍或者负面的关系。也就是说,那些对区政府越是满意的受访人,她们参与人大代表选举的可能性越低,降低近1倍。

(二)政治参与态度与村/居委会选举

通常来说,作为公众基本的生活单位,村/居委会选举相对于人大代表选举来说具有更为广泛的参与度。在本地社会调查中,作为来沪工作生活的

"新上海人"，约27.7%的人口曾经参加过村委会或者居委会的选举。在表4-2中，课题组同样将相关政治态度逐项带入 LOGIT 回归模型中，在控制了人口学变量之后，模型没有发现任何政治态度变量可以对来沪务工女性的村/居委会选举产生显著的作用。但当课题组将构成社会信任主要方面的血缘信任、邻居信任、同事信任、上海人信任和陌生人信任带入模型（2）之后，课题组发现血缘信任和对上海人的信任均在不同程度上对来沪务工女性参与村/居委会选举发挥着促进作用。其中，血缘信任可以提升14倍的可能性促使来沪务工女性参与村/居委会的选举，而对上海人的信任则可以将来沪务工女性参与村/居委会选举的可能性提升约13倍。

表4-2　政治态度对来沪务工女性参与村/居委会选举的影响（LOGIT 回归系数和标准差）

变量	（1）参与村/居委会选举	（2）参与村/居委会选举
政治信任	0.943	−0.222
	（0.979）	（1.202）
政治兴趣	−0.296	−0.192
	（0.505）	（0.516）
内部效能感	−0.0448	−0.130
	（0.676）	（0.711）
外部效能感	0.372	0.242
	（0.584）	（0.620）
人际信任	0.342	0.0380
	（0.430）	（0.454）
村/居委会满意度	0.530	0.649
	（0.573）	（0.614）
街/镇政府满意度	−0.259	−0.285
	（0.774）	（0.812）
区政府满意度	0.0701	−0.323
	（0.837）	（0.862）
市政府满意度	−0.291	−0.00649
	（0.775）	（0.828）
中央政府满意度	0.318	0.381
	（0.437）	（0.455）

续表

变量	（1） 参与村/居委会选举	（2） 参与村/居委会选举
血缘信任		2.724*
		（1.592）
上海人信任		2.634**
		（1.069）
常量	0.441	−2.078
	（1.417）	（2.111）
样本量	304	304

*** p<0.01,** p<0.05,* p<0.1

控制变量：政治面貌、年龄、受教育程度、来沪时长、婚姻状况、住房状态、养老育幼压力、职业、就业方式、工作时长、年收入。

（三）政治参与态度与业委会选举

课题组在第一章和第三章已经提到，本次调查样本中的来沪务工女性中约占 33.07% 的人口已经在上海自购住房，但其中只有约 19.4% 的受访人曾经参加过业委会选举。受限于各种各样的原因，来沪务工女性对业委会选举的参与率整体偏低。课题组接下来将继续通过 LOGIT 回归模型分析导致参与率偏低在个体意愿方面的原因。如表 4-3 的模型（2）所示，在控制了人口学变量之后，受访人对村／居委会的满意度、血缘信任、邻居信任和对上海人信任一起，对她们是否参与业委会选举起到了较为显著的影响力。

具体来说，对村／居委会表达满意的来沪务工女性相对于表达不满的女性来说，其参与业委会选举的可能性提升了近 5 倍。而血缘信任则可以提升高达 123 倍的可能性让来沪务工女性参与业委会选举；同时，对上海人的信任可以提升近 5 倍的可能性让来沪务工女性参与业委会选举活动。另外，课题组不能忽视的是，对邻居的信任会让来沪务工女性降低参加业委会选举的比例，约 1 倍。比例较小，但仍然不能忽视来沪务工女性较为注重熟人之间的交流与合作，对以陌生人为主、以制度化维护自身利益的群体参与意愿通常不足。

表4-3 政治态度对来沪务工女性参与业委会选举的影响(LOGIT 回归系数和标准差)

变量	（1）参与业委会选举	（2）参与业委会选举
政治兴趣	0.671	0.744
	（0.560）	（0.576）
内部效能感	−0.698	−0.531
	（0.797）	（0.856）
外部效能感	0.569	0.243
	（0.698）	（0.754）
人际信任	0.901	0.727
	（0.561）	（0.603）
村/居委会满意度	1.416**	1.756**
	（0.653）	（0.713）
街/镇政府满意度	−1.053	−1.178
	（0.992）	（1.089）
区政府满意度	0.00787	−0.656
	（1.073）	（1.107）
市政府满意度	0.0330	0.734
	（0.946）	（1.020）
中央政府满意度	−0.211	−0.328
	（0.557）	（0.620）
政治信任	1.059	−0.366
	（1.189）	（1.481）
血缘信任		4.825**
		（2.166）
邻居信任		−2.289*
		（1.346）
同事信任		−0.382
		（1.544）
上海人信任		2.351*
		（1.237）
陌生人信任		1.313
		（0.879）
常量	−4.481**	−8.856***
	（1.814）	（2.951）
样本量	304	304

*** p<0.01,** p<0.05,* p<0.1

控制变量:政治面貌、年龄、受教育程度、来沪时长、婚姻状况、住房状态、养老育幼压力、职业、就业方式、工作时长、年收入。

（四）政治参与态度与职工代表大会参与

由于来沪务工女性在生活工作等方面的特征，参加职工代表大会选举相对于其他三项政治参与活动来说，来沪务工女性对它更为熟悉，参与率也更高。如表4-4所示，在课题组控制了人口学变量之后，政治态度诸要素中只有政治兴趣、政治信任和对上海人的信任发挥着难以忽视的作用。

在模型（1）中，政治兴趣和政治信任对来沪务工女性参与职工代表大会的行为起到了一正一反两种作用。那些政治兴趣越高的受访人，她们参与职工代表大会的比例反而越低，约降低0.6倍。而越是那些持有更高的政治信任水平的受访人，她们参加职工代表大会的比例也是相应提升，约可提升9倍。这两项因素虽然在模型（2）依次带入社会信任诸要素之后，其影响力的显著性普遍降低，但依然值得课题组关注。

表4-4　政治态度对来沪务工女性参与职工代表大会的影响（LOGIT 回归系数和标准差）

变量	（1）参与职工代表大会	（2）参与职工代表大会
政治兴趣	−0.900*	−0.763
	（0.512）	（0.520）
政治信任	2.332**	1.133
	（1.035）	（1.203）
上海人信任		1.808*
		（1.048）
常量	−2.135	−3.738*
	（1.465）	（2.140）
样本量	306	306

*** p<0.01，** p<0.05，* p<0.1

控制变量：政治面貌、年龄、受教育程度、来沪时长、婚姻状况、住房状态、养老育幼压力、职业、就业方式、工作时长、年收入。

在模型（2）中，能够对来沪务工女性是否参与职工代表大会起决定性的影响作用的变成了其对上海人的信任程度。也就是说，那些认为上海人可信的来沪务工女性的职工代表大会参与率是不信任上海人的来沪务工女性的6倍以上。通常来说,来沪务工女性的工作环境仍然是上海本地人为主,而决定她们是否愿意参与职工代表大会维护个人基本权利的主要因素就是,她们是否相信上海当地人可以公平地倾听她们的要求,并对她们的权利予以公平的对待。

二、来沪务工女性政治参与态度与非制度性政治参与行为

相对于制度性的政治参与活动,来沪务工女性在非制度性的政治参与方面呈现出更为活跃且多样化的特征,她们的政治参与态度在其非制度性政治参与行为上的影响作用同样需要得到课题组的重视。在控制了受访人的政治面貌、年龄、受教育程度、来沪时长、婚姻状况、住房状态、养老育幼压力、职业、就业方式、工作时长和年收入等个人基本属性方面的变量之后,课题组接下来将讨论政治参与态度诸要素对来沪务工女性的群团组织求援行为、自组织维权行为和媒介抗争行为的影响。

(一)政治参与态度与向群团组织求援

在第三章中,课题组已经分析了具有何种特征的人群更加倾向于向包括工会、妇联和共青团在内的群团组织求援。那么在本部分中,课题组将讨论在群体特征不变的情况下,具有怎样的政治态度将影响受访人在权益受到侵害时选择向群团组织求援。

在表4-5中,课题组发现来沪务工女性的内部效能感、对街/镇政府的满意度、对市政府的满意度,以及对陌生人的信任度在影响群团组织求援倾向中起到了关键性作用,且具有统计意义的显著性。在模型(2)中,即便课题组增加了社会信任诸要素作为补充性的解释变量,但除陌生人信任这一新

添加变量之外,其他三项政治态度要素均呈现出稳健的解释力。其中,内部效能感越强的受访人,其在权益受到侵害时向群团组织求援的可能性越大,具体比例提升约9倍。同时,对街/镇政府的满意度和对市政府的满意度在对受访人向群团组织求援倾向上,却呈现出相反的作用力。其中,对街/镇政府表示满意的受访人,她们在权益受到侵害时去寻求群团组织帮助的比例仅是那些表示不满的人群五分之一;而那些越是对市政府表达满意的受访人,她们去寻求群团组织帮助的可能性也大大提高,提高幅度约3.2倍。

表4-5　政治态度对来沪务工女性向群团组织求援行为的影响(LOGIT回归系数和标准差)

变量	（1） 向群团组织求援	（2） 向群团组织求援
政治兴趣	0.145	0.205
	（0.419）	（0.428）
内部效能感	1.939***	2.291***
	（0.610）	（0.646）
外部效能感	0.593	0.550
	（0.509）	（0.535）
人际信任	0.103	0.120
	（0.350）	（0.367）
村/居委会满意度	0.824	0.854*
	（0.502）	（0.506）
街/镇政府满意度	−1.422**	−1.507**
	（0.647）	（0.657）
区政府满意度	−0.572	−0.647
	（0.716）	（0.736）
市政府满意度	1.304**	1.440**
	（0.636）	（0.653）
中央政府满意度	−0.358	−0.336
	（0.365）	（0.370）
政治信任	−0.368	−0.409
	（0.795）	（0.971）
血缘信任		0.214
		（1.027）
邻居信任		0.160

续表

变量	（1） 向群团组织求援	（2） 向群团组织求援
		（0.885）
同事信任		−1.146
		（0.985）
上海人信任		−0.164
		（0.787）
陌生人信任		1.278**
		（0.598）
		（0.729）
常量	−1.357	−1.422
	（1.169）	（1.486）
样本量	331	331

*** p<0.01,** p<0.05,* p<0.1

控制变量:政治面貌、年龄、受教育程度、来沪时长、婚姻状况、住房状态、养老育幼压力、职业、就业方式、工作时长、年收入。

另外,在模型(2)中新增加的两个作用效果显著的变量也值得课题组注意。受访人对村/居委会的满意度在课题组带入社会信任诸要素之后,呈现出一定的显著性特征:那些对村/居委会表达满意的受访人,其向群团组织寻求帮助的可能性要比对村/居委会表达不满的人高出1.3倍左右。同时,受访人对陌生人的信任程度也在一定程度上影响着她们通过群团组织寻求帮助的比例。那些能够信任陌生人的来沪务工女性群体,在遇到权益受到侵害的情况下,比那些不信任陌生人的来沪务工女性群体更可能选择向群团组织寻求帮助,这一比例为3.6倍左右。

(二)政治参与态度与自组织维权行为

在很多情况下,由于外在制度性参与途径被阻断,非制度性政治参与行为成为外来务工人员所普遍采用的政治参与方式。特别是游行示威、罢工等自组织维权行为,对社会稳定和社会秩序具有不容忽视的破坏性。所以不仅知道哪些特征的人群更易于采用自组织维权行为是重要的，通过她们的政治参与态度对其可能的政治行为进行预判，也是十分必要的。接下来，课题组将继续上文的研究方法，将政治参与态度作为解释变量，通过 LOGIT 回归模型分析来沪务工女性政治参与态度及其自组织维权行为的作用机制。

如表 4-6 所示，在控制了人口学相关变量的基层上，通过模型（1）和模型（2）的嵌套分析检验，课题组发现，受访人的政治兴趣和其对中央政府的满意度对她们是否采取自组织维权行为发挥着在统计意义上十分显著的影响。而相对于这两项因素而言，政治态度的其他诸要素在此方面，至少在统计意义上，并不具有决定性的作用。课题组以模型（2）作为分析对象，具体来说，那些兴趣点在政治社会问题上的受访者要具有更大的可能性会去进行自组织的维权行为，且相对于那些兴趣点不在政治方面的受访者而言，她们进行自组织维权行为的比例提升了三分之一以上。而与此同时，来沪务工女性对中央政府的满意度则可以在一定程度上降低她们进行自组织维权行为的倾向，尽管降低的幅度不高，但这一趋势依然值得课题组在统计学意义上给予充分重视。

表 4-6 政治态度对来沪务工女性自组织维权行为的影响（LOGIT 回归系数和标准差）

变量	（1） 自组织维权行为	（2） 自组织维权行为
政治兴趣	1.316***	1.331***
	（0.434）	（0.439）
内部效能感	0.840	0.855
	（0.615）	（0.633）
外部效能感	−0.534	−0.431
	（0.523）	（0.542）
人际信任	−0.171	−0.120
	（0.357）	（0.370）
村/居委会满意度	−0.347	−0.341
	（0.499）	（0.503）
街/镇政府满意度	0.776	0.747

续表

变量	（1） 自组织维权行为	（2） 自组织维权行为
	（0.648）	（0.653）
区政府满意度	−1.202*	−1.115
	（0.698）	（0.708）
市政府满意度	0.512	0.435
	（0.600）	（0.610）
中央政府满意度	−1.007***	−0.999***
	（0.381）	（0.383）
政治信任	−0.399	−0.643
	（0.790）	（0.965）
血缘信任		−0.0628
		（1.014）
邻居信任		−0.249
		（0.888）
同事信任		0.990
		（0.983）
上海人信任		−0.375
		（0.783）
陌生人信任		−0.0129
		（0.606）
常量	1.456	1.264
	（1.196）	（1.477）
样本量	327	327

*** p<0.01,** p<0.05,* p<0.1

控制变量:政治面貌、年龄、受教育程度、来沪时长、婚姻状况、住房状态、养老育幼压力、职业、就业方式、工作时长、年收入。

(三)政治参与态度与媒介抗争行为

相对于前面两项非制度性政治参与行为而言,来沪务工女性的政治态度对她们的媒介抗争行为的影响是十分微弱的。如表4-7所示,即便在模型(1)和模型(2)中逐项增加了多种政治态度方面的解释变量,但样本受教育程度始终呈现出稳健的影响力。在表4-7中,在控制了所有人口统计学意义上的变量之后,只有在模型(1)发现了内部效能感在对受访人的媒介抗争行为中起到了一定的促进作用,约为1.5倍。但当课题组将社会信任诸要素依次增加入模型(2)中以后,内部效能感的促进作用失去了其在统计意义上的显著性。也就是说,来沪务工女性是否选择媒介抗争作为其维护自身权益进行非制度性政治参与的工具,并不受其相应政治态度的影响。或者说,能够影响来沪务工女性采取媒介抗争行为的政治态度要素,在本次调查中暂时未能找到。

表4–7 政治态度对来沪务工女性媒介抗争行为的影响(LOGIT 回归系数和标准差)

变量	(1) 媒介抗争行为	(2) 媒介抗争行为
政治兴趣	0.338	0.323
	(0.510)	(0.511)
内部效能感	1.468*	1.328
	(0.789)	(0.809)
外部效能感	0.340	0.531
	(0.641)	(0.675)
人际信任	−0.0340	0.0216
	(0.437)	(0.458)
村/居委会满意度	0.253	0.344
	(0.591)	(0.602)
街/镇政府满意度	−0.106	−0.0704
	(0.767)	(0.773)
区政府满意度	−1.134	−1.127
	(0.802)	(0.825)
市政府满意度	0.636	0.610
	(0.701)	(0.728)
中央政府满意度	0.224	0.141
	(0.464)	(0.469)
政治信任	−0.650	−0.865
	(1.003)	(1.172)
血缘信任		2.056
		(1.530)
邻居信任		−0.574

变量	（1） 媒介抗争行为	（2） 媒介抗争行为
		（1.086）
同事信任		0.584
		（1.191）
上海人信任		−0.518
		（0.945）
陌生人信任		−0.115
		（0.776）
常量	−3.352**	−5.128**
	（1.482）	（2.108）
样本量	330	330

*** p<0.01，** p<0.05，* p<0.1

控制变量：政治面貌、年龄、受教育程度、来沪时长、婚姻状况、住房状态、养老育幼压力、职业、就业方式、工作时长、年收入。

第二节 来沪务工女性政治参与行为对政治态度的影响

通常课题组认为态度影响行为，然而越来越多的研究已经证明，政治参与行为可以对塑造公众政治态度和认知起到不可忽视的反作用。

一、来沪务工女性政治参与行为与政治兴趣

在控制了政治面貌、年龄、受教育程度、来沪时长、婚姻状况、住房状态、养老育幼压力、职业、就业方式、工作时长、年收入等个体特征变量之后，课题组分别检验包括参加人大代表选举、参加村/居委会选举、参加业委会选举和参加职工代表大会在内的制度性政治参与行为，以及包括向群团组织

求援、自组织维权行为和媒介抗争行为等在内的非制度性政治参与行为,二者是如何对政治兴趣发生影响的。

表4-8　政治参与行为对来沪务工女性政治参与兴趣的影响(OLS回归系数和标准差)

变量	（1）政治兴趣	（2）政治兴趣	（3）政治兴趣
参加人大代表选举	0.00292		−0.0144
	（0.0451）		（0.0462）
参加村/居委会选举	−0.00610		−0.00669
	（0.0417）		（0.0417）
参加业委会选举	0.0346		0.0291
	（0.0480）		（0.0486）
参加职工代表大会	−0.0431		−0.0499
	（0.0381）		（0.0379）
向群团组织求援		0.0559	0.0711
		（0.0496）	（0.0536）
自组织维权行为		0.220*	0.451***
		（0.121）	（0.150）
媒介抗争行为		0.0101	−0.00922
		（0.0368）	（0.0396）
常量	0.246*	0.150	0.212
	（0.134）	（0.125）	（0.134）
样本量	375	404	366
R平方	0.080	0.089	0.109

*** p<0.01,** p<0.05,* p<0.1

控制变量:政治面貌、年龄、受教育程度、来沪时长、婚姻状况、住房状态、养老育幼压力、职业、就业方式、工作时长、年收入。

如表4-8所示,尽管参加村/居委会选举和职工代表大会并不能促进来沪务工女性产生政治参与的兴趣,但二者的影响力并不具有统计意义上的显著性。同理,业委会选举虽然可以提升她们的政治兴趣,但由于相关系数在统计意义上不显著,所以课题组仍然对此持保留意见。相对于作用力较小的制度性政治参与行为来说,非制度性的政治参与行为往往能够更好地促进来沪务工女性政治兴趣的提升。特别是自组织的维权行为,在课题组的研究中,它包括了受访人在权益受到侵害时选择"私下解决""找社会组织"和

"游行示威"。在中国的社会政治环境中,作为外来者的来沪务工女性在遇到权益受到侵害的事情时,通常较少地选择那种激烈极端的维权方式,更倾向于通过私人关系将问题妥善解决。所以在第三章第一节对非制度性政治参与行为的数据描述中,不难理解为何只有 5 人选择"游行示威"这一选项。同时,在外来人口中,同乡会等社会组织的影响力事实上是很巨大的,在解决问题的能力上也往往比一些正式的机构更有效率。所以如表 4-8 的模型(3)所示,在控制了制度性政治参与行为之后,来沪务工女性参与自组织的维权行为仍然可以非常显著地提升她们的政治兴趣。模型(3)的 R 平方从模型(2)的 0.089 迅速上升到 0.109,足以说明模型(3)的解释力更强,即自组织维权行为对政治兴趣提升的重大影响力。

二、来沪务工女性政治参与行为与政治效能感

在政治效能感方面,如上文所阐释,课题组将其分为内部效能感和外部效能感两个部分。接下来,课题组将对政治参与行为对二者的影响作用进行分别讨论。

(一)来沪务工女性政治参与对内部效能感的影响

在控制了政治面貌、年龄、受教育程度、来沪时长、婚姻状况、住房状态、养老育幼压力、职业、就业方式、工作时长、年收入等个体特征变量之后,课题组依次将制度性政治参与和非制度性政治参与行为带入表 4-9 的模型(1)和模型(2)中。课题组发现,参加制度性政治参与行为中的职工代表大会和非制度性政治参与行为中的向群团组织求援等行为,均可以显著地增加来沪务工女性的内部效能感,使其增强对自身政治参与能力的认知。

从模型(1)来看,那些参加过职工代表大会的来沪务工女性比没有参加

过此类活动的女性具有更高的内部效能感,增幅约为7.4%。在模型(2)中,遇到困难首先尝试向群团组织求援的来沪务工女性将比其他人在内部效能感方面提升6.6%。而在同时具有制度性政治参与行为和非制度性政治参与行为的模型(3)中,参加职工代表大会和向群团组织求援的行为对内部效能感的增幅均调整为6.8%上下。且模型的R平方从模型(2)的0.056,增加到模型(3)的0.084,模型的解释力提升了近3个百分点。

表4-9　政治参与行为对来沪务工女性内部效能感的影响(OLS回归系数和标准差)

变量	(1) 内部效能感	(2) 内部效能感	(3) 内部效能感
参加人大代表选举	−0.0240		−0.0450
	(0.0313)		(0.0320)
参加村/居委会选举	0.00178		0.0161
	(0.0281)		(0.0280)
参加业委会选举	−0.0414		−0.0300
	(0.0330)		(0.0334)
参加职工代表大会	0.0738***		0.0682***
	(0.0260)		(0.0258)
向群团组织求援		0.0662*	0.0679*
		(0.0342)	(0.0370)
自组织维权行为		−0.0368	0.0668
		(0.0839)	(0.103)
媒介抗争行为		0.0400	0.0324
		(0.0255)	(0.0274)
常量	0.572***	0.559***	0.554***
	(0.0907)	(0.0853)	(0.0906)
样本量	392	424	383
R平方	0.066	0.056	0.084

*** $p<0.01$,** $p<0.05$,* $p<0.1$

控制变量:政治面貌、年龄、受教育程度、来沪时长、婚姻状况、住房状态、养老育幼压力、职业、就业方式、工作时长、年收入。

(二)来沪务工女性政治参与对外部效能感的影响

在外部效能感方面,在控制了人口特征变量之后,课题组发现参加人大代表选举和自组织维权行为均对来沪务工女性的外部效能感产生了显著影响。不同的是,如表4-10所示,参加人大代表选举可以显著地提升来沪务工女性的外部效能感,增强其对政府将会回应个体需求的信心。而自组织维权行为的参与则在对来沪务工女性外部效能感方面起到了显著地阻碍或者抑制作用。

表4-10　政治参与行为对来沪务工女性外部效能感的影响(OLS回归系数和标准差)

变量	(1) 外部效能感	(2) 外部效能感	(3) 外部效能感
参加人大代表选举	0.127***		0.139***
	(0.0379)		(0.0394)
参加村/居委会选举	−0.0322		−0.0331
	(0.0339)		(0.0345)
参加业委会选举	0.0299		0.0257
	(0.0399)		(0.0412)
参加职工代表大会	−0.0201		−0.0237
	(0.0315)		(0.0318)
向群团组织求援		0.0544	0.0558
		(0.0413)	(0.0457)
自组织维权行为		−0.245**	−0.250*
		(0.101)	(0.127)
媒介抗争行为		0.00841	0.00660
		(0.0308)	(0.0338)
常量	0.400***	0.393***	0.424***
	(0.110)	(0.103)	(0.112)
样本量	392	424	383
R平方	0.082	0.063	0.094

　　*** $p<0.01$,** $p<0.05$,* $p<0.1$
　　控制变量:政治面貌、年龄、受教育程度、来沪时长、婚姻状况、住房状态、养老育幼压力、职业、就业方式、工作时长、年收入。

　　具体来说,在表4-10的模型(1)中,课题组看到那些参加人大代表选举的女性与没参加过的女性相比,其外部效能感显著地增加了12.7%。同时,那些权益受损直接采取自组织维权行为的来沪务工女性则比其他人降低了

24.5%。在模型(3)中，课题组发现无论是参加人大代表选举的制度化政治参与行为，还是自组织维权行为的非制度化政治参与行为，其与外部效能感的相关度都呈现出了不同程度的提升或降低。其中，参加人大代表选举提升了来沪务工女性13.9%的外部效能感，而参与自组织维权行为则显著降低了25%的外部效能感。

三、来沪务工女性政治参与行为与人际信任

延续前几章课题组对人际信任变量的界定，课题组将其具体化为血缘信任、社群信任、上海人信任和陌生人信任。在开始具体化开展数据分析之前，课题组首先将人际信任作为一个整体的因变量出现在表4-11中。在表4-11的模型(3)中课题组发现，与外部效能感的影响因素类似，参加人大代表选举活动和参加自组织维权行为两个因素均会对来沪务工女性的人际信任基本水平产生影响。如表4-11所示，那些更多地参加人大代表选举这一制度性政治参与形式的来沪务工女性，要比其他人显著地提升了12.8%的人际信任水平；同时，在权益受损时自组织进行维权的行为将显著地降低来沪务工女性的人际信任感，降幅约为35.2%。那么课题组不禁要问，来沪务工女性政治参与过程中的制度和非制度行为，是如何对人际信任的诸要素发生具体作用，进而影响人际信任的总体指标的呢？接下来，课题组将分别对这四种信任类型予以讨论，分析来沪务工女性政治参与行为对它们所产生的影响。

表 4-11　政治参与行为对来沪务工女性人际信任的影响（OLS 回归系数和标准差）

变量	（1）人际信任	（2）人际信任	（3）人际信任
参加人大代表选举	0.115**		0.128**
	（0.0561）		（0.0581）
参加村/居委会选举	0.0284		0.0309
	（0.0503）		（0.0509）
参加业委会选举	−0.00311		−0.0115
	（0.0591）		（0.0607）
参加职工代表大会	−0.00963		−0.0158
	（0.0466）		（0.0469）
向群团组织求援		0.0762	0.0955
		（0.0604）	（0.0673）
自组织维权行为		−0.278*	−0.352*
		（0.148）	（0.188）
媒介抗争行为		0.0126	−0.00736
		（0.0451）	（0.0498）
常量	0.556***	0.624***	0.596***
	（0.162）	（0.151）	（0.165）
样本量	392	424	383
R 平方	0.053	0.042	0.062

*** p<0.01，** p<0.05，* p<0.1
控制变量：政治面貌、年龄、受教育程度、来沪时长、婚姻状况、住房状态、养老育幼压力、职业、就业方式、工作时长、年收入。

（一）来沪务工女性政治参与对血缘信任的影响

在控制了政治面貌、年龄、受教育程度、来沪时长、婚姻状况、住房状态、养老育幼压力、职业、就业方式、工作时长、年收入等相关的人口特征变量之后，课题组在表 4-12 中发现，除参加村/居委会选举之外，其他政治参与行为要素几乎对来沪务工女性的血缘信任不产生显著影响。而具体来看，那些参加过村/居委会选举的来沪务工女性要比没有参加过的来沪务工女性拥有更高的血缘信任水平，差值约为 3.5%。

表 4-12　政治参与行为对来沪务工女性血缘信任的影响（OLS 回归系数和标准差）

变量	（1）血缘信任	（2）血缘信任	（3）血缘信任
参加人大代表选举	0.00890		−0.000170
	（0.0225）		（0.0234）
参加村/居委会选举	0.0323		0.0346*
	（0.0202）		（0.0205）
参加业委会选举	0.00972		0.0169
	（0.0237）		（0.0244）
参加职工代表大会	0.0101		0.0126
	（0.0187）		（0.0189）
向群团组织求援		0.0181	0.0164
		（0.0238）	（0.0271）
自组织维权行为		0.0396	0.00862
		（0.0585）	（0.0757）
媒介抗争行为		0.0203	0.0251
		（0.0178）	（0.0201）
常量	0.983***	1.019***	0.982***
	（0.0652）	（0.0595）	（0.0663）
样本量	392	424	383
R 平方	0.058	0.056	0.068

*** $p<0.01$，** $p<0.05$，* $p<0.1$

控制变量:政治面貌、年龄、受教育程度、来沪时长、婚姻状况、住房状态、养老育幼压力、职业、就业方式、工作时长、年收入。

（二）来沪务工女性政治参与对社群信任的影响

社群信任包括了来沪务工女性对邻居和同事的信任这两个方面。与上文相似,在控制了政治面貌、年龄、受教育程度、来沪时长、婚姻状况、住房状态、养老育幼压力、职业、就业方式、工作时长、年收入等人口特征变量之后,课题组发现来沪务工女性的制度性和非制度性政治参与中,只有参加职工代表大会这一行为对她们的社群信任起到了显著地促进作用,其他行为对社群信任的影响均不具有统计意义的显著性。具体而言,如表 4-13 所示,参加职工代表大会可以平均提升来沪务工女性约 3.7% 的社群信任水平。非制度性政治参与对来沪务工女性的社群信任不具有显著性影响。

表4-13 政治参与行为对来沪务工女性社群信任的影响（OLS回归系数和标准差）

变量	（1）社群信任	（2）社群信任	（3）社群信任
参加人大代表选举	0.00396		0.00780
	（0.0260）		（0.0274）
参加村/居委会选举	0.0112		0.00990
	（0.0233）		（0.0240）
参加业委会选举	−0.00164		−0.00458
	（0.0274）		（0.0286）
参加职工代表大会	0.0370*		0.0365*
	（0.0216）		（0.0221）
向群团组织求援		0.0276	0.0133
		（0.0293）	（0.0317）
自组织维权行为		0.103	−0.0283
		（0.0719）	（0.0885）
媒介抗争行为		−0.0114	−0.0221
		（0.0219）	（0.0234）
常量	0.633***	0.694***	0.637***
	（0.0753）	（0.0731）	（0.0775）
样本量	392	424	383
R平方	0.067	0.045	0.067

*** p<0.01，** p<0.05，* p<0.1

控制变量：政治面貌、年龄、受教育程度、来沪时长、婚姻状况、住房状态、养老育幼压力、职业、就业方式、工作时长、年收入。

（三）来沪务工女性政治参与对上海人信任的影响

在对上海人的信任水平这一方面，课题组依然控制了政治面貌、年龄、受教育程度、来沪时长、婚姻状况、住房状态、养老育幼压力、职业、就业方式、工作时长、年收入等人口特征变量。如表4-14所示，作为制度性政治参与行为中的参加人大代表选举和作为非制度性政治参与行为中的自组织维权行为，二者共同对来沪务工女性对上海人的信任水平产生了显著影响。

表 4-14　政治参与行为对来沪务工女性上海人信任的影响（OLS 回归系数和标准差）

变量	（1） 上海人信任	（2） 上海人信任	（3） 上海人信任
参加人大代表选举	0.0646**		0.0805**
	（0.0327）		（0.0338）
参加村/居委会选举	0.0238		0.0231
	（0.0293）		（0.0296）
参加业委会选举	0.0454		0.0398
	（0.0345）		（0.0353）
参加职工代表大会	0.0284		0.0250
	（0.0272）		（0.0273）
向群团组织求援		0.0255	0.00659
		（0.0376）	（0.0392）
自组织维权行为		−0.254***	−0.220**
		（0.0923）	（0.109）
媒介抗争行为		−0.0294	−0.0448
		（0.0280）	（0.0290）
常量	0.447***	0.509***	0.460***
	（0.0949）	（0.0938）	（0.0958）
样本量	392	424	383
R 平方	0.131	0.090	0.139

*** p<0.01,** p<0.05,* p<0.1

控制变量：政治面貌、年龄、受教育程度、来沪时长、婚姻状况、住房状态、养老育幼压力、职业、就业方式、工作时长、年收入。

具体来说，参加人大代表选举这一制度性政治参与行为和自组织维权行为这一非制度性政治参与行为，二者与来沪务工女性的上海人信任水平之间的相关系数，从模型（1）（2）到模型（3）均发生了明显的变化，但显著性却并没有因此而降低。在模型（1）中，参加人大代表选举对来沪务工女性的上海人信任的提升幅度为 6.5%，在加入非制度性政治参与行为变量之后，在模型（3）中，参加人大代表选举对来沪务工女性的上海人信任的提升幅度增加为 8.1%。在模型（2）中，在不考虑制度性政治参与行为对来沪务工女性的上海人信任的影响作用的情况下，自组织维权行为对她们的上海人信任水平具有显著地抑制或阻碍作用,降幅约为 25.4%。也就是说,那些越是参加自组织维权行为的来沪务工女性,她们越不具有对上海人的基本信任。而在模型(3)中,在课题组添加制度性政治参与变量之后,自组织维权行为对上海人信任的降幅略有缓解,约为 22%。总体而言,政治参与对来沪务工女性对上海人的信任情况具有较为明显的反作用,其模型(3)的 R 平方为 0.139,意味着这一统计模型对来沪务工女性对上海人的信任情况的影响因素具有较强的解释力。

(四)来沪务工女性政治参与对陌生人信任的影响

在来沪务工女性对陌生人的信任方面,课题组在控制了政治面貌、年龄、受教育程度、来沪时长、婚姻状况、住房状态、养老育幼压力、职业、就业方式、工作时长、年收入等相关的人口特征变量之后,同样依次带入制度性和非制度性政治参与行为两组变量,同时在模型(3)中同时考虑了制度性和非制度性的参与要素。如表 4-15 所示,课题组发现,当前包括人大代表选举、村/居委会选举、业委会选举和职工代表大会等制度性政治参与行为并没有对来沪务工女性的陌生人信任发生具有统计学意义的显著影响。而非制度性政治参与行为中的自组织维权行为,则不可忽视地对她们的陌生人信任产生了明显的阻碍作用。那些倾向于通过自组织维权行为捍卫自己权益的来沪务工女性,其对陌生人的信任要比其他人明显降低了 23%左右。通过寻找社会组织和私下解决等方式进行的自组织维权行为,反而对来沪务工女性的陌生人信任起到阻碍作用,这一违背常识的分析发现将在后文中进一步讨论。

表 4-15 政治参与行为对来沪务工女性陌生人信任的影响（OLS 回归系数和标准差）

变量	（1）陌生人信任	（2）陌生人信任	（3）陌生人信任
参加人大代表选举	−0.00201		0.0182
	（0.0378）		（0.0394）
参加村/居委会选举	0.0141		0.00843
	（0.0338）		（0.0345）
参加业委会选举	0.0573		0.0509
	（0.0398）		（0.0411）
参加职工代表大会	−0.00950		−0.0103
	（0.0314）		（0.0318）
向群团组织求援		0.0327	0.0274
		（0.0434）	（0.0456）
自组织维权行为		−0.00925	−0.232*
		（0.107）	（0.127）
媒介抗争行为		−0.0493	−0.0474
		（0.0324）	（0.0337）
常量	0.145	0.260**	0.167
	（0.109）	（0.108）	（0.112）
样本量	392	424	383
R 平方	0.059	0.045	0.073

*** $p<0.01$, ** $p<0.05$, * $p<0.1$

控制变量：政治面貌、年龄、受教育程度、来沪时长、婚姻状况、住房状态、养老育幼压力、职业、就业方式、工作时长、年收入。

四、来沪务工女性政治参与行为与政府满意度

在这一部分中，课题组将讨论来沪务工女性的制度性和非制度性政治参与行为对她们的政府满意度产生的影响。政府满意度将被具体化为村／居委会满意度、街／镇政府满意度、区政府满意度、上海市政府满意度和中央政府满意度五个层面，课题组将对此分为五个小部分进行分别讨论。

(一)来沪务工女性政治参与对村/居委会满意度的影响

在控制了来沪务工女性的政治面貌、年龄、受教育程度、来沪时长、婚姻状况、住房状态、养老育幼压力、职业、就业方式、工作时长、年收入等相关的人口特征变量之后，课题组依次在 OLS 回归模型中带入制度性和非制度性政治参与行为两组变量。如表 4-16 所示，课题组发现，参加村/居委会选举事实上并不会增加来沪务工女性对村/居委会的满意度，而参加业委会选举和参加职工代表大会这两项制度性政治参与行为反而可以大大提升她们对村/居委会的满意度水平。

具体来说，在制度性政治参与维度中，如模型(1)所示，那些参加过业委会选举的来沪务工女性要比没有参加过类似选举活动的女性群体更倾向于对村/居委会表示满意，满意度增幅高达 11.7% 左右。同时，那些参加过职工代表大会的来沪务工女性群体也比没有参与过相关活动的来沪务工女性群体表达了更高的村/居委会满意度，满意度增幅约为 9.5%。而在模型(3)中，在课题组同时控制了非制度性政治参与行为之后，参加业委会选举和参加职工代表大会这两项活动依然保持了其对村/居委会满意度的显著促进作用。其中参加业委会选举活动对村/居委会满意度的提升幅度进一步提高至12.2%，参加职工代表大会的提升幅度也是基本保持在 9% 上下。

相对于制度性政治参与行为来说，非制度性政治参与行为对来沪务工女性的村/居委会满意度并没有发挥具有统计意义上的显著作用。

表 4-16　政治参与行为对来沪务工女性村/居委会满意度的影响(OLS 回归系数和标准差)

变量	(1) 村/居委会满意度	(2) 村/居委会满意度	(3) 村/居委会满意度
参加人大代表选举	0.0457 (0.0633)		0.0559 (0.0659)
参加村/居委会选举	−0.0139		−0.0150

变量	（1） 村/居委会满意度	（2） 村/居委会满意度	（3） 村/居委会满意度
	（0.0567）		（0.0577）
参加业委会选举	0.117*		0.122*
	（0.0667）		（0.0688）
参加职工代表大会	0.0948*		0.0894*
	（0.0526）		（0.0532）
向群团组织求援		0.0836	0.0725
		（0.0690）	（0.0763）
自组织维权行为		−0.150	−0.177
		（0.170）	（0.213）
媒介抗争行为		−0.0215	−0.00985
		（0.0515）	（0.0564）
常量	0.207	0.231	0.198
	（0.183）	（0.172）	（0.187）
样本量	392	424	383
R 平方	0.074	0.048	0.079

*** p<0.01,** p<0.05,* p<0.1

控制变量:政治面貌、年龄、受教育程度、来沪时长、婚姻状况、住房状态、养老育幼压力、职业、就业方式、工作时长、年收入。

（二）来沪务工女性政治参与对街/镇政府满意度的影响

在街/镇政府满意度方面,同样地,在控制了来沪务工女性的政治面貌、年龄、受教育程度、来沪时长、婚姻状况、住房状态、养老育幼压力、职业、就业方式、工作时长和年收入等相关的人口特征变量之后,课题组发现只有参加职工代表大会活动能够明显地提升来沪务工女性对街/镇政府的满意度。而非制度性政治参与行为并没有对来沪务工女性的街/镇政府满意度产生具有统计学意义的显著影响。

具体来说,那些参加过职工代表大会的来沪务工女性相对来说更倾向于对所属街/镇政府表达出更高的满意度水平,满意度增幅为11.4%。在模型（3）中,在课题组同时控制了非制度性政治参与行为之后,参加职工代表大会这一制度性政治参与行为,依然对来沪务工女性的街/镇政府满意度发挥着显著的促进作用。

表4-17 政治参与行为对来沪务工女性街/镇政府满意度的影响(OLS回归系数和标准差)

变量	(1) 街/镇政府满意度	(2) 街/镇政府满意度	(3) 街/镇政府满意度
参加人大代表选举	−0.00677		0.00433
	(0.0639)		(0.0667)
参加村/居委会选举	0.00443		0.000400
	(0.0573)		(0.0584)
参加业委会选举	0.0566		0.0615
	(0.0674)		(0.0696)
参加职工代表大会	0.114**		0.110**
	(0.0532)		(0.0538)
向群团组织求援		0.0230	0.0174
		(0.0699)	(0.0772)
自组织维权行为		−0.156	−0.168
		(0.172)	(0.216)
媒介抗争行为		−0.0241	0.00934
		(0.0522)	(0.0571)
常量	0.0765	0.128	0.0769
	(0.185)	(0.175)	(0.189)
样本量	392	424	383
R平方	0.080	0.058	0.083

*** $p<0.01$,** $p<0.05$,* $p<0.1$

控制变量:政治面貌、年龄、受教育程度、来沪时长、婚姻状况、住房状态、养老育幼压力、职业、就业方式、工作时长、年收入。

(三)来沪务工女性政治参与对区政府满意度的影响

在区政府满意度方面,在课题组如上文控制了相关的人口特征变量之后,发现同样只有制度性政治参与中的参加职工代表大会行为能够对来沪务工女性的区政府满意度发挥具有统计意义的显著影响。而非制度政治参与行为的影响效果并不具有统计意义的显著性。

表4-18　政治参与行为对来沪务工女性区政府满意度的影响(OLS回归系数和标准差)

变量	（1） 区政府满意度	（2） 区政府满意度	（3） 区政府满意度
参加人大代表选举	–0.0416		–0.0280
	（0.0662）		（0.0691）
参加村/居委会选举	0.00554		0.00125
	（0.0593）		（0.0605）
参加业委会选举	0.0528		0.0546
	（0.0698）		（0.0721）
参加职工代表大会	0.122**		0.118**
	（0.0551）		（0.0558）
向群团组织求援		0.0515	0.0473
		（0.0721）	（0.0800）
自组织维权行为		–0.205	–0.192
		（0.177）	（0.223）
媒介抗争行为		–0.0446	–0.0166
		（0.0538）	（0.0592）
常量	0.296	0.300*	0.299
	（0.192）	（0.180）	（0.196）
样本量	392	424	383
R平方	0.054	0.039	0.058

*** p<0.01,** p<0.05,* p<0.1
控制变量:政治面貌、年龄、受教育程度、来沪时长、婚姻状况、住房状态、养老育幼压力、职业、就业方式、工作时长、年收入。

具体来说,那些参加过职工代表大会的来沪务工女性普遍更倾向于对区政府表示满意,相对于没有参加过职工代表大会的群体而言,前者对区政府的满意度提升了约12%。

(四)来沪务工女性政治参与对上海市政府满意度的影响

在对上海市政府的满意度方面,课题组如上文控制了相关的人口特征变量之后,发现同样只有制度性政治参与中的参加职工代表大会行为能够对上海市政府满意度具有统计意义的显著影响。而非制度政治参与行为的影响效果并不具有统计意义的显著性。

如表 4-19 所示,具体来说,那些参加过职工代表大会的来沪务工女性相对于没有参加过的来沪务工女性来说,对上海市政府的总体方针政策等更加满意,增幅为 12% 左右。即便在控制了非制度性政治参与行为之后,如模型(3)所示,参加职工代表大会的行为同样对市政府满意度发挥了积极的促进作用。

表 4-19　政治参与行为对来沪务工女性上海市政府满意度的影响
（OLS 回归系数和标准差）

变量	（1） 市政府满意度	（2） 市政府满意度	（3） 市政府满意度
参加人大代表选举	−0.0301		−0.0206
	（0.0698）		（0.0728）
参加村/居委会选举	−0.00115		−0.00102
	（0.0626）		（0.0637）
参加业委会选举	0.0450		0.0559
	（0.0736）		（0.0760）
参加职工代表大会	0.123**		0.117**
	（0.0581）		（0.0588）
向群团组织求援		0.0911	0.102
		（0.0758）	（0.0843）
自组织维权行为		−0.276	−0.275
		（0.186）	（0.235）
媒介抗争行为		0.00497	0.0276
		（0.0565）	（0.0624）
常量	0.299	0.272	0.293
	（0.202）	（0.189）	（0.206）
样本量	392	424	383
R 平方	0.054	0.043	0.061

*** $p<0.01$,** $p<0.05$,* $p<0.1$
控制变量:政治面貌、年龄、受教育程度、来沪时长、婚姻状况、住房状态、养老育幼压力、职业、就业方式、工作时长、年收入。

(五)来沪务工女性政治参与对中央政府满意度的影响

在对中央政府的满意度方面，课题组在控制了来沪务工女性的政治面貌、年龄、受教育程度、来沪时长、婚姻状况、住房状态、养老育幼压力、职业、就业方式、工作时长、年收入等相关变量之后，发现参加职工代表大会和自组织维权行为均对来沪务工女性的中央政府满意度发挥着重要影响。

如表 4-20 所示，作为制度性政治参与的职工代表大会在模型(1)和模型(3)中体现了较为稳定的影响力，在控制了非制度性政治参与行为对中央政府满意度的影响之后，参加职工代表大会这一行为仍然能够提升来沪务工女性群体约 12.6% 的中央政府信任度。而同样，自组织维权行为在模型(2)和模型(3)中也体现了较好的稳定性，在课题组将制度性政治参与行为对中央政府满意度的影响效果也同步考虑进去之后，自组织维权行为仍然对来沪务工女性的中央政府满意度发挥着显著的削弱作用，降幅高达 31.4%。自组织维权行为对来沪务工女性在政府满意度方面的强大负面影响力，让课题组必须要对此种政治参与行为可能造成的负面影响时刻保持警惕。

表 4-20 政治参与行为对来沪务工女性中央政府满意度的影响(OLS 回归系数和标准差)

变量	(1)中央政府满意度	(2)中央政府满意度	(3)中央政府满意度
参加人大代表选举	−0.0673		−0.0592
	(0.0727)		(0.0758)
参加村/居委会选举	0.0250		0.0259
	(0.0652)		(0.0664)
参加业委会选举	0.00519		0.0186
	(0.0766)		(0.0792)
参加职工代表大会	0.132**		0.126**
	(0.0605)		(0.0612)
向群团组织求援		0.0635	0.0874
		(0.0800)	(0.0879)
自组织维权行为		−0.387**	−0.314

变量	（1） 中央政府满意度	（2） 中央政府满意度	（3） 中央政府满意度
		（0.197）	（0.245）
媒介抗争行为		0.0181	0.0558
		（0.0597）	（0.0650）
常量	0.492**	0.557***	0.496**
	（0.211）	（0.200）	（0.215）
样本量	392	424	383
R 平方	0.060	0.045	0.067

*** $p<0.01$,** $p<0.05$,* $p<0.1$

控制变量:政治面貌、年龄、受教育程度、来沪时长、婚姻状况、住房状态、养老育幼压力、职业、就业方式、工作时长、年收入。

五、来沪务工女性政治参与行为与政治信任

在课题组的课题研究中,政治信任是作为一个复合变量出现的。它是通过受访人对政党的态度、对工青妇等群众团体的态度、对警察的态度和对法院的态度,通过因子分析,提取公因子的方式而产生。那么在本部分中,课题组将来沪务工女性的政治参与行为对政治信任的影响作为结论部分予以展示,在理论层面使其与之前的数据分析结果得以进行对比。

如表 4-21 所示,在控制了相关人口特征的变量之后,课题组发现,仍旧是参加职工代表大会和自组织维权行为对来沪务工女性的政治信任产生着明显的影响。如上文对其他变量的分析,作为制度性的参加职工代表大会行为和作为非制度性的自组织维权行为, 二者对来沪务工女性的政治信任所产生影响的方向是不同的。具体来说,在模型(1)中,参加职工代表大会的来沪务工女性比没有参加过的女性在政治信任水平方面高出 6.2% 左右。且这一影响在模型(3)中依然基本保持不变。在模型(2)中,自组织的维权行为对政治信任具有明显的阻碍作用。具体来说,那些参加过自组织维权行为的来

沪务工女性要比没有参加过类似活动的来沪务工女性具有更低的政治信任水平,降幅为14%左右。但是与制度性政治参与的稳健影响力不同,在模型(3)中,在课题组控制了制度性政治参与行为对政治信任的影响之后,是否参加自组织维权行为对来沪务工女性自身的负面影响不再具有统计意义上的显著作用。

表4-21　政治参与行为对来沪务工女性政治信任的影响(OLS 回归系数和标准差)

变量	（1） 政治信任	（2） 政治信任	（3） 政治信任
参加人大代表选举	0.00724		0.0183
	（0.0283）		（0.0293）
参加村/居委会选举	-0.000929		-0.00373
	（0.0269）		（0.0271）
参加业委会选举	0.0316		0.0277
	（0.0318）		（0.0323）
参加职工代表大会	0.0615**		0.0609**
	（0.0239）		（0.0239）
向群团组织求援		0.0154	0.00944
		（0.0335）	（0.0360）
自组织维权行为		-0.142*	-0.168
		（0.0832）	（0.107）
媒介抗争行为		-0.0107	-0.00342
		（0.0252）	（0.0266）
常量	0.548***	0.597***	0.567***
	（0.0854）	（0.0825）	（0.0860）
样本量	314	344	308
R 平方	0.136	0.100	0.135

　　*** $p<0.01$, ** $p<0.05$, * $p<0.1$
　　控制变量:政治面貌、年龄、受教育程度、来沪时长、婚姻状况、住房状态、养老育幼压力、职业、就业方式、工作时长、年收入。

　　总体而言,尽管自组织维权行为如遇到困难私下解决、自行联系各类社会组织寻求帮助,以及更为激烈的游行示威等活动,其虽对来沪务工女性的政治信任具有一定的破坏作用,但这种破坏作用并不具有统计意义的稳健性。也就是说,伴随着制度化政治参与渠道的畅通,自组织维权行为的影响力将越来越小。与此同时,作为来沪就业者,单位内部的职工代表大会可以显著地提升来沪务工女性的政治信任水平, 因此作为可以最大范围内凝聚本单位员工的职工代表大会,应当发挥自身优势,拓宽来沪务工女性的参与机会和渠道,进而提升她们的政治信任度。

第五章　促进来沪务工女性政治参与的政策建议

　　从调研情况可以看出，来沪务工女性的工作生活境况已经逐步得到改善，其维权意识和政治参与程度也逐渐提高。但在上海市城市建设和发展过程中，来沪务工女性依然不可避免地面临诸多困境，比如就业歧视仍未消除、各项配套服务不够完善、作为外来人口的心理健康需要被关注、城市融入急需加强等一系列民生问题。这些问题不仅仅关系到来沪务工女性在上海的生活质量，也影响着上海城市治理水平。因此，这需要政府部门出台并完善相应政策，同时要求社会各方力量更好地配合政策，进一步完善来沪务工女性合理有序表达自身诉求的渠道和机制，为她们充分参与到城市社会建设给予制度上的保障。

　　针对来沪务工女性的工作和生活现状，本章将从就业、生活和心理等方面建构有利于来沪务工女性政治参与意愿和能力提升的政策引导机制。

第一节 构建稳就业、促参与的制度保障体系

来沪务工女性遭遇就业难将引发的一系列潜在的非制度性政治参与行为,需得到有关部门的高度重视。为此,建构有助于来沪务工女性有序就业的制度化渠道就显得十分必要。尝试引导来沪务工女性在用工单位内部理性有序地表达自身需求、维护个人权益,对规范来沪务工女性的政治参与行为具有重要意义。

一、构建强有力的法律和择业保障

建立强有力的保障外来务工女性劳动权益的法律保障体系,首先要做到有法可依。在立法层面,推进外来务工女性的相关法律条款的确立和完善,如劳动保护条例、对用人单位的监督制度、对侵权行为的惩罚力度、法律救援途径等,并细化劳动纠纷程序。其次,政府相关部门应加强对企业用工合同签订与履行情况的监督,保证性别平等理念在用工单位的真正落地。上海市各级政府部门要定期对来沪务工女性的薪酬待遇、工资发放情况、是否超时劳动、产期休假等特殊权益保护情况等进行检查,纠正企业随意占用务工女性法定休息日且未按规定支付相应劳动报酬等不合规行为。

化解来沪务工女性面临的工作难题,政策和法律方面的支撑发挥着外围的保护作用,根本上还是需要提升外来务工女性的就业能力,增加她们的就业机会。就业是来沪务工女性面临的重要问题。如何找到合适、满意的工作,需要政府部门加大力度进行就业帮扶。

对于就业机会不充分的问题,政府部门要充分掌握就业援助资源,构建

就业服务平台并定期发布信息,定期举办定向招聘会、就业推荐会,拓宽来沪务工女性就业渠道;街道、社区要成立就业援助组织,为务工女性提供就业帮助和指导,增加来沪务工女性的职业选择。

二、完善职工代表大会制度

职工代表大会是职工参与企业民主管理的基本制度,也是来沪务工女性发挥主体能动性参与到企业日常管理中的有效途径。通过数据分析发现,参加职工代表大会行为可以显著地提升来沪务工女性对政府的满意度和政治信任水平。因此,课题组提出促进来沪务工女性有序政治参与,要全面推进并完善用工单位的职工代表大会制度。

在政府提供充分就业保障的前提下,力图让每一位来沪务工女性均被吸纳到合法且相对稳定的就业环境中,以保证其合理有序地在用工单位内部参与制度性的社会政治活动。鉴于当前来沪务工女性仍以非正规就业为主,在用工单位中多属于临时工范畴,所以在符合相关标准的企业中推行或完善职工代表大会制度,关键也是要拓宽临时工的参与渠道,增加她们的参与机会,同时注重提升她们在制度内合理表达自身权益的基本能力。

第二节　构建享安居、保权益的政策支撑机制

养老育幼和住房压力始终是影响来沪务工女性政治参与态度和行为的关键要素。所以为来沪务工女性提供家庭生活保障,建立精准帮扶政策,有助于来沪务工女性更好地融入城市生活。从而让她们在上海可以享受到安心居住的稳定感,切实保障她们的基本权益,让来沪务工女性在社区层面的

政治参与在时间和空间上都成为可能。

一、加大"养老托幼"工作力度,保障参与的时间

来沪务工女性面临"一老一小"的问题凸显,政府应出台相应福利制度减缓来沪务工女性的生存压力。特别对于正在育儿和养老的务工女性,应提高帮扶资助力度,从社区入手建立养老托幼服务体系;在政策方面给予一定的支持和补贴,同时节约来沪务工女性的生活成本,让她们有时间、有精力去关心居住空间的生活环境。

这其中"随迁儿童"教育问题应成为帮扶工作的重中之重。根据调查发现,来沪务工女性中已婚女性占七成,其中需要照顾子女的又占六成多,而子女教育和育儿负担又成为她们漠视城市社区公共问题的和疏离诸多公共活动的关键因素。外出务工女性的孩子们大多成为留守儿童,在家中受老人照顾甚至无人看管。无论是政府还是企业至今依然没有特别的政策去关注这部分需求。因此需要完善相应政策法规,建议在入学条件和学籍制度上放宽相应政策,减免借读费和插班费,给随迁儿童提供更好的教育环境。鼓励企业方面提供补贴和福利,避免来沪务工女性因家庭因素而放弃就业,减轻女工无暇照顾和抚养困难的问题;对于少数单亲家庭的孩子,应给予单亲妈妈提供特殊的津贴补助和救助照顾政策。总之,通过政府、社会和企业的多方力量,尽可能降低来沪务工女性家庭生活负担,让她们将更多的时间和精力逐步转移到关注城市社区的公共生活中去。

二、推进户籍制度改革,保障参与的空间

由于上海地区对于外来人口的管理政策相对较严, 对于受教育程度低的务工女性较为不利,给其带来诸多不便。在调查中发现,住房问题成为阻碍来沪务工女性生存发展的首要因素,"非业主"身份也制约了她们在空间上参与到社会公共事务中的权利。但另一方面, 由于长期在上海工作和生活,来沪务工女性在其户籍所在地也无法充分参与到基层活动中。这种身份和空间的错位,使得她们无法有效地进行制度性的政治参与。

建议推进户籍制度的改革, 结合实际情况探讨并逐步制定一种将部分务工人员转化为本地市民的设计理念, 在保护本地市民福利制度的基础上使方案具有可操作性。另外,考虑到外来务工女性的人口流动性问题,应当研究制定符合今后社会经济发展的与公民迁徙相关的法规, 相应放宽外来务工人员准入原则,缩小地区差距。与此同时,针对中等偏下收入的女性群体增加一定的住房补贴,提高廉租房覆盖率,实施相应的福利政策,缓解其经济压力。

与此同时, 虽然人们始终认为住房问题仅仅涉及外来务工人员的生活难题,但通过本次课题调查,数据分析结果给了我们最为直接的答案。来沪务工女性所遭遇的住房难问题,不仅显著影响着她们的政治态度,同时制约着她们合理有序地开展制度范畴内的政治参与行为。所以切实解决来沪务工女性住房难,使其从临时性过渡转变到稳定性居住,不仅有助于提升她们的政治参与意识,拓展她们参与制度性政治活动的渠道,引导她们通过合法途径表达自身权益,更加有助于上海市基层社会治理的稳定有序发展。

第三节　落实强心理、助发展的积极干预措施

对于有一定经济基础的来沪务工女性，政府应把重点放在提供平等的生活环境方面，促进其更好地融入城市的生活与文化。而对于融入度较高的来沪女性，重点是要打破制度壁垒，丰富休闲娱乐活动，提升其文化认可度和满意度。

一、提供心理健康保障，缩小城乡心理距离

对于来沪务工女性来讲，从家乡到上海不仅有物理空间的跨越，更多的是性别和文化空间的突破，社会参与、城市融入作为一种"软性"的社会公共服务，对于来沪务工女性尤为重要。在我们的课题调研中，与上海人沟通难成为制约一部分来沪务工女性更好地参与到社区和工作空间活动的重要原因。与此同时，对上海人的不信任感也制约着她们的政治参与意愿和行为。近年来，外来务工女性由于工作生活压力及城市融入问题导致的心理状况明显增多。同时，来沪务工女性还面临性别歧视、养育子女、年龄增长的问题，因此需要增加相应的心理疏导服务。

从政府层面，应加快普及相应的心理咨询平台，解决来沪务工女性心理、精神上的困难，排解来沪务工女性因工作、家庭、人际关系等因素带来的精神压力。在社区层面，居委会和街道组织应联合起来在社区内建立心理健康站，随时可以为务工女性提供心理健康服务，解决社区融入问题，增强务工女性的城市归属感。只有促进来沪务工女性的社区参与和城市融入，才能使她们提高生活幸福感，缩短城乡居民心理距离。

二、扩展社会网络，引导积极参与

在调查中发现，来沪务工女性的社会网络对她们政治态度的影响非常显著。那些拥有更强社交网络的来沪女性，她们对社区参与活动也会更加积极，更愿意将自身融入陌生的城市环境中。但同时我们也注意到，多数外来务工女性的休闲娱乐生活依旧是以上网、逛街、睡觉为主，较为枯燥单调，并且与社会脱节，不利于个人社交关系网络的发展。为了让务工女性更好地融入城市生活，要注意从她们年龄结构的视角出发，采取一些积极的举措来丰富其社会交往活动。这不仅要有制度作为保障，更需要发挥街道、社区和相关社会组织的建设力量。

为此建议街道、社区定期组织开展文化娱乐活动，进行社区团队建设，把爱好文学、艺术、体育的部分女青年组织起来，加强她们与本地居民的积极交流，也可以定期开展有益健康的文体活动，激发她们创造美好生活的热情，营造积极向上的外来务工文化氛围。另一方面，要充分发挥社会组织的力量，建议上海市区的各级群团组织充分发挥组织作用，积极与其他社会组织联合，不断推出丰富多彩的外来务工群体与本地居民群体的互动活动，增强双方的沟通与理解，帮助来沪务工女性更快地搭建社会关系网络；而对于工会组织接纳的问题，市区街道的各级工会应积极吸纳外来务工女性，按照属地管理原则逐步建立和完善来沪务工女性工会组织，实行流动会员会籍管理制度，最大限度地接纳来沪务工女性。

总之，各级政府和社会组织应当帮助来沪务工女性摆脱无家可归的疏离感，尽快建立城市归属感，引导她们构建起积极向上的精神生活，使其平等幸福地享受上海城市生活。建议政府拓展更为便捷有效的网络政治参与渠道和机制，引导来沪务工女性建立积极参与观。网络时代的便捷可以破除空间壁垒,让身处不同物理空间的人们即时沟通成为可能。当前,急需让来沪务工女性有更多的政治参与途径,提升她们直接行使政治参与权利的兴趣和能力,弥补女工因迁移而不能参与户口所在地政治活动的缺陷。这不仅有利于她们更为积极地参与到社会活动中,逐步养成其在制度内积极参与的心理机制,也有助于城市基层民主的发展和实践。

附录：各章节调查表

第一章

表1　来沪女工在上海工作生活满意度的影响要素

变量	（1） 满意度（总体）	（2） 满意度（低）	（3） 满意度（中）	（4） 满意度（高）
年龄	0.000989	−0.00373	0.00547	−0.00175
受教育程度	0.00985	−0.224**	0.428***	−0.204**
婚姻状态	0.00691	−0.0147	0.0155	−0.000858
住房状态	0.105*	−0.0855	−0.0390	0.124*
养育子女数量	−0.00757	0.0187	−0.0224	0.00361
赡养老人数量	−0.00416	−0.000847	0.0100	−0.00917
年收入	−0.188***	0.329***	−0.283**	−0.0466
职业	0.000635	−0.000596	−7.92e−05	0.000675
来沪时长	0.141**	−0.0495	−0.182*	0.232***
工作时长	0.152**	−0.178*	0.0520	0.126
政治面貌	−0.0137	−0.0116	0.0505*	−0.0390**
常量	0.479***	0.371***	0.301	0.328**
样本量	387	387	387	387
R 平方	0.093	0.068	0.051	0.083

*** $p<0.01$, ** $p<0.05$, * $p<0.1$

第二章

表 1　政治兴趣 OLS 回归模型

变量	（1）政治兴趣	（2）政治兴趣
受教育程度	0.187*	0.0808
	（0.104）	（0.117）
年龄	−0.00236	−0.00182
	（0.00239）	（0.00240）
政治面貌	−0.00129	0.00188
	（0.0182）	（0.0182）
婚姻状态	0.0532	0.0555
	（0.0448）	（0.0447）
住房状态	0.0790	0.0703
	（0.0713）	（0.0711）
育幼压力	−0.0443	−0.0492
	（0.0326）	（0.0326）
养老压力	−0.00547	−0.00441
	（0.0133）	（0.0132）
职业类型	−0.00131	−0.000908
	（0.00500）	（0.00498）
就业方式	−0.0197	−0.0164
	（0.0223）	（0.0223）
年收入	0.106	0.102
	（0.0892）	（0.0889）
社会网络	0.0658**	−0.128
	（0.0331）	（0.106）
受教育程度×社会网络		0.307*
		（0.160）
常量	0.107	0.141
	（0.137）	（0.138）
样本量	329	329
R 平方	0.087	0.097

*** p<0.01，** p<0.05，* p<0.1

表 4　政治效能感 OLS 回归模型(回归系数和标准差)

变量	（1） 内在效能感	（2） 外在效能感
年龄对照组 16~20 岁		
21~30 岁	−0.0742	−0.0837
	（0.0726）	（0.0901）
31~40 岁	−0.164**	−0.00551
	（0.0777）	（0.0964）
41~50 岁	−0.194**	−0.0559
	（0.0795）	（0.0986）
51 岁以上	−0.132	−0.0356
	（0.0946）	（0.117）
受教育程度对照组 初中及以下		
高中/中专	0.0746**	0.0152
	（0.0323）	（0.0400）
大学专科	0.0534	0.0414
	（0.0360）	（0.0447）
大学本科及以上	0.0671	0.145***
	（0.0409）	（0.0508）
婚姻状况对照组 未婚		
已婚	0.0791**	0.0372
	（0.0387）	（0.0480）
离异	0.0874	0.0793
	（0.0950）	（0.118）
丧偶	0.0930	−0.0214
	（0.123）	（0.153）
政治面貌	−0.0114	0.0142
	（0.0127）	（0.0157）
年收入	0.0660	−0.102
	（0.0605）	（0.0751）
职业类型	−0.00222	−0.00192
	（0.00331）	（0.00410）
住房状态	−0.00898	0.0563
	（0.0275）	（0.0342）
育幼压力	0.0349	−0.00372
	（0.0230）	（0.0285）

续表

变量	（1） 内在效能感	（2） 外在效能感
养老压力	0.00775	−0.0112
	（0.00901）	（0.0112）
社会网络	0.0287	−0.0384
	（0.0221）	（0.0275）
常量	0.539***	0.525***
	（0.100）	（0.124）
样本量	347	347
R 平方	0.089	0.096

*** p<0.01，** p<0.05，* p<0.1

表 5　人际信任 OLS 回归模型（相关系数和标准差）

变量	（1） 政治兴趣
家人	−0.137
	（0.153）
邻居	0.133
	（0.132）
同事	0.0189
	（0.151）
上海本地人	0.373***
	（0.111）
陌生人	−0.0547
	（0.0859）
对照组 中共党员	
民主党派	0.205
	（0.207）
共青团员	0.0823
	（0.0669）
群众	0.115*
	（0.0636）
年龄	0.00118
	（0.00293）

变量	（1） 政治兴趣
受教育程度	0.0512
	（0.118）
婚姻状态	−0.0268
	（0.0493）
住房状态	−0.0587
	（0.0499）
育幼压力	−0.0370
	（0.0362）
养老压力	0.0146
	（0.0150）
职业类型	−0.00611
	（0.00562）
就业方式	−0.0247
	（0.0246）
工作时长	−0.0413
	（0.103）
来沪时长	0.0901
	（0.0892）
年收入	0.0649
	（0.106）
社会网络	0.0154
	（0.0382）
常量	0.606***
	（0.216）
样本量	344
R 平方	0.099

*** p<0.01,** p<0.05,* p<0.1

表6　人际信任与日常生活难题(回归系数和标准差)

变量	（1）人际信任	（2）人际信任	（3）人际信任（标准化系数）
对照组 16~20 岁			
21~30 岁	0.132	0.144	0.2141405
	（0.127）	（0.126）	
31~40 岁	0.144	0.157	0.223713
	（0.136）	（0.136）	
41~50 岁	0.186	0.193	0.2225347
	（0.139）	（0.139）	
51 岁及以上	0.277*	0.293*	0.1559582
	（0.165）	（0.167）	
子女养育	−0.0557	−0.0706*	−0.151483
	（0.0401）	（0.0417）	
住房困难		−0.112***	−0.1691368
		（0.0401）	
医疗困难		0.00537	0.0076724
		（0.0412）	
就业困难		−0.108**	−0.1321321
		（0.0492）	
落户困难		0.0196	0.0265433
		（0.0435）	
子女教育困难		−0.0207	−0.0306682
		（0.0444）	
老人赡养困难		0.000885	0.001145
		（0.0456）	
同工不同酬		0.0180	0.0173181
		（0.0629）	
职位晋升困难		0.0554	0.0648054
		（0.0517）	
择偶困难		0.135**	0.123313
		（0.0658）	
与上海人交往困难		0.0708	0.0501327
		（0.0808）	
常量	0.645***	0.703***	
	（0.175）	（0.179）	
样本量	347	341	
R 平方	0.044	0.104	

*** $p<0.01$,** $p<0.05$,* $p<0.1$

表 7　不同类型人际信任 OLS 回归模型(相关系数和标准差)

变量	(1) 信任家人	(2) 信任邻居	(3) 信任同事	(4) 信任上海本地人	(5) 信任陌生人
年龄对照组 16~20 岁					
21~30 岁	-0.0616	0.0430	-0.00288	0.0304	0.121
	(0.0503)	(0.0715)	(0.0670)	(0.0777)	(0.0934)
31~40 岁	-0.0659	0.124	0.0335	0.116	0.225**
	(0.0541)	(0.0770)	(0.0721)	(0.0837)	(0.101)
41~50 岁	-0.0753	0.132*	0.0241	0.131	0.187*
	(0.0556)	(0.0791)	(0.0741)	(0.0860)	(0.103)
51 岁以上	-0.0608	0.0532	-0.0571	0.113	0.155
	(0.0666)	(0.0948)	(0.0888)	(0.103)	(0.124)
住房(1=是)	0.0212	0.0639**	0.0588**	0.0540*	-0.0304
	(0.0208)	(0.0295)	(0.0277)	(0.0321)	(0.0386)
子女养育对照组 没有子女					
1 个子女	-0.0154	0.0244	-0.0377	-0.00547	-0.0282
	(0.0300)	(0.0427)	(0.0400)	(0.0464)	(0.0558)
2 个子女	-0.0595*	-0.0110	-0.0748	-0.0306	-0.00430
	(0.0353)	(0.0502)	(0.0471)	(0.0546)	(0.0656)
3 个以上子女	-0.00974	0.347*	0.332*	0.00488	0.372
	(0.140)	(0.200)	(0.187)	(0.217)	(0.261)
受教育程度对照组 初中及以下					
高中/中专	-0.00826	0.0286	0.00916	0.0221	0.0519
	(0.0224)	(0.0319)	(0.0299)	(0.0347)	(0.0417)
大学专科	0.00588	-0.0259	0.00915	0.00595	0.0388
	(0.0261)	(0.0371)	(0.0348)	(0.0403)	(0.0484)
大学本科及以上	-0.0109	-0.0474	-0.00995	-0.0112	0.00312
	(0.0294)	(0.0418)	(0.0392)	(0.0455)	(0.0546)
婚姻状况对照组 未婚					
已婚	0.00710	-0.0559	0.0325	-0.0512	-0.0649
	(0.0315)	(0.0449)	(0.0420)	(0.0488)	(0.0586)
离异	0.0349	-0.0703	-0.0736	-0.147	-0.212*
	(0.0671)	(0.0954)	(0.0894)	(0.104)	(0.125)
丧偶	0.0505	-0.0156	0.0980	0.0610	0.0599
	(0.0864)	(0.123)	(0.115)	(0.134)	(0.160)
获取工作的途径对照组 劳动/人事/组织部门安排调动					
求职/应征/应聘/竞聘	-0.00464	-0.01000	-0.00607	-0.0468	-0.137***
	(0.0267)	(0.0380)	(0.0356)	(0.0413)	(0.0497)

续表

变量	（1）信任家人	（2）信任邻居	（3）信任同事	（4）信任上海本地人	（5）信任陌生人
职业介绍机构介绍	0.0534	−0.00900	0.00202	−0.0389	−0.239***
	（0.0396）	（0.0563）	（0.0528）	（0.0613）	（0.0736）
亲友介绍/帮助安置	−0.0167	−0.0497	−0.00543	−0.0517	−0.167***
	（0.0336）	（0.0478）	（0.0448）	（0.0520）	（0.0625）
工作类型	−0.00294	−0.00221	−0.000357	0.00167	−0.00220
	（0.00236）	（0.00336）	（0.00315）	（0.00365）	（0.00439）
政治面貌	−0.00272	−0.0150	−0.00481	−0.00793	−0.00931
	（0.00882）	（0.0125）	（0.0118）	（0.0136）	（0.0164）
社会网络	−0.000946	−0.0206	0.00767	0.000290	5.85e−05
	（0.0156）	（0.0222）	（0.0208）	（0.0241）	（0.0289）
养老负担	0.00394	0.00260	−0.00722	0.00876	−0.000559
	（0.00642）	（0.00914）	（0.00856）	（0.00993）	（0.0119）
年收入	0.0124	−0.121**	−0.0489	−0.0970	0.0680
	（0.0424）	（0.0603）	（0.0565）	（0.0656）	（0.0788）
住房困难	0.00146	−0.00744	−0.0330	−0.0531**	−0.0433
	（0.0160）	（0.0228）	（0.0214）	（0.0248）	（0.0298）
医疗困难	0.0189	0.0114	0.0591***	0.0495*	0.0375
	（0.0164）	（0.0234）	（0.0219）	（0.0254）	（0.0305）
就业困难	0.0103	−0.0214	0.00309	0.00153	−0.0131
	（0.0196）	（0.0279）	（0.0262）	（0.0303）	（0.0364）
落户困难	0.00712	0.0163	0.0184	0.0103	−0.0329
	（0.0174）	（0.0247）	（0.0232）	（0.0269）	（0.0323）
子女教育困难	0.0231	−0.0122	−0.0309	−0.0493*	−0.0284
	（0.0178）	（0.0254）	（0.0238）	（0.0276）	（0.0331）
老人赡养困难	0.000545	0.00490	−0.0146	0.0172	0.0345
	（0.0183）	（0.0260）	（0.0244）	（0.0283）	（0.0340）
同工不同酬	−0.0240	0.0197	−0.00101	0.0115	0.0242
	（0.0253）	（0.0360）	（0.0337）	（0.0391）	（0.0470）
职位晋升困难	0.000683	−0.00856	−0.00839	0.00718	−0.0235
	（0.0207）	（0.0294）	（0.0276）	（0.0320）	（0.0384）
择偶困难	0.0324	0.0453	0.0367	0.0533	−0.0147
	（0.0262）	（0.0373）	（0.0350）	（0.0406）	（0.0487）
与上海人交往	−0.0319	−0.0546	−0.0881**	−0.170***	−0.0639
	（0.0324）	（0.0460）	（0.0431）	（0.0500）	（0.0601）

变量	（1） 信任家人	（2） 信任邻居	（3） 信任同事	（4） 信任上海本地人	（5） 信任陌生人
常量	1.021***	0.740***	0.736***	0.642***	0.355***
	（0.0691）	（0.0983）	（0.0921）	（0.107）	（0.128）
样本量	341	341	341	341	341
R 平方	0.074	0.128	0.127	0.169	0.130

*** p<0.01, ** p<0.05, * p<0.1

表 8　政府满意度 LOGIT 回归模型（回归系数和标准差）

变量	（1） 居委会	（2） 街道	（3） 区政府	（4） 市政府	（5） 中央政府
政治面貌	−0.0592	0.0388	−0.143	−0.157	−0.207
	（0.173）	（0.170）	（0.159）	（0.153）	（0.149）
年龄	−0.0382	−0.0188	−0.0146	−0.0213	−0.0283
	（0.0236）	（0.0224）	（0.0217）	（0.0212）	（0.0207）
对照组 初中及以下					
高中/中专	0.513	0.339	0.242	0.287	−0.00455
	（0.433）	（0.425）	（0.427）	（0.409）	（0.384）
大学专科	0.128	0.367	0.749	0.662	0.388
	（0.528）	（0.507）	（0.488）	（0.468）	（0.438）
大学本科及以上	0.0286	0.290	0.313	0.367	−0.0495
	（0.589）	（0.565）	（0.557）	（0.533）	（0.506）
婚姻状态	0.605	0.453	0.271	0.339	0.192
	（0.406）	（0.404）	（0.395）	（0.375）	（0.355）
住房状态	1.103***	1.230***	0.877**	0.693*	0.457
	（0.397）	（0.382）	（0.374）	（0.356）	（0.346）
育幼压力	−0.0568	−0.00112	−0.0479	−0.148	−0.274
	（0.312）	（0.310）	（0.302）	（0.289）	（0.275）
养老压力	0.129	0.0173	0.0158	0.0183	0.113
	（0.126）	（0.121）	（0.119）	（0.113）	（0.110）
工作类型	0.000414	−0.0127	−0.0154	−0.0173	−0.0299
	（0.0463）	（0.0459）	（0.0441）	（0.0421）	（0.0410）
对照组 组织/人事调动					
竞聘/应聘	1.022*	1.019*	0.680	0.630	0.392
	（0.566）	（0.568）	（0.526）	（0.498）	（0.462）
职业机构介绍	2.170***	2.328***	2.196***	2.291***	2.265***
	（0.767）	（0.762）	（0.718）	（0.698）	（0.675）

变量	（1） 居委会	（2） 街道	（3） 区政府	（4） 市政府	（5） 中央政府
熟人介绍	1.093	1.320**	0.794	1.036*	0.475
	（0.671）	（0.663）	（0.641）	（0.604）	（0.578）
年收入	−0.488	−0.320	−0.537	−0.115	0.159
	（0.856）	（0.838）	（0.810）	（0.753）	（0.720）
社会网络	−0.132	−0.236	−0.193	−0.294	−0.501*
	（0.313）	（0.307）	（0.298）	（0.284）	（0.275）
住房困难	0.210	−0.00168	−0.0915	−0.127	0.0106
	（0.319）	（0.314）	（0.303）	（0.289）	（0.276）
医疗困难	0.607*	0.128	0.160	0.0889	−0.149
	（0.311）	（0.311）	（0.305）	（0.293）	（0.286）
就业困难	−0.284	−0.174	−0.171	−0.279	0.00417
	（0.388）	（0.376）	（0.369）	（0.361）	（0.334）
落户困难	−0.363	−0.729**	−0.620*	−0.615*	−0.880***
	（0.365）	（0.368）	（0.352）	（0.333）	（0.328）
子女教育困难	−0.261	−0.0869	−0.0770	0.267	0.488
	（0.342）	（0.334）	（0.331）	（0.316）	（0.310）
老人赡养困难	0.0853	−0.0454	0.161	0.184	0.374
	（0.347）	（0.344）	（0.336）	（0.319）	（0.304）
同工不同酬	−0.643	−0.627	−0.218	−0.588	0.0579
	（0.552）	（0.536）	（0.492）	（0.489）	（0.431）
职位晋升困难	−0.00246	0.0505	−0.534	0.0540	−0.0569
	（0.421）	（0.410）	（0.422）	（0.373）	（0.359）
择偶困难	0.705	0.638	0.801*	0.575	−0.0124
	（0.521）	（0.523）	（0.472）	（0.466）	（0.458）
与上海人交往困难	−0.670	−1.550	−0.514	−0.174	0.0234
	（0.805）	（1.078）	（0.700）	（0.622）	（0.554）
常量	−2.734**	−2.878**	−1.487	−1.162	0.193
	（1.318）	（1.305）	（1.207）	（1.163）	（1.102）
样本量	341	341	341	341	341

*** $p<0.01$,** $p<0.05$,* $p<0.1$

表9　政治信任 OLS 回归模型(1)(回归系数和标准差)

变量	（1） 政治信任	（2） 政治信任	（3） 政治信任
政治面貌	−0.0156	−0.0142	−0.0131
	（0.0117）	（0.0118）	（0.0120）
对照组 20 岁（含）以下			
21~30 岁（含）	0.112	0.122	0.138
	（0.0789）	（0.0796）	（0.0893）
31~40 岁（含）	0.163*	0.167**	0.194**
	（0.0834）	（0.0848）	（0.0942）
41~50 岁（含）	0.134	0.143	0.162*
	（0.0852）	（0.0870）	（0.0956）
51 岁以上	0.231**	0.207*	0.229*
	（0.105）	（0.109）	（0.116）
对照组 初中及以下			
高中/中专	0.0182	0.0145	0.0102
	（0.0311）	（0.0314）	（0.0319）
大学专科	0.0184	0.0289	0.0273
	（0.0342）	（0.0358）	（0.0359）
大学本科及以上	−0.0156	−0.00353	−0.00459
	（0.0390）	（0.0404）	（0.0405）
对照组 未婚			
已婚	0.0398	0.0590	0.0548
	（0.0379）	（0.0399）	（0.0403）
离异	0.0109	0.00468	−0.00237
	（0.0920）	（0.0930）	（0.0935）
丧偶	0.153	0.157	0.152
	（0.109）	（0.111）	（0.111）
住房状态	0.0786***	0.0629**	0.0627**
	（0.0256）	（0.0274）	（0.0275）
育幼压力	−0.0276	−0.0133	−0.0153
	（0.0223）	（0.0235）	（0.0236）
养老压力	0.00962	0.00790	0.00738
	（0.00860）	（0.00888）	（0.00896）
职业类型	0.00163	0.00122	0.00109
	（0.00314）	（0.00319）	（0.00320）

续表

变量	（1） 政治信任	（2） 政治信任	（3） 政治信任
对照组 劳动/人事/组织部门安排调动			
求职/应征/应聘/竞聘	0.00702	0.000826	−0.00197
	（0.0381）	（0.0387）	（0.0389）
职业介绍机构介绍	0.125**	0.103*	0.102*
	（0.0553）	（0.0566）	（0.0573）
亲友介绍/帮助安置	−0.0224	−0.0204	−0.0228
	（0.0473）	（0.0471）	（0.0474）
年收入	−0.0499	−0.0264	−0.0292
	（0.0573）	（0.0587）	（0.0591）
社会网络	−0.00107	−0.00225	0.000383
	（0.0210）	（0.0214）	（0.0215）
住房困难		−0.0316	−0.0298
		（0.0215）	（0.0220）
医疗困难		−0.000231	0.000363
		（0.0232）	（0.0233）
就业困难		0.0350	0.0338
		（0.0277）	（0.0278）
落户困难		−0.0228	−0.0209
		（0.0242）	（0.0243）
子女就业困难		−0.0374	−0.0369
		（0.0248）	（0.0249）
老人赡养困难		0.0155	0.0154
		（0.0248）	（0.0249）
同工不同酬		0.0253	0.0223
		（0.0354）	（0.0358）
职位晋升		−0.0324	−0.0294
		（0.0280）	（0.0281）
择偶困难		0.0757**	0.158
		（0.0363）	（0.188）
与上海人交往困难		−0.0696	−0.0624
		（0.0423）	（0.0427）
对照组 20 岁（含）以下 × 择偶困难			
21~30 岁（含）× 择偶困难			−0.0674
			（0.193）

续表

变量	（1） 政治信任	（2） 政治信任	（3） 政治信任
31~40 岁（含）× 择偶困难			−0.180
			（0.205）
41~50 岁（含）× 择偶困难			−0.0237
			（0.225）
常量	0.578***	0.558***	0.545***
	（0.103）	（0.105）	（0.113）
样本量	295	293	293
R 平方	0.166	0.211	0.217

*** p<0.01,** p<0.05,* p<0.1

表 10　政治信任 OLS 回归模型（2）（回归系数和标准差）

变量	（1） 信任政党	（2） 信任群团组织	（3） 信任法院	（4） 信任警察	（5） 政治信任
政治面貌	−0.0212	−0.0214	0.0170	0.00637	−0.0134
	（0.0143）	（0.0137）	（0.0133）	（0.0167）	（0.0118）
对照组 20 岁（含）以下					
21~30 岁（含）	0.0659	0.210***	0.168*	0.0843	0.127
	（0.0844）	（0.0807）	（0.0908）	（0.115）	（0.0790）
31~40 岁（含）	0.0829	0.261***	0.175*	0.138	0.174**
	（0.0904）	（0.0865）	（0.0965）	（0.122）	（0.0842）
41~50 岁（含）	0.0405	0.242***	0.134	0.0578	0.147*
	（0.0927）	（0.0886）	（0.0993）	（0.125）	（0.0866）
51 岁以上	0.0958	0.289**	0.205*	0.0206	0.220**
	（0.118）	（0.113）	（0.114）	（0.144）	（0.107）
对照组 初中及以下					
高中/中专	0.0404	0.00393	0.0625*	−0.0130	0.0186
	（0.0363）	（0.0347）	（0.0351）	（0.0443）	（0.0312）
大学专科	0.0401	−0.00172	0.115***	0.0677	0.0334
	（0.0420）	（0.0402）	（0.0400）	（0.0505）	（0.0355）
大学本科及以上	0.0367	−0.0268	0.0739*	0.0650	0.00118
	（0.0475）	（0.0454）	（0.0448）	（0.0565）	（0.0401）
婚姻状态	0.108***	0.0710**	−0.0382	−0.0289	0.0416
	（0.0340）	（0.0325）	（0.0322）	（0.0407）	（0.0287）
职业类型	−0.00160	−0.000868	0.00535	−0.00749	0.00137
	（0.00381	（0.00364）	（0.00360）	（0.00454）	（0.00318）

续表

变量	（1） 信任政党	（2） 信任群团组织	（3） 信任法院	（4） 信任警察	（5） 政治信任
住房拥有状况	0.0511	0.0478	0.0794***	0.0479	0.0673**
	（0.0321）	（0.0307）	（0.0302）	（0.0381）	（0.0266）
子女抚养压力	−0.0127	−0.0199	0.00169	−0.00951	−0.00772
	（0.0262）	（0.0251）	（0.0241）	（0.0305）	（0.0219）
老人赡养压力	0.00446	0.00650	−0.00283	−0.00134	0.00872
	（0.0106）	（0.0101）	（0.00971）	（0.0123）	（0.00877）
对照组 组织/人事调动					
竞聘/应聘	−0.0191	−0.0109	−0.0593	0.0499	−0.00362
	（0.0438）	（0.0419）	（0.0402）	（0.0508）	（0.0376）
职业机构介绍	0.0756	0.0837	0.139**	0.189**	0.0961*
	（0.0640）	（0.0612）	（0.0613）	（0.0774）	（0.0555）
熟人介绍	−0.0670	−0.0702	0.00402	0.103	−0.0275
	（0.0541）	（0.0517）	（0.0510）	（0.0644）	（0.0462）
年收入	−0.0474	−0.0348	0.0312	−0.0242	−0.0342
	（0.0702）	（0.0671）	（0.0638）	（0.0806）	（0.0583）
社会网络	−0.00435	−0.00619	−0.00230	−0.0464	−0.00102
	（0.0253）	（0.0242）	（0.0237）	（0.0300）	（0.0213）
住房困难	−0.0181	−0.0222	−0.0390	−0.0255	−0.0310
	（0.0259）	（0.0248）	（0.0241）	（0.0304）	（0.0215）
医疗困难	0.0206	−0.000306	0.0180	−0.0471	0.000249
	（0.0274）	（0.0262）	（0.0257）	（0.0325）	（0.0231）
就业困难	0.0307	0.0484	0.0311	−0.0429	0.0377
	（0.0320）	（0.0306）	（0.0308）	（0.0389）	（0.0275）
落户困难	−0.0171	−0.0161	−0.0252	−0.0698**	−0.0207
	（0.0286）	（0.0274）	（0.0266）	（0.0336）	（0.0241）
子女教育困难	−0.0220	−0.0348	−0.0268	0.0167	−0.0351
	（0.0289）	（0.0277）	（0.0272）	（0.0344）	（0.0246）
老人赡养困难	0.0323	0.00223	0.000240	0.0843	0.0160
	（0.0292）	（0.0279）	（0.0280）	（0.0354）	（0.0247）
同工不同酬	0.100**	0.0559	0.0255	−0.0578	0.0247
	（0.0417）	（0.0399）	（0.0392）	（0.0495）	（0.0354）
职位晋升困难	−0.0729**	−0.0214	−0.0396	−0.0343	−0.0347
	（0.0343）	（0.0328）	（0.0309）	（0.0390）	（0.0279）
择偶困难	0.0607	0.0612	0.00812	0.00631	0.0695*
	（0.0419）	（0.0401）	（0.0400）	（0.0505）	（0.0357）

变量	（1） 信任政党	（2） 信任群团组织	（3） 信任法院	（4） 信任警察	（5） 政治信任
与上海人交往困难	−0.0507	−0.0844*	−0.0616	−0.0998*	−0.0709*
	（0.0522）	（0.0499）	（0.0469）	（0.0593）	（0.0421）
常量	0.521***	0.494***	0.430***	0.610***	0.506***
	（0.122）	（0.117）	（0.122）	（0.153）	（0.107）
样本量	317	317	309	309	293
R平方	0.182	0.185	0.172	0.152	0.207

*** p<0.01, ** p<0.05, * p<0.1

第三章

表 1　来沪务工女性制度性政治参与的 LOGIT 回归分析

变量	（1）参加人大代表选举	（2）参加村/居委会选举	（3）参加业委会选举	（4）参加职工代表大会
政治面貌	−0.0688	−0.303**	−0.0254	−0.254
	（0.154）	（0.154）	（0.184）	（0.157）
对照组 16~20 岁				
21~30 岁	12.05	15.88	13.64	13.96
	（490.1）	（1，504）	（1，280）	（801.2）
31~40 岁	12.11	16.77	14.66	14.32
	（490.1）	（1，504）	（1，280）	（801.2）
41~50 岁	12.33	16.37	14.05	14.16
	（490.1）	（1，504）	（1，280）	（801.2）
51 岁以上	13.01	16.02	14.07	13.56
	（490.1）	（1，504）	（1，280）	（801.2）
参照组 初中及以下				
高中/中专	0.0899	−0.409	−0.475	0.156
	（0.509）	（0.392）	（0.501）	（0.389）
大学专科	0.757	−0.473	0.461	0.254
	（0.519）	（0.442）	（0.514）	（0.430）
大学本科及以上	0.985*	−0.383	0.234	−0.823
	（0.575）	（0.495）	（0.587）	（0.511）
来沪时长	−1.139*	0.701	−0.557	0.344
	（0.684）	（0.610）	（0.680）	（0.612）
婚姻状态	−0.149	−0.285	−0.183	−0.272
	（0.406）	（0.350）	（0.475）	（0.360）
住房状态	1.729***	1.558***	2.279***	1.689***
	（0.400）	（0.348）	（0.422）	（0.337）
育幼压力	−0.367	−0.310	−0.00429	0.0364
	（0.296）	（0.255）	（0.309）	（0.246）
养老负担	0.0564	0.0177	0.0860	0.185*
	（0.117）	（0.108）	（0.129）	（0.109）
对照组 家政业				
医疗业	−1.466	−0.300	0.361	1.841**
	（1.012）	（0.984）	（1.021）	（0.871）

变量	（1）参加人大代表选举	（2）参加村/居委会选举	（3）参加业委会选举	（4）参加职工代表大会
制造业	-1.977***	-0.537	-3.638***	-0.465
	（0.695）	（0.605）	（1.174）	（0.573）
餐饮业	-1.090**	-0.0849	-0.202	-0.502
	（0.512）	（0.454）	（0.539）	（0.458）
房地产业	-2.029***	-0.0909	-0.972	-0.912
	（0.774）	（0.661）	（0.800）	（0.720）
金融业	-2.112**	-0.105	-2.206*	-0.290
	（0.932）	（0.794）	（1.210）	（0.766）
农业	-0.902	-0.159	-0.657	-0.373
	（0.710）	（0.624）	（0.778）	（0.631）
批发零售业	-0.848	-0.192	-0.697	-0.529
	（0.570）	（0.539）	（0.627）	（0.528）
运输业	-0.408	1.533	-0.356	0.626
	（1.334）	（1.113）	（1.453）	（1.285）
互联网业	-0.582	0.160		-0.486
	（0.876）	（0.875）		（0.974）
其他服务业	-0.982	0.481	-0.856	0.438
	（0.879）	（0.782）	（1.068）	（0.760）
获取工作的途径	-0.170	-0.0998	0.0162	-0.163
	（0.213）	（0.172）	（0.212）	（0.172）
年收入	-0.0741	-3.059***	-0.780	-0.508
	（0.841）	（0.824）	（0.984）	（0.801）
常量	-12.18	-14.10	-15.51	-14.17
	（490.1）	（1，504）	（1，280）	（801.2）
样本量	397	401	389	401

*** p<0.01，** p<0.05，* p<0.1

来沪务工女性政治参与现状调查

表 2　来沪务工女性制度性政治参与的 OLS 回归分析

变量	（1） 制度性政治参与	（2） 制度性政治参与
政治面貌	−0.0332*	−0.0245
	（0.0182）	（0.0202）
对照组 20 岁（含）以下		
21~30 岁（含）	0.140	0.195*
	（0.108）	（0.117）
31~40 岁（含）	0.200*	0.254**
	（0.115）	（0.126）
41~50 岁（含）	0.181	0.263**
	（0.118）	（0.130）
51 岁（含）以上	0.167	0.219
	（0.143）	（0.162）
对照组 初中以下		
高中/中专	−0.00407	−0.0415
	（0.0452）	（0.0559）
大学专科	0.0491	0.0235
	（0.0507）	（0.0628）
大学本科及以上	0.0170	0.0362
	（0.0582）	（0.0717）
来沪时长	−0.00717	−0.0339
	（0.0766）	（0.0926）
婚姻状态	−0.0282	−0.0703
	（0.0397）	（0.0473）
住房状态	0.292***	0.290***
	（0.0409）	（0.0496）
育幼压力	−0.0219	−0.0224
	（0.0285）	（0.0366）
养老压力	0.0179	0.00978
	（0.0126）	（0.0151）
对照组 家政业		
制造业	−0.169**	−0.168**
	（0.0689）	（0.0791）
农业	−0.0593	−0.0302
	（0.0754）	（0.0953）
医疗业	0.00525	0.0728
	（0.115）	（0.139）

变量	（1） 制度性政治参与	（2） 制度性政治参与
批发零售业	−0.0666	−0.0737
	（0.0641）	（0.0743）
运输业	0.0621	0.0729
	（0.156）	（0.164）
餐饮业	−0.0406	−0.0131
	（0.0552）	（0.0666）
房地产业	−0.133*	−0.104
	（0.0773）	（0.0880）
金融业	−0.139	−0.125
	（0.0894）	（0.0970）
咨询业	0.0875	0.0676
	（0.0943）	（0.108）
互联网	−0.0880	−0.0659
	（0.107）	（0.118）
其他服务业	−0.00916	−0.0188
	（0.0908）	（0.105）
职业获取方式	−0.0135	0.00823
	（0.0207）	（0.0249）
工作时长	0.0367	−0.0112
	（0.0898）	（0.0981）
年收入	−0.155*	−0.182*
	（0.0905）	（0.104）
社会网络		−0.00775
		（0.0360）
落户难		−0.105**
		（0.0412）
住房困难		−0.0412
		（0.0375）
医疗困难		0.0430
		（0.0389）
就业困难		−0.0765
		（0.0486）
子女教育困难		0.0265
		（0.0419）

续表

变量	（1） 制度性政治参与	（2） 制度性政治参与
老人赡养困难		0.00374
		（0.0436）
同工不同酬		−0.0678
		（0.0583）
职位晋升困难		0.0218
		（0.0494）
择偶困难		−0.0571
		（0.0617）
与上海本地人打交道		−0.0646
		（0.0750）
		（0.0412）
常量	0.249	0.303*
	（0.154）	（0.178）
样本量	392	301
R 平方	0.249	0.330

*** p<0.01,** p<0.05,* p<0.1

表 4　来沪务工女性非制度政治参与回归模型（LOGIT）

变量	（1） 向群团组织求援	（2） 自组织维权	（3） 媒介抗争
政治面貌	−0.113	−0.134	0.276*
	（0.138）	（0.132）	（0.165）
对照组 20 岁以下（含）			
21~30 岁（含）	0.590	0.290	0.194
	（0.861）	（0.796）	（1.142）
31~40 岁（含）	0.466	0.129	−0.212
	（0.906）	（0.849）	（1.199）
41~50 岁（含）	0.353	−0.143	−0.604
	（0.924）	（0.871）	（1.242）
51 岁（含）以上	0.590	0.290	0.194
	（0.861）	（0.796）	（1.142）
对照组 初中及以下			
高中/中专	−0.355	0.273	0.679
	（0.306）	（0.318）	（0.449）

变量	（1）向群团组织求援	（2）自组织维权	（3）媒介抗争
大学专科	−0.0738	−0.0167	0.797
	（0.350）	（0.360）	（0.502）
大学本科及以上	−1.081**	−0.146	1.630***
	（0.427）	（0.424）	（0.554）
来沪时长	−0.856	0.798	0.294
	（0.563）	（0.569）	（0.726）
婚姻状态	0.376	−0.0827	−0.224
	（0.290）	（0.287）	（0.402）
居住情况	0.679**	−0.367	0.252
	（0.293）	（0.300）	（0.382）
育幼压力	−0.274	−0.0536	0.227
	（0.207）	（0.210）	（0.260）
养老压力	0.0379	−0.0518	0.137
	（0.0910）	（0.0904）	（0.115）
对照组 家政业			
批发零售业	−0.545	0.372	−0.918*
	（0.412）	（0.426）	（0.532）
制造业	−0.349	1.171**	−0.533
	（0.455）	（0.463）	（0.564）
餐饮业	−0.590*	0.326	−1.037**
	（0.336）	（0.357）	（0.444）
房地产业	−1.228**	0.555	−0.874
	（0.556）	（0.514）	（0.626）
咨询业	−1.086	0.998	−1.394*
	（0.769）	（0.668）	（0.825）
医疗业	−0.106	0.546	−1.074
	（0.742）	（0.747）	（0.916）
运输业	0.791	1.119	
	（1.003）	（0.992）	
金融业	0.260	0.482	−1.290
	（0.625）	（0.611）	（0.863）
互联网	0.0452	−1.384	−0.457
	（0.745）	（1.122）	（0.836）
其他服务业	−0.287	1.012	−1.029
	（0.624）	（0.623）	（0.882）

续表

变量	（1） 向群团组织求援	（2） 自组织维权	（3） 媒介抗争
职业获取方式	−0.140	0.0918	−0.174
	（0.144）	（0.143）	（0.194）
工作时长	0.724	0.642	−0.891
	（0.642）	（0.635）	（0.925）
年收入	0.187	0.584	−0.201
	（0.636）	（0.636）	（0.788）
常量	0.0883	−0.740	−2.583*
	（1.140）	（1.083）	（1.479）
样本量	430	425	424

*** p<0.01，** p<0.05，* p<0.1

表5　向群团组织求援的 LOGIT 回归分析

变量	（1） 向群团组织求援	（2） 向群团组织求援
政治面貌	−0.113	−0.157
	（0.138）	（0.162）
对照组 20 岁以下（含）		
21~30 岁（含）	0.590	−0.0208
	（0.861）	（0.915）
31~40 岁（含）	0.466	−0.494
	（0.906）	（0.990）
41~50 岁（含）	0.353	−0.325
	（0.924）	（1.022）
51 岁（含）以上	0.667	−0.295
	（1.049）	（1.191）
对照组 初中及以下		
高中/中专	−0.355	−0.452
	（0.306）	（0.392）
大学专科	−0.0738	−0.105
	（0.350）	（0.455）
大学本科及以上	−1.081**	−1.404**
	（0.427）	（0.552）
	（0.138）	（0.162）

变量	（1） 向群团组织求援	（2） 向群团组织求援
来沪时长	−0.856	−0.913
	（0.563）	（0.703）
婚姻状态	0.376	0.00714
	（0.290）	（0.365）
住房状态	0.679**	0.602
	（0.293）	（0.368）
育幼压力	−0.274	−0.107
	（0.207）	（0.279）
养老压力	0.0379	−0.0267
	（0.0910）	（0.112）
餐饮业	−0.590*	−0.486
	（0.336）	（0.429）
房地产业	−1.228**	−1.804***
	（0.556）	（0.673）
农业	−0.165	−0.538
	（0.517）	（0.686）
医疗业	−0.106	−0.0604
	（0.742）	（0.909）
批发零售业	−0.545	−0.654
	（0.412）	（0.495）
制造业	−0.349	−0.142
	（0.455）	（0.542）
运输业	0.791	0.582
	（1.003）	（1.076）
金融业	0.260	0.416
	（0.625）	（0.718）
咨询业	−1.086	−1.106
	（0.769）	（0.878）
互联网	0.0452	−0.859
	（0.745）	（0.884）
其他服务业	−0.287	−0.137
	（0.624）	（0.742）
年收入	0.187	1.237

续表

变量	（1） 向群团组织求援	（2） 向群团组织求援
	（0.636）	（0.800）
社会网络		0.817***
		（0.276）
获取职业途径	−0.140	−0.0320
	（0.144）	（0.176）
工作时长	0.724	1.035
	（0.642）	（0.731）
医疗困难		0.521*
		（0.283）
子女教育困难		0.516*
		（0.306）
职业晋升困难		0.667*
		（0.371）
住房困难		−0.217
		（0.282）
就业困难		0.0844
		（0.339）
落户		0.315
		（0.319）
老人赡养		0.103
		（0.325）
同工不同酬		0.0196
		（0.456）
职位晋升		0.667*
		（0.371）
择偶		0.118
		（0.481）
与上海本地人打交道		−0.875
		（0.663）
常量	0.0883	0.0686
	（1.140）	（1.323）
样本量	430	333

*** p<0.01, ** p<0.05, * p<0.1

表6　自组织维权行为的 LOGIT 回归分析

变量	（1） 自组织维权行为	（2） 自组织维权行为
政治面貌	−0.134	−0.0847
	（0.132）	（0.152）
对照组 20 岁以下（含）		
21~30 岁（含）	0.290	−0.00548
	（0.796）	（0.874）
31~40 岁（含）	0.129	−0.0106
	（0.849）	（0.952）
41~50 岁（含）	−0.143	−0.0947
	（0.871）	（0.988）
51 岁（含）以上	−0.784	−0.742
	（1.080）	（1.264）
对照组 初中及以下		
高中/中专	0.273	0.345
	（0.318）	（0.417）
大学专科	−0.0167	0.124
	（0.360）	（0.482）
大学本科及以上	−0.146	0.168
	（0.424）	（0.557）
来沪时间	0.798	0.493
	（0.569）	（0.731）
婚姻状态	−0.0827	−0.0551
	（0.287）	（0.350）
住房状态	−0.367	−0.232
	（0.300）	（0.380）
育幼压力	−0.0536	−0.0107
	（0.210）	（0.290）
养老压力	−0.0518	−0.172
	（0.0904）	（0.112）
对照组 家政业		
批发零售业	0.372	1.271**
	（0.426）	（0.544）
制造业	1.171**	1.872***
	（0.463）	（0.577）
房地产业	0.555	1.179*
	（0.514）	（0.632）

变量	（1） 自组织维权行为	（2） 自组织维权行为
金融业	0.482	1.430**
	（0.611）	（0.709）
咨询业	0.998	2.204***
	（0.668）	（0.835）
其他服务业	1.012	1.867**
	（0.623）	（0.779）
农业	−0.150	0.339
	（0.573）	（0.805）
医疗业	0.546	1.240
	（0.747）	（0.938）
运输业	1.119	1.547
	（0.992）	（1.087）
餐饮业	0.326	0.614
	（0.357）	（0.486）
互联网	−1.384	−0.847
	（1.122）	（1.242）
获取工作途径	0.0918	0.179
	（0.143）	（0.180）
工作时长	0.642	0.377
	（0.635）	（0.751）
年收入	0.584	0.552
	（0.636）	（0.774）
社会网络		−0.399
		（0.278）
就业困难		0.835**
		（0.343）
医疗困难		0.185
		（0.293）
子女教育困难		−0.260
		（0.321）
住房困难		−0.326
		（0.285）
落户		−0.336
		（0.317）
老人赡养		0.323

续表

变量	（1） 自组织维权行为	（2） 自组织维权行为
		（0.337）
同工不同酬		0.440
		（0.435）
职位晋升困难		0.117
		（0.367）
择偶		0.105
		（0.454）
与上海本地人打交道		0.412
		（0.585）
常量	−0.740	−1.353
	（1.083）	（1.281）
样本量	425	330

*** p<0.01,** p<0.05,* p<0.1

表 7　媒介抗争行为的 LOGIT 回归分析

变量	（1） 媒介抗争行为	（2） 媒介抗争行为
政治面貌	0.276*	0.192
	（0.165）	（0.183）
对照组 20 岁以下（含）		
21~30 岁（含）	0.194	−0.225
	（1.142）	（1.192）
31~40 岁（含）	−0.212	−0.778
	（1.199）	（1.276）
41~50 岁（含）	−0.604	−1.222
	（1.242）	（1.335）
51 岁（含）以上	0.194	−0.225
	（1.142）	（1.192）
对照组 初中及以下		
高中/中专	0.679	0.807
	（0.449）	（0.593）
大学专科	0.797	0.984
	（0.502）	（0.664）
大学本科及以上	1.630***	1.926***
	（0.554）	（0.730）

续表

变量	（1） 媒介抗争行为	（2） 媒介抗争行为
来沪时长	0.294	0.565
	（0.726）	（0.916）
婚姻状态	−0.224	0.0318
	（0.402）	（0.473）
住房状态	0.252	0.222
	（0.382）	（0.473）
育幼情况	0.227	0.243
	（0.260）	（0.337）
养老情况	0.137	0.0501
	（0.115）	（0.134）
对照组 家政业		
批发零售业	−0.918*	−0.767
	（0.532）	（0.644）
餐饮业	−1.037**	−0.705
	（0.444）	（0.574）
咨询业	−1.394*	−0.952
	（0.825）	（0.950）
农业	−0.432	0.163
	（0.650）	（0.768）
医疗业	−1.074	−0.480
	（0.916）	（1.032）
制造业	−0.533	−0.296
	（0.564）	（0.668）
房地产业	−0.874	−0.640
	（0.626）	（0.729）
金融业	−0.874	−0.640
	（0.626）	（0.729）
互联网	−0.457	−0.240
	（0.836）	（0.978）
其他服务业	−1.029	−0.180
	（0.882）	（0.970）
获取职业途径	−0.174	−0.0175
	（0.194）	（0.225）
工作时长	−0.891	−0.732
	（0.925）	（1.061）

变量	（1） 媒介抗争行为	（2） 媒介抗争行为
年收入	−0.201	−0.205
	（0.788）	（0.946）
社会网络		0.114
		（0.328）
就业困难		0.794*
		（0.407）
住房困难		0.0828
		（0.348）
医疗困难		0.209
		（0.355）
落户		0.359
		（0.365）
子女教育困难		0.374
		（0.377）
老人赡养困难		−0.0554
		（0.405）
同工不同酬		−0.477
		（0.558）
职位晋升困难		0.510
		（0.401）
择偶		−0.207
		（0.576）
与上海本地人打交道		0.232
		（0.706）
常量	−2.583*	−3.461**
	（1.479）	（1.639）
样本量	424	316

*** p<0.01, ** p<0.05, * p<0.1

第四章（第一节）

表1　　政治态度对来沪务工女性参与人大代表选举的影响（LOGIT 回归系数和标准差）

变量	（1）参与人大代表选举	（2）参与人大代表选举
政治面貌	−0.194	−0.201
	（0.160）	（0.173）
年龄	0.0348	0.0466
	（0.0281）	（0.0294）
受教育程度	0.280	0.322
	（0.185）	（0.202）
来沪时长	−1.173	−1.132
	（0.833）	（0.914）
婚姻状态	−0.375	−0.468
	（0.451）	（0.482）
住房状态	1.461***	1.446***
	（0.438）	（0.468）
育幼情况	−0.439	−0.385
	（0.337）	（0.363）
养老情况	−0.0145	0.0283
	（0.129）	（0.136）
职业类型	−0.0737	−0.0759
	（0.0533）	（0.0573）
就业方式	−0.116	−0.243
	（0.261）	（0.284）
工作时长	1.058	0.966
	（0.842）	（0.894）
年收入	−1.304	−1.345
	（0.900）	（0.974）
政治兴趣	−0.0357	0.103
	（0.532）	（0.551）
内部效能感	−0.458	−0.624
	（0.769）	（0.850）
外部效能感	2.147***	2.083***
	（0.684）	（0.759）
人际信任	1.140**	0.749
	（0.532）	（0.557）

变量	（1） 参与人大代表选举	（2） 参与人大代表选举
村/居委会满意度	1.166*	1.496**
	（0.605）	（0.656）
街/镇政府满意度	0.201	0.0342
	（0.898）	（0.991）
区政府满意度	−1.376	−2.124**
	（0.954）	（1.022）
市政府满意度	0.195	0.906
	（0.875）	（0.986）
中央政府满意度	−0.409	−0.462
	（0.521）	（0.586）
政治信任	0.715	−1.404
	（1.095）	（1.392）
血缘信任		3.894*
		（2.090）
邻居信任		−2.485**
		（1.235）
同事信任		1.512
		（1.404）
上海人信任		4.991***
		（1.411）
陌生人信任		−0.787
		（0.810）
常量	−2.466	−6.915**
	（1.602）	（2.685）
Observations	302	302

*** p<0.01,** p<0.05,* p<0.1

表2　政治态度对来沪务工女性参与村／居委会选举的影响（LOGIT 回归系数和标准差）

变量	（1） 参与村/居委会选举	（2） 参与村/居委会选举
政治面貌	−0.347**	−0.329**
	（0.158）	（0.164）
年龄	−0.00453	−0.00790
	（0.0250）	（0.0257）

续表

变量	（1） 参与村/居委会选举	（2） 参与村/居委会选举
受教育程度	−0.127	−0.136
	（0.174）	（0.179）
来沪时长	0.240	0.353
	（0.753）	（0.800）
婚姻状态	−0.304	−0.285
	（0.422）	（0.427）
住房状态	1.549***	1.429***
	（0.399）	（0.411）
育幼情况	0.0970	0.197
	（0.298）	（0.311）
养老情况	−0.0482	−0.0628
	（0.121）	（0.123）
职业类型	−0.0339	−0.0261
	（0.0472）	（0.0491）
就业方式	0.0396	−0.0173
	（0.208）	（0.217）
工作时长	−0.324	−0.394
	（0.813）	（0.824）
年收入	−2.160**	−2.068**
	（0.840）	（0.867）
政治兴趣	−0.296	−0.192
	（0.505）	（0.516）
内部效能感	−0.0448	−0.130
	（0.676）	（0.711）
外部效能感	0.372	0.242
	（0.584）	（0.620）
人际信任	0.342	0.0380
	（0.430）	（0.454）
村/居委满意度	0.530	0.649
	（0.573）	（0.614）
街/镇政府满意度	−0.259	−0.285
	（0.774）	（0.812）
区政府满意度	0.0701	−0.323
	（0.837）	（0.862）
市政府满意度	−0.291	−0.00649

变量	（1） 参与村/居委会选举	（2） 参与村/居委会选举
	（0.775）	（0.828）
中央政府满意度	0.318	0.381
	（0.437）	（0.455）
政治信任	0.943	−0.222
	（0.979）	（1.202）
血缘信任		2.724*
		（1.592）
邻居信任		−0.338
		（1.042）
同事信任		−0.376
		（1.244）
上海人信任		2.634**
		（1.069）
陌生人信任		−0.336
		（0.726）
常量	0.441	−2.078
	（1.417）	（2.111）
观察值	304	304

*** $p<0.01$,** $p<0.05$,* $p<0.1$

表3 政治态度对来沪务工女性参与业委会选举的影响（LOGIT 回归系数和标准差）

变量	（1） 参与业委会选举	（2） 参与业委会选举
政治面貌	−0.0455	0.0162
	（0.177）	（0.191）
年龄	0.00648	0.00844
	（0.0287）	（0.0291）
受教育程度	0.291	0.343
	（0.204）	（0.219）
来沪时长	−0.0497	0.584
	（0.800）	（0.872）
婚姻状态	0.0778	0.177
	（0.509）	（0.510）
住房状态	1.720***	1.567***
	（0.441）	（0.451）

续表

变量	（1） 参与业委会选举	（2） 参与业委会选举
育幼情况	0.450	0.483
	（0.343）	（0.356）
养老情况	−0.0319	−0.0131
	（0.137）	（0.141）
职业类型	−0.107*	−0.0967
	（0.0584）	（0.0621）
就业方式	0.164	0.183
	（0.247）	（0.259）
工作时长	−0.336	−0.327
	（0.878）	（0.919）
年收入	−1.790*	−2.007*
	（1.005）	（1.065）
政治兴趣	0.671	0.744
	（0.560）	（0.576）
内部效能感	−0.698	−0.531
	（0.797）	（0.856）
外部效能感	0.569	0.243
	（0.698）	（0.754）
人际信任	0.901	0.727
	（0.561）	（0.603）
村/居委会满意度	1.416**	1.756**
	（0.653）	（0.713）
街/镇政府满意度	−1.053	−1.178
	（0.992）	（1.089）
	（1.073）	（1.107）
市政府满意度	0.0330	0.734
	（0.946）	（1.020）
中央政府满意度	−0.211	−0.328
	（0.557）	（0.620）
政治信任	1.059	−0.366
	（1.189）	（1.481）
血缘信任		4.825**
		（2.166）
邻居信任		−2.289*
		（1.346）

变量	（1） 参与业委会选举	（2） 参与业委会选举
同事信任		−0.382
		（1.544）
上海人信任		2.351*
		（1.237）
陌生人信任		1.313
		（0.879）
常量	−4.481**	−8.856***
	（1.814）	（2.951）
观察值	304	304

*** p<0.01,** p<0.05,* p<0.1

表4　政治态度对来沪务工女性参与职工代表大会的影响（LOGIT 回归系数和标准差）

变量	（1） 参与职工代表大会	（2） 参与职工代表大会
政治面貌	−0.243	−0.220
	（0.158）	（0.161）
年龄	−0.00700	−0.00171
	（0.0240）	（0.0245）
受教育程度	0.00669	0.00677
	（0.172）	（0.176）
来沪时长	0.0813	0.0445
	（0.743）	（0.773）
婚姻状态	−0.0719	−0.0990
	（0.396）	（0.409）
住房状态	1.273***	1.161***
	（0.376）	（0.384）
育幼情况	0.102	0.176
	（0.285）	（0.292）
养老情况	0.0696	0.0857
	（0.120）	（0.121）
职业类型	−0.0947*	−0.0913*
	（0.0485）	（0.0504）
就业方式	−0.0186	−0.0822
	（0.201）	（0.208）

续表

变量	（1） 参与职工代表大会	（2） 参与职工代表大会
工作时长	0.672	0.540
	（0.783）	（0.799）
年收入	−0.587	−0.353
	（0.822）	（0.861）
政治兴趣	−0.900*	−0.763
	（0.512）	（0.520）
内部效能感	1.145	1.126
	（0.723）	（0.764）
外部效能感	−0.260	−0.305
	（0.586）	（0.618）
人际信任	0.115	−0.0684
	（0.437）	（0.461）
村/居委会满意度	0.613	0.655
	（0.533）	（0.547）
街/镇政府满意度	0.470	0.409
	（0.738）	（0.767）
区政府满意度	−0.281	−0.432
	（0.820）	（0.832）
市政府满意度	−0.224	−0.0566
	（0.801）	（0.818）
中央政府满意度	0.0211	0.0340
	（0.436）	（0.443）
政治信任	2.332**	1.133
	（1.035）	（1.203）
血缘信任		0.700
		（1.501）
邻居信任		−0.696
		（1.063）
同事信任		1.704
		（1.294）
上海人信任		1.808*
		（1.048）
陌生人信任		−0.738
		（0.729）
常量	−2.135	−3.738*

续表

变量	（1） 参与职工代表大会	（2） 参与职工代表大会
	（1.465）	（2.140）
观察值	306	306

*** p<0.01, ** p<0.05, * p<0.1

表5 政治态度对来沪务工女性向群团组织求援行为的影响（LOGIT 回归系数和标准差）

变量	（1） 向群团组织求援	（2） 向群团组织求援
政治面貌	−0.102	−0.0869
	（0.137）	（0.139）
年龄	−0.000216	−0.00414
	（0.0197）	（0.0200）
受教育程度	−0.242*	−0.231
	（0.147）	（0.148）
来沪时长	0.0806	0.350
	（0.668）	（0.694）
婚姻状态	0.186	0.226
	（0.323）	（0.328）
住房状态	0.532	0.572*
	（0.329）	（0.335）
育幼情况	−0.0870	−0.128
	（0.242）	（0.245）
养老情况	0.0341	0.0268
	（0.103）	（0.104）
职业类型	−0.0117	−0.0121
	（0.0384）	（0.0399）
就业方式	−0.0240	0.0233
	（0.174）	（0.178）
工作时长	0.706	0.831
	（0.693）	（0.709）
年收入	0.477	0.307
	（0.668）	（0.689）
政治兴趣	0.145	0.205
	（0.419）	（0.428）
内部效能感	1.939***	2.291***

续表

变量	（1） 向群团组织求援	（2） 向群团组织求援
	（0.610）	（0.646）
外部效能感	0.593	0.550
	（0.509）	（0.535）
人际信任	0.103	0.120
	（0.350）	（0.367）
村/居满意度	0.824	0.854*
	（0.502）	（0.506）
街道/镇政府满意度	−1.422**	−1.507**
	（0.647）	（0.657）
区政府满意度	−0.572	−0.647
	（0.716）	（0.736）
市政府满意度	1.304**	1.440**
	（0.636）	（0.653）
中央政府满意度	−0.358	−0.336
	（0.365）	（0.370）
政治信任	−0.368	−0.409
	（0.795）	（0.971）
血缘信任		0.214
		（1.027）
邻居信任		0.160
		（0.885）
同事信任		−1.146
		（0.985）
上海人信任		−0.164
		（0.787）
陌生人信任		1.278**
		（0.598）
		（0.729）
常量	−1.357	−1.422
	（1.169）	（1.486）
观察值	331	331

*** p<0.01, ** p<0.05, * p<0.1

附录:各章节调查表

表 6　政治态度对来沪务工女性自组织维权行为的影响(LOGIT 回归系数和标准差)

变量	（1） 自组织维权行为	（2） 自组织维权行为
政治面貌	−0.0955	−0.105
	（0.143）	（0.144）
年龄	0.00254	0.00582
	（0.0205）	（0.0208）
受教育程度	−0.260*	−0.273*
	（0.150）	（0.151）
来沪时长	1.541**	1.499**
	（0.709）	（0.721）
婚姻状态	−0.00584	−0.0114
	（0.332）	（0.333）
住房状态	−0.320	−0.324
	（0.346）	（0.349）
育幼情况	−0.409	−0.427*
	（0.256）	（0.258）
养老情况	−0.0201	−0.0157
	（0.104）	（0.105）
职业类型	−0.00523	−0.00406
	（0.0389）	（0.0399）
就业方式	−0.158	−0.149
	（0.182）	（0.184）
工作时长	0.117	0.155
	（0.713）	（0.721）
年收入	0.785	0.762
	（0.682）	（0.702）
政治兴趣	1.316***	1.331***
	（0.434）	（0.439）
内部效能感	0.840	0.855
	（0.615）	（0.633）
外部效能感	−0.534	−0.431
	（0.523）	（0.542）
人际信任	−0.171	−0.120
	（0.357）	（0.370）
村/居委会满意度	−0.347	−0.341
	（0.499）	（0.503）
街道/镇政府满意度	0.776	0.747

续表

变量	（1） 自组织维权行为	（2） 自组织维权行为
	（0.648）	（0.653）
区政府满意度	−1.202*	−1.115
	（0.698）	（0.708）
市政府满意度	0.512	0.435
	（0.600）	（0.610）
中央政府满意度	−1.007***	−0.999***
	（0.381）	（0.383）
政治信任	−0.399	−0.643
	（0.790）	（0.965）
血缘信任		−0.0628
		（1.014）
邻居信任		−0.249
		（0.888）
同事信任		0.990
		（0.983）
上海人信任		−0.375
		（0.783）
陌生人信任		−0.0129
		（0.606）
常量	1.456	1.264
	（1.196）	（1.477）
观察值	327	327

*** p<0.01, ** p<0.05, * p<0.1

表7 政治态度对来沪务工女性媒介抗争行为的影响（LOGIT 回归系数和标准差）

变量	（1） 媒介抗争行为	（2） 媒介抗争行为
政治面貌	0.172	0.167
	（0.173）	（0.175）
年龄	−0.0100	−0.00527
	（0.0258）	（0.0260）
受教育程度	0.405**	0.412**
	（0.191）	（0.195）
来沪时长	0.746	0.711
	（0.832）	（0.859）

续表

变量	（1） 媒介抗争行为	（2） 媒介抗争行为
婚姻状态	−0.471	−0.460
	（0.491）	（0.496）
住房状态	0.129	0.0831
	（0.428）	（0.434）
育幼情况	0.453	0.476
	（0.317）	（0.319）
养老情况	0.0815	0.0914
	（0.129）	（0.130）
职业类型	−0.0294	−0.0161
	（0.0496）	（0.0505）
就业方式	−0.187	−0.184
	（0.232）	（0.237）
工作时长	−1.123	−0.949
	（0.993）	（0.996）
年收入	−0.173	−0.418
	（0.870）	（0.899）
政治兴趣	0.338	0.323
	（0.510）	（0.511）
内部效能感	1.468*	1.328
	（0.789）	（0.809）
外部效能感	0.340	0.531
	（0.641）	（0.675）
人际信任	−0.0340	0.0216
	（0.437）	（0.458）
村/居满意度	0.253	0.344
	（0.591）	（0.602）
街道/镇政府满意度	−0.106	−0.0704
	（0.767）	（0.773）
区政府满意度	−1.134	−1.127
	（0.802）	（0.825）
市政府满意度	0.636	0.610
	（0.701）	（0.728）
中央政府满意度	0.224	0.141
	（0.464）	（0.469）
政治信任	−0.650	−0.865

续表

变量	（1） 媒介抗争行为	（2） 媒介抗争行为
	（1.003）	（1.172）
血缘信任		2.056
		（1.530）
邻居信任		−0.574
		（1.086）
同事信任		0.584
		（1.191）
上海人信任		−0.518
		（0.945）
陌生人信任		−0.115
		（0.776）
常量	−3.352**	−5.128**
	（1.482）	（2.108）
观察值	330	330

*** p<0.01，** p<0.05，* p<0.1

第四章（第二节）

表 1　政治参与行为对来沪务工女性政治参与兴趣的影响（OLS 回归系数和标准差）

变量	（1）政治兴趣	（2）政治兴趣	（3）政治兴趣
政治面貌	−0.0211	−0.00333	−0.0102
	（0.0172）	（0.0168）	（0.0172）
年龄	−0.00356	−0.00117	−0.00291
	（0.00231）	（0.00219）	（0.00235）
受教育程度	0.0284	0.0333**	0.0291*
	（0.0172）	（0.0166）	（0.0172）
来沪时长	−0.0354	−0.0347	−0.0220
	（0.0755）	（0.0741）	（0.0752）
婚姻状态	0.0552	0.0456	0.0411
	（0.0394）	（0.0385）	（0.0398）
住房状态	0.0422	0.0622	0.0598
	（0.0430）	（0.0386）	（0.0430）
育幼情况	−0.0285	−0.0441	−0.0313
	（0.0284）	（0.0278）	（0.0291）
养老情况	−0.00249	−0.00462	−0.00262
	（0.0122）	（0.0117）	（0.0122）
职业类型	−0.00165	0.000532	−0.00196
	（0.00481）	（0.00448）	（0.00480）
就业方式	−0.000827	−0.0129	−0.00718
	（0.0204）	（0.0192）	（0.0203）
工作时长	−0.00669	−0.0930	−0.113
	（0.0872）	（0.0860）	（0.0907）
年收入	0.126	0.0794	0.107
	（0.0849）	（0.0790）	（0.0847）
参加人大代表选举	0.00292		−0.0144
	（0.0451）		（0.0462）
参加村/居委会选举	−0.00610		−0.00669
	（0.0417）		（0.0417）
参加业委会选举	0.0346		0.0291
	（0.0480）		（0.0486）
参加职工代表大会	−0.0431		−0.0499
	（0.0381）		（0.0379）
向群团组织求援		0.0559	0.0711

续表

变量	（1） 政治兴趣	（2） 政治兴趣	（3） 政治兴趣
		（0.0496）	（0.0536）
自组织维权行为		0.220*	0.451***
		（0.121）	（0.150）
媒介抗争行为		0.0101	−0.00922
		（0.0368）	（0.0396）
常量	0.246*	0.150	0.212
	（0.134）	（0.125）	（0.134）
观察值	375	404	366
R 平方	0.080	0.089	0.109

*** $p<0.01$, ** $p<0.05$, * $p<0.1$

表 2　政治参与行为对来沪务工女性内部效能感的影响（OLS 回归系数和标准差）

变量	（1） 内部效能感	（2） 内部效能感	（3） 内部效能感
政治面貌	−0.0189	−0.0165	−0.0151
	（0.0119）	（0.0117）	（0.0119）
年龄	−0.00219	−0.00256*	−0.00271*
	（0.00159）	（0.00151）	（0.00162）
受教育程度	0.0138	0.0153	0.0141
	（0.0119）	（0.0114）	（0.0119）
来沪时长	−0.0330	−0.0235	−0.0345
	（0.0504）	（0.0484）	（0.0499）
婚姻状态	0.00695	0.0278	0.0143
	（0.0267）	（0.0260）	（0.0268）
住房状态	0.00325	−0.0108	−0.00589
	（0.0296）	（0.0266）	（0.0296）
育幼情况	0.00901	0.0165	0.0116
	（0.0191）	（0.0186）	（0.0194）
养老情况	0.0110	0.00828	0.0102
	（0.00849）	（0.00812）	（0.00843）
职业类型	−0.00150	−0.00232	−0.00186
	（0.00326）	（0.00304）	（0.00324）
就业方式	0.0283**	0.0287**	0.0287**
	（0.0137）	（0.0128）	（0.0135）

变量	（1） 内部效能感	（2） 内部效能感	（3） 内部效能感
就业方式	0.0283**	0.0287**	0.0287**
	（0.0137）	（0.0128）	（0.0135）
工作时长	−0.0335	−0.0197	−0.0450
	（0.0599）	（0.0589）	（0.0621）
年收入	0.0541	0.000240	0.0353
	（0.0590）	（0.0545）	（0.0586）
参加人大代表选举	−0.0240		−0.0450
	（0.0313）		（0.0320）
参加村/居委会选举	0.00178		0.0161
	（0.0281）		（0.0280）
参加业委会选举	−0.0414		−0.0300
	（0.0330）		（0.0334）
参加职工代表大会	0.0738***		0.0682***
	（0.0260）		（0.0258）
向群团组织求援		0.0662*	0.0679*
		（0.0342）	（0.0370）
自组织维权行为		−0.0368	0.0668
		（0.0839）	（0.103）
媒介抗争行为		0.0400	0.0324
		（0.0255）	（0.0274）
常量	0.572***	0.559***	0.554***
	（0.0907）	（0.0853）	（0.0906）
观察值	392	424	383
R 平方	0.066	0.056	0.084

*** $p<0.01$, ** $p<0.05$, * $p<0.1$

表3 政治参与行为对来沪务工女性外部效能感的影响（OLS 回归系数和标准差）

变量	（1） 外部效能感	（2） 外部效能感	（3） 外部效能感
政治面貌	0.00382	0.00648	0.00591
	（0.0144）	（0.0141）	（0.0146）
年龄	0.000387	0.000501	2.05e−05
	（0.00193）	（0.00183）	（0.00199）
受教育程度	0.0254*	0.0347**	0.0266*

变量	（1）外部效能感	（2）外部效能感	（3）外部效能感
	（0.0143）	（0.0138）	（0.0146）
来沪时长	0.0671	0.0460	0.0770
	（0.0609）	（0.0585）	（0.0615）
婚姻状态	0.0332	0.0333	0.0282
	（0.0323）	（0.0314）	（0.0331）
住房状态	0.0210	0.0385	0.0196
	（0.0358）	（0.0322）	（0.0365）
育幼情况	0.00483	0.0135	0.0126
	（0.0231）	（0.0225）	（0.0239）
养老情况	−0.0108	−0.0116	−0.0138
	（0.0103）	（0.00981）	（0.0104）
职业类型	−0.00270	−0.00261	−0.00357
	（0.00395）	（0.00367）	（0.00400）
就业方式	−0.0134	−0.0216	−0.0159
	（0.0165）	（0.0154）	（0.0167）
工作时长	−0.0699	−0.0766	−0.0841
	（0.0725）	（0.0711）	（0.0765）
年收入	−0.0255	−0.0509	−0.0418
	（0.0713）	（0.0658）	（0.0723）
参加人大代表选举	0.127***		0.139***
	（0.0379）		（0.0394）
参加村/居委会选举	−0.0322		−0.0331
	（0.0339）		（0.0345）
参加业委会选举	0.0299		0.0257
	（0.0399）		（0.0412）
参加职工代表大会	−0.0201		−0.0237
	（0.0315）		（0.0318）
向群团组织求援		0.0544	0.0558
		（0.0413）	（0.0457）
自组织维权行为		−0.245**	−0.250*
		（0.101）	（0.127）
媒介抗争行为		0.00841	0.00660
		（0.0308）	（0.0338）
常量	0.400***	0.393***	0.424***
	（0.110）	（0.103）	（0.112）

变量	（1）外部效能感	（2）外部效能感	（3）外部效能感
		（0.0308）	（0.0338）
常量	0.400***	0.393***	0.424***
	（0.110）	（0.103）	（0.112）
观察值	392	424	383
R 平方	0.082	0.063	0.094

*** p<0.01,** p<0.05,* p<0.1

表 4　政治参与行为对来沪务工女性人际信任的影响（OLS 回归系数和标准差）

变量	（1）外部效能感	（2）外部效能感	（3）外部效能感
政治面貌	0.0299	0.0301	0.0345
	（0.0213）	（0.0206）	（0.0216）
年龄	0.00257	0.00183	0.00132
	（0.00285）	（0.00267）	（0.00294）
受教育程度	0.00548	0.0136	0.00805
	（0.0212）	（0.0201）	（0.0216）
来沪时长	0.182**	0.182**	0.197**
	（0.0901）	（0.0856）	（0.0907）
婚姻状态	−0.00103	−0.00678	−0.00960
	（0.0478）	（0.0459）	（0.0488）
住房状态	−0.0791	−0.0625	−0.0811
	（0.0531）	（0.0471）	（0.0538）
育幼情况	−0.0362	−0.0275	−0.0174
	（0.0343）	（0.0329）	（0.0353）
养老情况	0.0186	0.0171	0.0155
	（0.0152）	（0.0144）	（0.0153）
职业类型	−0.00272	−0.00557	−0.00373
	（0.00584）	（0.00537）	（0.00590）
就业方式	−0.0148	−0.0140	−0.0198
	（0.0245）	（0.0225）	（0.0246）
工作时长	−0.0386	−0.0532	−0.0561
	（0.107）	（0.104）	（0.113）
年收入	0.133	0.0874	0.0999
	（0.106）	（0.0962）	（0.107）

续表

变量	（1） 外部效能感	（2） 外部效能感	（3） 外部效能感
参加人大代表选举	0.115**		0.128**
	（0.0561）		（0.0581）
参加村/居委会选举	0.0284		0.0309
	（0.0503）		（0.0509）
参加业委会选举	−0.00311		−0.0115
	（0.0591）		（0.0607）
参加职工代表大会	−0.00963		−0.0158
	（0.0466）		（0.0469）
向群团组织求援		0.0762	0.0955
		（0.0604）	（0.0673）
自组织维权行为		−0.278*	−0.352*
		（0.148）	（0.188）
媒介抗争行为		0.0126	−0.00736
		（0.0451）	（0.0498）
常量	0.556***	0.624***	0.596***
	（0.162）	（0.151）	（0.165）
观察值	392	424	383
R 平方	0.053	0.042	0.062

*** p<0.01，** p<0.05，* p<0.1

表5　政治参与行为对来沪务工女性血缘信任的影响（OLS 回归系数和标准差）

变量	（1） 血缘信任	（2） 血缘信任	（3） 血缘信任
政治面貌	−0.00206	−0.00439	−0.00217
	（0.00856）	（0.00813）	（0.00870）
年龄	−0.000189	0.000391	0.000157
	（0.00114）	（0.00105）	（0.00118）
受教育程度	−0.00838	−0.00952	−0.0101
	（0.00853）	（0.00794）	（0.00869）
来沪时长	−0.0329	−0.0245	−0.0333
	（0.0362）	（0.0337）	（0.0365）
婚姻状态	−0.0102	−0.0177	−0.0119
	（0.0192）	（0.0181）	（0.0196）
住房状态	0.0299	0.0495***	0.0319
	（0.0213）	（0.0186）	（0.0217）

变量	（1） 血缘信任	（2） 血缘信任	（3） 血缘信任
育幼情况	−0.0237*	−0.0255**	−0.0261*
	（0.0138）	（0.0130）	（0.0142）
养老情况	0.00578	0.00537	0.00512
	（0.00610）	（0.00566）	（0.00617）
职业类型	−0.00327	−0.00488**	−0.00361
	（0.00235）	（0.00212）	（0.00237）
就业方式	0.00857	0.00570	0.00822
	（0.00983）	（0.00889）	（0.00990）
工作时长	−0.0167	−0.0282	−0.0262
	（0.0431）	（0.0411）	（0.0455）
年收入	0.0631	0.0418	0.0594
	（0.0424）	（0.0380）	（0.0429）
参加人大代表选举	0.00890		−0.000170
	（0.0225）		（0.0234）
参加村/居委会选举	0.0323		0.0346*
	（0.0202）		（0.0205）
参加业委会选举	0.00972		0.0169
	（0.0237）		（0.0244）
参加职工代表大会	0.0101		0.0126
	（0.0187）		（0.0189）
向群团组织求援		0.0181	0.0164
		（0.0238）	（0.0271）
自组织维权行为		0.0396	0.00862
		（0.0585）	（0.0757）
媒介抗争行为		0.0203	0.0251
		（0.0178）	（0.0201）
常量	0.983***	1.019***	0.982***
	（0.0652）	（0.0595）	（0.0663）
观察值	392	424	383
R 平方	0.058	0.056	0.068

*** p<0.01,** p<0.05,* p<0.1

来沪务工女性政治参与现状调查

表6 政治参与行为对来沪务工女性社群信任的影响（OLS 回归系数和标准差）

变量	（1）社群信任	（2）社群信任	（3）社群信任
政治面貌	−0.00817	−0.00579	−0.00729
	（0.00989）	（0.0100）	（0.0102）
年龄	0.00104	0.000797	0.000788
	（0.00132）	（0.00129）	（0.00138）
受教育程度	0.00113	−0.00654	0.00266
	（0.00984）	（0.00976）	（0.0102）
来沪时长	0.0238	0.0257	0.0235
	（0.0418）	（0.0415）	（0.0427）
婚姻状态	0.000327	−0.00922	−0.00179
	（0.0222）	（0.0223）	（0.0230）
住房状态	0.0427*	0.0573**	0.0428*
	（0.0246）	（0.0228）	（0.0253）
育幼情况	−0.00858	−0.00498	−0.00357
	（0.0159）	（0.0160）	（0.0166）
养老情况	0.00227	0.000954	0.00205
	（0.00704）	（0.00696）	（0.00722）
职业类型	0.00196	−0.000650	0.00204
	（0.00271）	（0.00261）	（0.00278）
就业方式	0.00213	−0.00237	0.000829
	（0.0113）	（0.0109）	（0.0116）
工作时长	0.0319	0.00262	0.0301
	（0.0497）	（0.0505）	（0.0531）
年收入	−0.0507	−0.0224	−0.0539
	（0.0489）	（0.0467）	（0.0502）
参加人大代表选举	0.00396		0.00780
	（0.0260）		（0.0274）
参加村/居委会选举	0.0112		0.00990
	（0.0233）		（0.0240）
参加业委会选举	−0.00164		−0.00458
	（0.0274）		（0.0286）
参加职工代表大会	0.0370*		0.0365*
	（0.0216）		（0.0221）
向群团组织求援		0.0276	0.0133
		（0.0293）	（0.0317）
自组织维权行为		0.103	−0.0283

变量	（1） 社群信任	（2） 社群信任	（3） 社群信任
		（0.0719）	（0.0885）
媒介抗争行为		−0.0114	−0.0221
		（0.0219）	（0.0234）
常量	0.633***	0.694***	0.637***
	（0.0753）	（0.0731）	（0.0775）
观察值	392	424	383
R 平方	0.067	0.045	0.067

*** p<0.01，** p<0.05，* p<0.1

表 7 政治参与行为对来沪务工女性上海人信任的影响（OLS 回归系数和标准差）

变量	（1） 上海人信任	（2） 上海人信任	（3） 上海人信任
政治面貌	−0.0102	−0.00821	−0.00814
	（0.0125）	（0.0128）	（0.0126）
年龄	0.00369**	0.00337**	0.00282
	（0.00167）	（0.00166）	（0.00171）
受教育程度	0.00654	0.00639	0.0104
	（0.0124）	（0.0125）	（0.0126）
来沪时长	0.0241	0.0244	0.0306
	（0.0527）	（0.0532）	（0.0528）
婚姻状态	−0.00643	−0.00903	−0.00371
	（0.0279）	（0.0286）	（0.0284）
住房状态	0.0278	0.0697**	0.0225
	（0.0310）	（0.0293）	（0.0313）
育幼情况	−0.0444**	−0.0401*	−0.0332
	（0.0200）	（0.0205）	（0.0205）
养老情况	0.0119	0.0147	0.0114
	（0.00887）	（0.00893）	（0.00892）
职业类型	0.00367	0.00195	0.00388
	（0.00341）	（0.00334）	（0.00343）
就业方式	0.0167	0.00785	0.0153
	（0.0143）	（0.0140）	（0.0143）
工作时长	0.0305	0.00998	0.0285
	（0.0627）	（0.0648）	（0.0657）

续表

变量	（1）上海人信任	（2）上海人信任	（3）上海人信任
年收入	-0.0696	-0.0611	-0.0840
	（0.0616）	（0.0599）	（0.0620）
参加人大代表选举	0.0646**		0.0805**
	（0.0327）		（0.0338）
参加村/居委会选举	0.0238		0.0231
	（0.0293）		（0.0296）
参加业委会选举	0.0454		0.0398
	（0.0345）		（0.0353）
参加职工代表大会	0.0284		0.0250
	（0.0272）		（0.0273）
向群团组织求援		0.0255	0.00659
		（0.0376）	（0.0392）
自组织维权行为		-0.254***	-0.220**
		（0.0923）	（0.109）
媒介抗争行为		-0.0294	-0.0448
		（0.0280）	（0.0290）
常量	0.447***	0.509***	0.460***
	（0.0949）	（0.0938）	（0.0958）
观察值	392	424	383
R 平方	0.131	0.090	0.139

*** $p<0.01$，** $p<0.05$，* $p<0.1$

表8　政治参与行为对来沪务工女性陌生人信任的影响（OLS 回归系数和标准差）

变量	（1）陌生人信任	（2）陌生人信任	（3）陌生人信任
政治面貌	-0.0135	-0.00749	-0.0137
	（0.0144）	（0.0148）	（0.0146）
年龄	0.00437**	0.00298	0.00399**
	（0.00192）	（0.00192）	（0.00199）
受教育程度	0.0116	0.00323	0.0166
	（0.0143）	（0.0145）	（0.0146）
来沪时长	-0.0678	-0.0785	-0.0676
	（0.0607）	（0.0615）	（0.0614）
婚姻状态	-0.00874	-0.0269	-0.0119

变量	（1） 陌生人信任	（2） 陌生人信任	（3） 陌生人信任
	（0.0322）	（0.0330）	（0.0331）
住房状态	−0.0142	0.0209	−0.0178
	（0.0357）	（0.0338）	（0.0364）
育幼情况	0.00620	0.0177	0.0160
	（0.0231）	（0.0237）	（0.0239）
养老情况	0.00650	0.00476	0.00479
	（0.0102）	（0.0103）	（0.0104）
职业类型	0.00327	−0.000384	0.00289
	（0.00394）	（0.00386）	（0.00400）
就业方式	−0.0275*	−0.0366**	−0.0296*
	（0.0165）	（0.0162）	（0.0167）
工作时长	−0.0119	−0.0541	−0.000823
	（0.0722）	（0.0748）	（0.0765）
年收入	0.105	0.128*	0.0890
	（0.0711）	（0.0692）	（0.0722）
参加人大代表选举	−0.00201		0.0182
	（0.0378）		（0.0394）
参加村/居委会选举	0.0141		0.00843
	（0.0338）		（0.0345）
参加业委会选举	0.0573		0.0509
	（0.0398）		（0.0411）
参加职工代表大会	−0.00950		−0.0103
	（0.0314）		（0.0318）
向群团组织求援		0.0327	0.0274
		（0.0434）	（0.0456）
自组织维权行为		−0.00925	−0.232*
		（0.107）	（0.127）
媒介抗争行为		−0.0493	−0.0474
		（0.0324）	（0.0337）
常量	0.145	0.260**	0.167
	（0.109）	（0.108）	（0.112）
观察值	392	424	383
R 平方	0.059	0.045	0.073

*** p<0.01,** p<0.05,* p<0.1

表9　政治参与行为对来沪务工女性村／居委会满意度的影响(OLS 回归系数和标准差)

变量	(1) 村/居委会满意度	(2) 村/居委会满意度	(3) 村/居委会满意度
政治面貌	−0.00518	−0.0108	−0.00730
	(0.0241)	(0.0236)	(0.0245)
年龄	−0.00412	−0.00436	−0.00417
	(0.00322)	(0.00305)	(0.00333)
受教育程度	−0.0247	−0.0182	−0.0193
	(0.0240)	(0.0230)	(0.0245)
来沪时长	0.0467	0.0371	0.0475
	(0.102)	(0.0978)	(0.103)
婚姻状态	0.0687	0.0483	0.0592
	(0.0539)	(0.0525)	(0.0553)
住房状态	0.0650	0.134**	0.0654
	(0.0599)	(0.0538)	(0.0610)
育幼情况	−0.0261	−0.0103	−0.00961
	(0.0387)	(0.0376)	(0.0400)
养老情况	0.0104	0.0176	0.00801
	(0.0171)	(0.0164)	(0.0174)
职业类型	0.00225	0.00308	0.00228
	(0.00659)	(0.00614)	(0.00668)
就业方式	0.0164	0.0112	0.0147
	(0.0276)	(0.0258)	(0.0279)
工作时长	−0.0594	−0.0490	−0.0560
	(0.121)	(0.119)	(0.128)
年收入	−0.0501	−0.0613	−0.0612
	(0.119)	(0.110)	(0.121)
参加人大代表选举	0.0457		0.0559
	(0.0633)		(0.0659)
参加村/居委会选举	−0.0139		−0.0150
	(0.0567)		(0.0577)
参加业委会选举	0.117*		0.122*
	(0.0667)		(0.0688)
参加职工代表大会	0.0948*		0.0894*
	(0.0526)		(0.0532)
向群团组织求援		0.0836	0.0725
		(0.0690)	(0.0763)
自组织维权行为		−0.150	−0.177

变量	(1) 村/居委会满意度	(2) 村/居委会满意度	(3) 村/居委会满意度
		(0.170)	(0.213)
媒介抗争行为		-0.0215	-0.00985
		(0.0515)	(0.0564)
常量	0.207	0.231	0.198
	(0.183)	(0.172)	(0.187)
观察值	392	424	383
R 平方	0.074	0.048	0.079

*** $p<0.01$, ** $p<0.05$, * $p<0.1$

表 10　政治参与行为对来沪务工女性街道/镇政府满意度的影响(OLS 回归系数和标准差)

变量	(1) 街道/镇政府满意度	(2) 街道/镇政府满意度	(3) 街道/镇政府满意度
政治面貌	0.00208	-0.00762	-0.00294
	(0.0243)	(0.0239)	(0.0248)
年龄	-0.00268	-0.00279	-0.00267
	(0.00325)	(0.00309)	(0.00337)
受教育程度	-0.00976	-0.00925	-0.00673
	(0.0242)	(0.0233)	(0.0248)
来沪时长	-0.0632	-0.0553	-0.0671
	(0.103)	(0.0990)	(0.104)
婚姻状态	0.0649	0.0545	0.0584
	(0.0545)	(0.0532)	(0.0559)
住房状态	0.147**	0.189***	0.150**
	(0.0605)	(0.0545)	(0.0617)
育幼情况	-0.0308	-0.00566	-0.0168
	(0.0391)	(0.0381)	(0.0405)
养老情况	-0.00183	0.000296	-0.00358
	(0.0173)	(0.0166)	(0.0176)
职业类型	-0.00184	-0.000640	-0.00149
	(0.00666)	(0.00622)	(0.00676)
就业方式	0.0585**	0.0445*	0.0583**
	(0.0279)	(0.0261)	(0.0282)
工作时长	0.0405	0.0654	0.0653
	(0.122)	(0.120)	(0.129)

来沪务工女性政治参与现状调查

续表

变量	（1） 街道/镇政府满意度	（2） 街道/镇政府满意度	（3） 街道/镇政府满意度
年收入	−0.0183	−0.0236	−0.0237
	（0.120）	（0.111）	（0.122）
参加人大代表选举	−0.00677		0.00433
	（0.0639）		（0.0667）
参加村/居委会选举	0.00443		0.000400
	（0.0573）		（0.0584）
参加业委会选举	0.0566		0.0615
	（0.0674）		（0.0696）
参加职工代表大会	0.114**		0.110**
	（0.0532）		（0.0538）
向群团组织求援		0.0230	0.0174
		（0.0699）	（0.0772）
自组织维权行为		−0.156	−0.168
		（0.172）	（0.216）
媒介抗争行为		−0.0241	0.00934
		（0.0522）	（0.0571）
常量	0.0765	0.128	0.0769
	（0.185）	（0.175）	（0.189）
观察值	392	424	383
R 平方	0.080	0.058	0.083

*** p<0.01，** p<0.05，* p<0.1

表 11　政治参与行为对来沪务工女性区政府满意度的影响（OLS 回归系数和标准差）

变量	（1） 区政府满意度	（2） 区政府满意度	（3） 区政府满意度
政治面貌	−0.0218	−0.0317	−0.0256
	（0.0252）	（0.0246）	（0.0257）
年龄	−0.00259	−0.00192	−0.00262
	（0.00337）	（0.00319）	（0.00349）
受教育程度	−0.0136	−0.00908	−0.00849
	（0.0251）	（0.0240）	（0.0256）
来沪时长	−0.0335	−0.0374	−0.0357
	（0.106）	（0.102）	（0.108）
婚姻状态	0.0219	0.00358	0.0119

变量	（1） 区政府满意度	（2） 区政府满意度	（3） 区政府满意度
	（0.0565）	（0.0548）	（0.0580）
住房状态	0.120*	0.154***	0.123*
	（0.0627）	（0.0562）	（0.0639）
育幼情况	−0.0246	0.00629	−0.00815
	（0.0405）	（0.0393）	（0.0419）
养老情况	−0.00161	0.00280	−0.00382
	（0.0179）	（0.0171）	（0.0182）
职业类型	−0.00171	−0.000110	−0.00168
	（0.00690）	（0.00641）	（0.00701）
就业方式	0.0361	0.0272	0.0342
	（0.0289）	（0.0269）	（0.0292）
工作时长	−0.0781	−0.0144	−0.0609
	（0.127）	（0.124）	（0.134）
年收入	0.0151	−0.0131	0.00565
	（0.125）	（0.115）	（0.127）
参加人大代表选举	−0.0416		−0.0280
	（0.0662）		（0.0691）
参加村/居委会选举	0.00554		0.00125
	（0.0593）		（0.0605）
参加业委会选举	0.0528		0.0546
	（0.0698）		（0.0721）
参加职工代表大会	0.122**		0.118**
	（0.0551）		（0.0558）
向群团组织求援		0.0515	0.0473
		（0.0721）	（0.0800）
自组织维权行为		−0.205	−0.192
		（0.177）	（0.223）
媒介抗争行为		−0.0446	−0.0166
		（0.0538）	（0.0592）
常量	0.296	0.300*	0.299
	（0.192）	（0.180）	（0.196）
观察值	392	424	383
R平方	0.054	0.039	0.058

*** p<0.01，** p<0.05，* p<0.1

表12 政治参与行为对来沪务工女性上海市政府满意度的影响(OLS回归系数和标准差)

变量	（1）市政府满意度	（2）市政府满意度	（3）市政府满意度
政治面貌	−0.0163	−0.0295	−0.0203
	（0.0266）	（0.0259）	（0.0271）
年龄	−0.00597*	−0.00471	−0.00595
	（0.00355）	（0.00335）	（0.00368）
受教育程度	−0.00370	0.00676	0.000947
	（0.0265）	（0.0252）	（0.0270）
来沪时长	−0.00176	−0.00350	−0.00513
	（0.112）	（0.107）	（0.114）
婚姻状态	0.100*	0.0771	0.0916
	（0.0595）	（0.0576）	（0.0611）
住房状态	0.0873	0.116**	0.0823
	（0.0661）	（0.0591）	（0.0674）
育幼情况	−0.0334	−0.00945	−0.0156
	（0.0427）	（0.0413）	（0.0442）
养老情况	−0.00848	−0.00433	−0.0130
	（0.0189）	（0.0180）	（0.0192）
职业类型	−0.00477	−0.00409	−0.00512
	（0.00728）	（0.00674）	（0.00738）
就业方式	0.0430	0.0447	0.0424
	（0.0305）	（0.0283）	（0.0308）
工作时长	−0.0580	0.0188	−0.0394
	（0.134）	（0.131）	（0.141）
年收入	0.0417	0.000256	0.0317
	（0.131）	（0.121）	（0.133）
参加人大代表选举	−0.0301		−0.0206
	（0.0698）		（0.0728）
参加村/居委会选举	−0.00115		−0.00102
	（0.0626）		（0.0637）
参加业委会选举	0.0450		0.0559
	（0.0736）		（0.0760）
参加职工代表大会	0.123**		0.117**
	（0.0581）		（0.0588）
向群团组织求援		0.0911	0.102
		（0.0758）	（0.0843）
自组织维权行为		−0.276	−0.275

变量	（1） 市政府满意度	（2） 市政府满意度	（3） 市政府满意度
		（0.186）	（0.235）
媒介抗争行为		0.00497	0.0276
		（0.0565）	（0.0624）
常量	0.299	0.272	0.293
	（0.202）	（0.189）	（0.206）
观察值	392	424	383
R 平方	0.054	0.043	0.061

*** p<0.01,** p<0.05,* p<0.1

表 13　政治参与行为对来沪务工女性中央政府满意度的影响(OLS 回归系数和标准差)

变量	（1） 中央政府满意度	（2） 中央政府满意度	（3） 中央政府满意度
政治面貌	−0.0247	−0.0408	−0.0301
	（0.0277）	（0.0273）	（0.0282）
年龄	−0.00711*	−0.00639*	−0.00728*
	（0.00370）	（0.00354）	（0.00384）
受教育程度	−0.0359	−0.0299	−0.0335
	（0.0276）	（0.0267）	（0.0282）
来沪时长	−0.0520	−0.0488	−0.0557
	（0.117）	（0.113）	（0.118）
婚姻状态	0.0511	0.0317	0.0428
	（0.0620）	（0.0609）	（0.0636）
住房状态	0.107	0.122*	0.102
	（0.0688）	（0.0624）	（0.0702）
育幼情况	−0.0336	−0.00743	−0.0151
	（0.0445）	（0.0436）	（0.0461）
养老情况	0.0226	0.0207	0.0180
	（0.0197）	（0.0190）	（0.0200）
职业类型	−0.00876	−0.00904	−0.00906
	（0.00758）	（0.00712）	（0.00769）
就业方式	0.0259	0.0304	0.0264
	（0.0318）	（0.0299）	（0.0321）
工作时长	−0.0744	0.0984	−0.0438
	（0.139）	（0.138）	（0.147）

续表

变量	（1） 中央政府满意度	（2） 中央政府满意度	（3） 中央政府满意度
年收入	0.183	0.0443	0.174
	（0.137）	（0.127）	（0.139）
参加人大代表选举	−0.0673		−0.0592
	（0.0727）		（0.0758）
参加村/居委会选举	0.0250		0.0259
	（0.0652）		（0.0664）
参加业委会选举	0.00519		0.0186
	（0.0766）		（0.0792）
参加职工代表大会	0.132**		0.126**
	（0.0605）		（0.0612）
向群团组织求援		0.0635	0.0874
		（0.0800）	（0.0879）
自组织维权行为		−0.387**	−0.314
		（0.197）	（0.245）
媒介抗争行为		0.0181	0.0558
		（0.0597）	（0.0650）
常量	0.492**	0.557***	0.496**
	（0.211）	（0.200）	（0.215）
观察值	392	424	383
R 平方	0.060	0.045	0.067

*** $p<0.01$，** $p<0.05$，* $p<0.1$

表 14　政治参与行为对来沪务工女性政治信任的影响（OLS 回归系数和标准差）

变量	（1） 政治信任	（2） 政治信任	（3） 政治信任
政治面貌	−0.00742	−0.0103	−0.00512
	（0.0110）	（0.0112）	（0.0112）
年龄	0.00126	0.00253	0.000924
	（0.00166）	（0.00159）	（0.00168）
受教育程度	0.00603	−0.000521	0.00612
	（0.0115）	（0.0114）	（0.0117）
来沪时长	0.0369	0.0247	0.0520
	（0.0517）	（0.0510）	（0.0520）
婚姻状态	0.0194	0.0119	0.0156

变量	（1）政治信任	（2）政治信任	（3）政治信任
	（0.0253）	（0.0255）	（0.0258）
住房状态	0.0437	0.0710***	0.0436
	（0.0277）	（0.0261）	（0.0281）
育幼情况	−0.0374*	−0.0282	−0.0329
	（0.0194）	（0.0194）	（0.0202）
养老情况	0.00951	0.0101	0.00882
	（0.00823）	（0.00813）	（0.00825）
职业类型	0.00132	−0.00164	0.00116
	（0.00319）	（0.00303）	（0.00319）
就业方式	0.0212	0.0149	0.0198
	（0.0139）	（0.0133）	（0.0140）
工作时长	0.0263	−0.00264	0.00267
	（0.0566）	（0.0589）	（0.0596）
年收入	0.00813	0.00243	−0.00386
	（0.0562）	（0.0531）	（0.0565）
参加人大代表选举	0.00724		0.0183
	（0.0283）		（0.0293）
参加村/居委会选举	−0.000929		−0.00373
	（0.0269）		（0.0271）
参加业委会选举	0.0316		0.0277
	（0.0318）		（0.0323）
参加职工代表大会	0.0615**		0.0609**
	（0.0239）		（0.0239）
向群团组织求援		0.0154	0.00944
		（0.0335）	（0.0360）
自组织维权行为		−0.142*	−0.168
		（0.0832）	（0.107）
媒介抗争行为		−0.0107	−0.00342
		（0.0252）	（0.0266）
常量	0.548***	0.597***	0.567***
	（0.0854）	（0.0825）	（0.0860）
观察值	314	344	308
R 平方	0.136	0.100	0.135

*** $p<0.01$，** $p<0.05$，* $p<0.1$

参考文献

一、中文文献

(一)学术专著

1.阿尔蒙德,维巴.公民文化——五个国家的政治态度和民主制[M].徐湘林译,北京:东方出版社,2008.

2.房宁."政治参与蓝皮书":中国政治参与报告:2018[M].北京:社会科学文献出版社,2018.

3.弗兰西斯·福山.信任:社会美德与创造经济繁荣[M].彭志华,译.海口:海南出版社,2001.

4.亨廷顿.变化社会中的政治秩序[M].上海:上海人民出版社,2015.

5.加藤节.政治与人[M].唐士其译,译.北京:北京大学出版社,2006.

6.孔德元.政治社会学导论[M].北京:人民出版社,2001.

7.梁旭光.民主政治进程与妇女参政[M].济南:济南出版社,2003.

8.陆巍戍.大都市住房排斥与高学历新移民的社会流动:以上海为例[M].上海:华东师范大学出版社,2010.

9.罗伯特·A.达尔.谁统治:一个美国城市的民主和权力[M].范春辉,张宇,译.南京:江苏人民出版社,2011.

10.马清.反移民化:社会资本与社会结构的双向契合——以上海市劳动力新移民的社会适应为例[M].上海:华东师范大学出版社,2007.

11.牛天秀.性别正义视域下当代中国女性参政研究[M].南京:南京师范大学出版社,2013.

12.帕特南.流动中的民主政体当代社会中社会资本的演变[M].李筠,译.北京:社会科学文献出版社,2014.

13.乔恩·埃尔斯特.解释社会行为社会科学的机制视角[M].刘骥,何淑静,熊彩,等,译.重庆:重庆大学出版社,2019.

14.师凤莲.当代中国女性政治参与问题研究[M].济南:山东大学出版社,2011.

15.孙立新.人际公民行为成因研究社会资本和社会网络视角[M].北京:光明日报出版社,2013.

16.王嘉顺.城市居民与新移民的社会交往和社会态度研究[M].长春:吉林大学出版社,2019.

17.魏永峰.人力资本、社会资本与城市新移民的职业地位获得[M].北京:中国文史出版社,2015.

18.薛宁兰.社会性别与妇女权利:第2版[M].北京:社会科学文献出版社,2018.

19.俞可平."读懂中国":中国如何治理:通向国家治理现代化的道路[M].北京:外文出版社,2018.

(二)期刊文献

1.柴玲,尉建文.政治认同、政府信任与群体性事件——以北京市新生代农民工为例[J].云南民族大学学报(哲学社会科学版),2018,35(01):89-95.

2.陈钊,陆铭,徐轶青.移民的呼声户籍如何影响了公共意识与公共参与[J].社会,2014(05):68-87.

3.成佳娟,杨萍,张文政.少数民族新生代农民工政治参与影响因素分析——以甘肃省兰州市为例[J].中国集体经济,2019(04):85-86.

4.戴长征,余艳红.流动人口工会政治参与的困境及对策[J].科学社会主义,2015(04):82-87.

5.邓佳斌.农民工政治参与:困境与反思[J].理论导刊,2014(06):19-21.

6.邓秀华.农民工政治参与模式变迁及其实现路径选择[J].求索,2007(02):67-69.

7.邓燕华,黄健.区域规模与外部政治效能感:基于中国县级数据的研究[J].公共行政评论,2016,9(05):145-162+207-208.

8.段成荣,段力刚.流动人口政治参与问题研究[J].国家行政学院学报,2014(05):63-69.

9.范柏乃,徐巍.我国公民政治效能感的影响因素研究——基于CGSS2010数据的多元回归分析[J].浙江社会科学,2014(11):25-30+24+155.

10.范若兰.父权制类型与女性政治参与模式分析:一个理论思考[J].思想战线,2015,41(05):68-74.

11.高洪贵.青年农民工非制度化政治参与论析[J].中国青年研究,2010(10):59-63.

12.郭夏娟.两性政治参与的同与异——从女性主义角度看浙江农村的村民自治[J].开放时代,2003(04):95-105.

13.胡荣,沈珊.社会信任、政治参与和公众的政治效能感[J].东南学术,2015(03):23–33+246.

14.胡荣.中国人的政治效能感、政治参与和警察信任[J].社会学研究,2015,30(01):76–96+243.

15.胡书芝,王立娜.流动经历与农村女性政治参与研究——基于湖南省5县(市)529名农村女性的实证研究[J].社会主义研究,2012(06):76–79.

16.黄少华,谢榕.政治动机、政治技能和社团参与对网络政治参与行为的影响——基于公民自愿模型的分析[J].兰州大学学报(社会科学版),2017,45(03):103–112.

17.贾奇凡,尹泽轩,周洁.行为公共管理学视角下公众的政府满意度:概念、测量及影响因素[J].公共行政评论,2018,11(01):62–82+220.

18.金恒江,聂静虹.媒介使用对中国女性政治信任的影响研究——以中国网民为对象的实证研究[J].武汉大学学报(人文科学版),2017,70(02):101–112.

19.金卓,王艳利.新时代我国新阶层女性政治参与的困境及对策研究[J].理论探讨,2019(01):52–57.

20.李保臣,李德江.生活满意感、政府满意度与群体性事件的关系探讨[J].中南民族大学学报(人文社会科学版),2013,33(02):90–95.

21.李芬,慈勤萍.女性政治参与状况的研究——对湖北省754名女性的调查[J].社会 2003(12):36–39.

22.李骏.住房产权与政治参与:中国城市的基层社区民主[J].社会学研究,2009(05):57–82.

23.李可福.新生代农民工社会认同的困境及破解[J].农业经济,2018(05):68–69.

24.李蓉蓉,王东鑫,翟阳明.论政治效能感[J].国外理论动态,2015(05):

107-112.

25.李蓉蓉,王东鑫.关系取向下中国农民政治效能感形成研究[J].山西大学学报(哲学社会科学版),2015,38(05):111-120.

26.李蓉蓉.影响农民政治效能感的多因素分析[J].当代世界与社会主义,2014(02):180-186.

27.李蓉蓉.政治效能感:内涵与价值[J].晋阳学刊,2010(02):122-123.

28.李艳霞.何种信任与为何信任?——当代中国公众政治信任现状与来源的实证分析[J].公共管理学报,2014,11(02):16-26+139-140.

29.李莹,林功成.制度信任和政治兴趣对政治参与的影响:以香港为个案[J].新闻与传播研究,2015,22(01):24-37+126.

30.梁丽霞,高功敬,李伟峰.新时期女性政治参与行为及其影响因素研究[J].山东社会科学,2014b(7):51-56.

31.梁丽霞,李伟峰,高功敬.变迁中的农村女性政治参与研究——基于山东省的数据分析[J].东岳论丛,2014a,35(10):24-27.

32.廖艺萍.刍论社会转型期我国农民工的政治参与——以建设和谐社会为视角[J].理论导刊,2006(01),11-13

33.刘桂芝.女性政治参与的公共政策审视[J].行政论坛,2012,19(04):57-60.

34.卢家银.社交媒体对青年政治参与的影响及网络规制的调节作用——基于大陆九所高校大学生的调查研究[J].国际新闻界,2018,40(08):98-121.

35.鲁晓,张汉.政治知识和政治参与的性别鸿沟:社会科学研究与社会治理层面的思考[J].妇女研究论丛,2014(04):14-21.

36.马正义.农民工政治参与中的制度供给问题探析[J].理论导刊,2018(04):48-53.

37.孟天广,李锋.政府质量与政治信任:绩效合法性与制度合法性的假说[J].江苏行政学院学报,2017(06):99–108.

38.孟天广,宁晶.互联网"去政治化"的政治后果——基于广义倾向值匹配的实证研究[J].探索,2018(03):63–76.

39.孟天广,郑思尧.信息、传播与影响:网络治理中的政府新媒体——结合大数据与小数据分析的探索[J].公共行政评论,2017,10(01):29–52+205–206.

40.欧庭宇,闫艳红.新生代农民工政治参与的现实困境与对策选择[J].西南交通大学学报(社会科学版),2017,18(03):113–121.

41.潘泽泉,谢琰.性别意识视角下的中国女性政治参与意识研究——基于CGSS2010数据中湖南样本的经验发现[J].湘潭大学学报(哲学社会科学版),2018,42(03):115–119.

42.裴志军.农村和城市居民政治效能感的比较研究[J].政治学研究,2014(04):63–72.

43.石瑛,董丁戈.论基于政治效能感的公民政治参与[J].学术交流,2012(09):17–20.

44.孙晓莉.政治地位中的性别差距[J].北京行政学院学报,2015(03):69–74.

45.汪超,刘涛.社会性别盲视:法治建设中女性政治贫穷化及其解释[J].甘肃社会科学,2017(06):171–176.

46.王健俊.劳动权益保障对农民工主观政治态度的影响[J].中国经济问题,2018(05):96–110.

47.王立.中国当代女性政治参与状况透视[J].中共宁波市委党校学报,2007,29(04):80–83.

48.王丽萍,方然.参与还是不参与:中国公民政治参与的社会心理分析——基于一项调查的考察与分析[J].政治学研究,2010(02):95–108.

49.王明生,杨涛.改革开放以来我国政治参与研究的回顾与展望[J].清华大学学报(哲学社会科学版),2011(06):5-21.

50.王启明,张非凡.当代农民工市民化转型中的政治参与度及提升路径[J].改革与开放,2018(10):72-73.

51.王伟.中国近年来妇女政治参与管窥——基于西方文献的分析[J].黑龙江民族丛刊,2014(05):65-71.

52.王志华,李建伟,屈跃宽.当代大学生政治心理结构、基本特征及培养路径[J].国家教育行政学院学报,2015(12):29-34.

53.吴春梅,陈姝嫒.基于政治制度公正的我国女性政治参与状况考察[J].郑州轻工业学院学报(社会科学版),2009,10(03):15-18.

54.熊光清.新生代农民工政治效能感分析——基于五省市的实地调查[J].社会科学研究,2013(04):32-37.

55.熊光清.中国公民政治效能感的基本特征及影响因素分析——基于五省市的实地调查[J].马克思主义与现实,2014(02):140-145.

56.徐志达.新生代农民工政治参与价值探究[J].兰州教育学院学报,2018,34(12):41-44.

57.许超,王小芳.政治效能感的性别差异与女性政治参与[J].山东女子学院学报,2017(05):19-25.

58.许淑萍.弱者的武器与困境:对中国农民工政治参与的思考[J].黑龙江社会科学,2018(03):152-154.

59.闫文捷.作为公共传播的民主商议及其意义——一项针对浙江基层商议实践的问卷调查[J].新闻与传播研究,2017,24(11):12-33+126.

60.杨菊华.从隔离、选择融入到融合:流动人口社会融入问题的理论思考[J].人口研究,2009,33(1):17-29.

61.杨乐.制度与习俗的张力:女性政治权利的中国式历史路向与前景

[J].浙江社会科学,2016(12):77-83+157.

62.杨霞,郭彩琴.高校知识女性政治参与意识调查研究——基于山西省7所高校的调研[J].天津师范大学学报(社会科学版),2015(01):71-76.

63.杨招继,李佳.新媒体视域下新生代农民工政治参与问题研究[J].法制博览,2018(27):104-105.

64.叶世明.性别角色规范与女性参政的境遇[J].福建论坛(人文社会科学版),2011(05):164-168.

65.于水,李煜玘.农民工群体性事件的影响因素——对苏南地区农民工的调查[J].华南农业大学学报(社会科学版),2010(04):20-29.

66.俞可平.治理和善治:一种新的政治分析框架[J].南京社会科学,2001(09):40-44.

67.郑建君.不同偏好特征对中国女性政策参与影响的实证研究[J].妇女研究论丛,2014(06):101-108.

68.郑磊,朱志勇.教育是否促进了中国公民的政治选举投票参与——来自CGSS2006调查数据的证据[J].北京大学教育评论,2013,11(02):165-185.

69.郑永兰.新生代农民工政治参与:现实困境与改进路径[J].武汉大学学报(哲学社会科学版),2014,67(06):74-79.

70.周葆华.突发公共事件中的媒体接触、公众参与与政治效能——以"厦门PX事件"为例的经验研究[J].开放时代,2011(05):123-140.

71.周皓.流动人口的政治参与——制度与教育[J].人口与社会,2016,32(04):21-35.

72.朱妍,李煜."双重脱嵌":农民工代际分化的政治经济学分析[J].社会科学,2013(11):66-75.

二、英文文献

1.Angus Campbell, Gerald Gurin, Warren E. Miller. *The Voter Decides*, *Row*. Peterson and Company, 1954.

2.Craig, S. C., Maggiotto, M. "Measuring political efficacy", *Political Methodology*, 1982, 8(3).

3.David Easton and Jack Dennis. "The Child's Acquisition of Regime Norms: Political Efficacy", *The American Political Science Review*, 1967, 61(1).

4.J. J. Patrick. "The Impact of an Experimental Course 'American Political Behavior' on the Knowledge, Skills and Attitudes of Secondary School Students", *Social Education*, 1972(1).

5.LANE R.E. Political Life: *Why People Get Involved in Politics*. The Free Press of Glencoe, 1961.

6.Lewis, C. "The Howard Government: The Extent to Which Public Attitudes Influenced Australia's Federal Policy Mix", *The Australian Journal of Public Administration*, 2007, 66(1).

7.Lippmann, W. *Public Opinion. Free Press*, 1922.

8.Lupia A., T. S. Philpot. Views from Inside the Net: *How Websites Affect Young Adults' Political Interest*. Cambridge University Press, 2008.

9.Lyons, W. E., Lowery, D. "Citizen Responses to Dissatisfaction in Urban Communities: A Partial Test of a General Model", *The Journal of Politics*, 1989, 51(4):841–868.

10.Paul R. *Abramson. Political Attitudes in America: Formation and Change*. W. H. Freeman and Company, 1983.

11.Robert D. Putnam. *Making Democracy Work: Civic Traditions in Modern Italy*. Princeton University press, 1993.

12.Seeman M. "On the Meaning of Alienation", *American Sociological Review*, 1959(6).

后 记

本书是上海市哲学社会科学规划青年基金项目"来沪务工女性政治参与现状与政策引导机制研究"（2014EZZ003）的最终成果。

从开始撰写本书初稿到最终完成历时三年多的时间，书稿的部分章节离不开我的研究生们的辛勤工作。第二章第一节关于来沪务工女性政治参与态度概况的样本描述，初稿部分由陈梓薇同学参与完成；第三章第一节关于来沪务工女性政治参与行为概况的样本描述，初稿部分由于美美、祝冬秀、李洁薇和高猛同学参与完成。于美美同时协助搜集整理了关于外来务工女性权益保护政策的部分数据和文献资料，陈梓薇对书稿格式进行了最后的校对工作。在此，对几位同学认真细致的帮助表示衷心感谢！

每一次写作书稿都如同回忆人生，不禁感叹时光荏苒，不知不觉间，自己在上海已经生活8年。课题立项时刚好是我来华东师范大学工作的第二年，原政治学系的诸位同仁当时对我的项目申请给予了大量宝贵的建议，才使其顺利立项并最终完成课题，在此表示特别的感谢！

2020年和2021年注定是两个特别的年头，一切改变都突如其来。无论是新冠肺炎疫情的突然来袭，还是爱女的顺利降生，都正在或者已经彻底地改变我曾经习以为常的生活。唯一不变的或许是我对生命的敬畏,对亲情、爱情和友情的感悟,还有那份对学术事业的热情和执着。

截至完稿,书中仍有诸多不尽如人意之处。特别是由于来沪务工女性群体多半处于非正规就业状态,导致调研取样工作困难重重,这也使得课题组通过严格的抽样方法辛苦回收的每一份问卷都十分宝贵。此外,由于时间仓促和我个人水平有限,书中观点和论证难免存在疏漏,敬请批评指正。

刘笑言

2022 年 12 月 10 日